Ein weites Herz

Das Buch

Soeben als junge Sängerin und Akkordeonspielerin bekannt geworden, macht Isa Vermehren 1938 eine erstaunliche Wandlung durch: Mitten im Faschismus tritt die erst 19jährige zum Katholizismus über. Fünf Jahre später kommt es zu einem Einschnitt in ihrem Leben, der sie in dieser Entscheidung bestärkt: Nachdem der jüngere Bruder, angeblich wegen Hochverrats, nach England geflohen ist, gerät die gesamte Familie in Sippenhaft. Isa wird im KZ Ravensbrück interniert. Nach dem Krieg setzt sie erfolgreich ihre Arbeit als Musikerin und Schauspielerin fort. Doch 1951 macht sie einen radikalen Schritt: Sie tritt in den Orden Sacré Cœur ein und steigt zu einer leidenschaftlichen Pädagogin und zur Schuldirektorin auf. Diesem »zweiten Leben« bleibt sie treu: Noch heute lebt sie in einem Kloster bei Bonn.

Der Autor

Matthias Wegner, geboren 1937 in Hamburg, studierte Literatur und Kunstgeschichte. Nach vielen Jahren als Verleger ist er seit 1990 auch als Publizist und Herausgeber tätig.

In unserem Hause ist von Matthias Wegner bereits erschienen:

Aber die Liebe. Der Lebenstraum der Ida Dehmel

Matthias Wegner

Ein weites Herz

Die zwei Leben der Isa Vermehren

List Taschenbuch

Besuchen Sie uns im Internet:
www.list-taschenbuch.de

Dieses Taschenbuch wurde auf FSC-zertifiziertem Papier gedruckt.
FSC (Forest Stewardship Council) ist eine nichtstaatliche,
gemeinnützige Organisation, die sich für eine ökologische und
sozialverantwortliche Nutzung der Wälder unserer Erde einsetzt.

Ungekürzte Ausgabe im List Taschenbuch
List ist ein Verlag der Ullstein Buchverlage GmbH, Berlin.
1. Auflage November 2004
3. Auflage 2007
© Ullstein Buchverlage GmbH, Berlin 2004
© 2003 by Ullstein Heyne List GmbH & Co. KG,
München / Claassen Verlag
Umschlagkonzept: HildenDesign, München – Stefan Hilden
Umschlaggestaltung: Hauptmann und Kampa Werbeagentur,
München–Zürich (nach einer Vorlage von HildenDesign, München)
Titelabbildung: Hans-Günther Oed (oben),
Privatbesitz Isa Vermehren (unten)
Papier: Munken Print von Arctic Paper Munkedals AB, Schweden
Druck und Bindearbeiten: Clausen & Bosse, Leck
Printed in Germany
ISBN 978-3-548-60516-6

Inhalt

Das Mädchen mit der Knautschkommode	9
In jenen Tagen	143
Die Frau unter dem Schleier	203
Nachwort	339
Nachtrag	344
Anhang	
Aus Schriften von Isa Vermehren	347
Literaturverzeichnis	365

Den Schwestern vom Sacré Cœur

*Ich habe von meinem Leben immer
den Eindruck gehabt, daß es schnurgerade
gegangen ist – so wie ein Flugzeug,
das langsam abhebt und dann ziemlich
gerade sein Ziel anfliegt ...
Es war kein federleichtes Leben,
aber immer ein forderndes, sinnerfülltes,
auch spannendes.*

                        Isa Vermehren

Das Mädchen mit der Knautschkommode

Es war eine beschwerliche Heimkehr, doch in Anbetracht des Vorausgegangenen war es eine Reise in ein neues Leben. Das amerikanische Flugzeug, das am Mittag des 15. Juni 1945 nach unruhigem Flug deutschen Boden erreichte, setzte am Militärflughafen in Frankfurt am Main eine Gruppe von Menschen an Land, hinter denen ein langer Alptraum lag. Sie hatten die Konzentrationslager überlebt.

Noch in Paris, der letzten Station ihrer Reise, hatten die von der schönen Mittelmeerinsel Capri über Neapel hierher expedierten ehemaligen Häftlinge ein letztes Mal Schimpf und Schande über sich ergehen lassen müssen. Sie waren auf offener Straße als »les boches« beschimpft und mitunter sogar mit Faustschlägen traktiert worden. Die zu ihrem Schutz eingesetzten US-Soldaten hatten nur das Nötigste getan, um die aufgebrachte Menge wütender Franzosen von ihnen fernzuhalten. Man hatte sie in einem Pariser Warenhaus zusammengepfercht und eine Nacht und den folgenden Tag ohne Nahrung und im Ungewissen über die nächsten Schritte sich selbst überlassen. Strikt war ihnen zur Auflage gemacht worden, in dem Gebäude zu bleiben. Der Krieg war vorüber, aber sie waren Deutsche, und die hatten schließlich dafür gesorgt, daß Europa jetzt in Schutt und Asche lag. Für feinere Differenzierungen zwischen Tätern und Opfern war die Stunde noch längst nicht gekommen. In den endlich befreiten Franzosen kochte noch – was nur allzugut zu verstehen war – der Haß auf den Feind. Immerhin hatte um elf Uhr nachts ein

US-Offizier den Mühseligen und Beladenen eingestanden, daß ihre Durchreise fälschlich als Transport gefangener SS-Familien angekündigt worden sei. Man bitte die feindselige Aufnahme zu entschuldigen.

Die »Reisenden« wurden mit einem Omnibus zu einem dürftigen Abendessen in die Innenstadt und umgehend wieder ins Quartier zurückgebracht. Dabei ließ sich eine erneute Begegnung mit der aufgebrachten Menge nicht vermeiden. Sogar mit dem Besenstil wurden die Verängstigten bedroht. Doch die wütenden Attacken flauten ab, als sich endlich herumsprach, daß es sich bei *diesen* »boches« nicht um Schergen des Nationalsozialismus handelte. Achtundvierzig Stunden dauerte der unwirtliche Aufenthalt an der Seine. Endlich verfrachtete man die Gruppe zum Flugplatz in eine Maschine nach Deutschland.

In Frankfurt fanden sie eine Trümmerlandschaft vor. Die Altstadt war dem Erdboden gleichgemacht. Viele Straßen waren wegen der Schutt- und Aschehaufen unpassierbar. Zwischen den Ruinen gewahrten sie Obdachlose, erbärmliche Gestalten auf der Suche nach einem Dach über dem Kopf und etwas Eßbarem, dann und wann Militärfahrzeuge mit helmbewehrten US-Soldaten in sorgfältig gebügelten Uniformen. Die Ankömmlinge waren, obgleich auf das Schlimmste gefaßt, entsetzt: Sie fühlten sich wie in einer Geisterstadt. Gewiß, sie kamen gerade aus der sonnigen, friedlichen Atmosphäre einer italienischen Insel, aber auf dem Weg dorthin, auf ihrer Reise durch den letzten Akt des Hitler-Dramas, auf der Irrfahrt von den deutschen Lagern über die Berge Südtirols nach Capri und Paris hatten sie einiges zu sehen bekommen. Der Anblick der in Trümmern liegenden Stadt Frankfurt übertraf jedoch alles, was sie sich hatten vorstellen können. In die Freude über die Heimkehr mischten sich Trauer und Mutlosigkeit.

Es erging ihnen in Frankfurt kaum besser als in Paris. Die verdreckten und verlausten Strohsäcke in ihrer Notunterkunft, einer Schule, riefen die schlimmsten Erinnerungen an die Lager wach. Die hygienischen Verhältnisse spotteten jeder Beschreibung. Zwar durften die Heimkehrer durch die Geisterstadt bummeln – was alles andere als ein Vergnügen war –, aber sie hatten sich in ihrem trostlosen Asyl jederzeit der amerikanischen Militärbehörde zur Verfügung zu halten, da diese sie ausführlich und genau nach ihrer Vergangenheit, vor allem nach bestimmten Personen, zu befragen wünschte. Das heißersehnte Wiedersehen mit der Familie, mit Verwandten und Freunden verzögerte sich dadurch, was ihre Geduld auf eine harte Probe stellte. Den ungeduldig auf der letzten Etappe ihrer Heimkehr Wartenden wurde schließlich in Aussicht gestellt, daß man sie auf Lastwagen zu ihren Familien bringen werde – sofern diese noch am Leben waren. Zwei ganze Wochen mußten sie in Frankfurt auf die Einlösung dieses Versprechens warten. Am 28. Juni war es endlich soweit. Militärlastwagen setzten sich rumpelnd in verschiedene Himmelsrichtungen in Bewegung. Erst jetzt war die Freiheit greifbar nahe.

Unter den ehemaligen Häftlingen der Konzentrationslager befand sich eine junge Frau aus Lübeck. Sie war vor kurzem siebenundzwanzig Jahre alt geworden. In dem einzigen Kleidungsstück, das sie noch besaß, einem unförmigen Gewand aus dem Bettlakenstoff des Konzentrationslagers Dachau, in dem sie zuletzt interniert gewesen war, saß sie nun neben dem gesprächigen US-Soldaten, der den schweren Lastwagen lenkte, und seinem Gefährten auf der Fahrerbank. In gebrochenem Englisch unterhielt sie sich mit ihnen über das, was hinter ihr lag, und das, was sich vor ihren Augen ausbreitete: ein verwundetes Land. Die übrigen Reisenden saßen auf den hölzernen Bänken auf der Ladefläche des Gefährts, durch eine Plane notdürftig gegen Wind und Wetter geschützt, aber dennoch vom Staub der unwegsamen, holprigen Landstraßen eingehüllt.

Die Amerikaner verfügten über eine alte Streckenkarte,

aber aus dieser ließ sich die Passierbarkeit der Straßen nicht ablesen, und es war ihr auch nicht zu entnehmen, welche Brücken zerstört waren. So konnte der Wagen seine Fahrt wiederholt nicht fortsetzen, weil sich unüberwindbare Hindernisse auftaten. Dann mußte man umkehren und nach geeigneten Umwegen suchen. So zog sich die Fahrt durch Nacht und menschenleere Ödnis lange hin. Das Ziel war Hamburg. Von dort aus sollten jene, deren Angehörige in der Umgebung wohnten, weitergefahren werden.

Am 29. Juni, gegen sieben Uhr morgens, überquerte der Lastwagen die Hamburger Elbbrücken, die den Bombardements standgehalten hatten. Es war ein strahlend schöner Frühsommertag. Der wolkenlose Himmel wölbte sich über der verwüsteten Trümmerlandschaft: Bei zweihundertdreizehn Luftangriffen hatten rund siebzehntausend alliierte Kampfflugzeuge mehr als hunderttausend Spreng- und mehr als anderthalb Millionen Brandbomben über der Stadt an Elbe, Alster und Bille abgeworfen. Etwa fünfundvierzigtausend Menschen waren getötet, tausendvierhundertsiebzehn Männer, Frauen und Jugendliche von den NS-Machthabern ermordet und etwa achtzig Prozent der Häuser zerstört oder beschädigt worden. Eine entseelte Wüste war entstanden, in der etwa zweiundvierzigtausend ausgebombte Opfer in erbärmlichen Notunterkünften hausten. Die drei Hauptkirchen Sankt Katharinen, Sankt Jacobi und Sankt Nicolai, über Generationen vertraute Merkmale der Stadtsilhouette, waren nur noch verkohlte Ruinen. Mehr als drei Viertel der Hafenanlagen waren vernichtet, und dennoch wurden hier seit dem 1. Juni wieder Schiffe be- und entladen – ein neu erwachendes Leben trieb erste, zarte Blüten. Aber noch irrten auf den weitgehend leeren Straßen zerlumpte und abgemagerte Gestalten umher, unter denen hin und wieder motorisierte englische Soldaten auftauchten.

Der Lastwagen passierte Geröllhalden, man sah zerborstene Brücken, im Wasser umherdümpelnde Kräne und

Schiffsteile. Er tastete sich langsam in Richtung Alster vorwärts, wo viele der alten Patrizierhäuser seltsamerweise unversehrt geblieben waren, überquerte eine einigermaßen intakte Brücke über die Außenalster und bog dann rechts in die Klopstockstraße ein, ehedem eine der vornehmen Wohnstraßen der Innenstadt. Vor dem Haus Nummer 6 konnte die junge Frau endlich aussteigen. Sie verabschiedete sich überglücklich von den übrigen Reisenden und den unbekümmerten, unterhaltsamen GIs. Übermüdet und staubbedeckt, aber aufs äußerste angespannt, drückte sie die Klingel mit der Aufschrift: Dr. Kurt Vermehren, Rechtsanwalt.

Es dauerte eine Weile, bis sich die Türe öffnete und ein überraschter, schlaftrunkener Mann der jungen Frau um den Hals fiel. Niemand hatte ihm die Ankunft der Tochter angekündigt. Über ihren Verbleib war er bis zuletzt im ungewissen gewesen. Daß mit ihrem Kommen gerechnet werden durfte, hatte er gewußt, aber die Nachrichten über ihren Aufenthaltsort waren unzureichend gewesen, hatten ihn bis zuletzt bangen lassen, und so war er, als er am Morgen des 29. Juni die Tür öffnete, auf dieses Wiedersehen gar nicht gefaßt.

Die Freude der beiden war grenzenlos. Als sie sich das letzte Mal gesehen hatten, anderthalb Jahre zuvor, waren die Umstände höchst befremdlich gewesen. Im Februar 1944 hatten sie im Palasthotel zu Potsdam voneinander Abschied nehmen müssen: Vater, Mutter, Tochter und der ältere Bruder. Die Gestapo hatte sie allesamt verhaftet. Dazu hatte sie die Mutter aus Lissabon, den ältesten Sohn aus Rom und den Vater aus Hamburg nach Berlin gelockt. Alle drei hatten zu diesem Zeitpunkt nicht genau gewußt, was man mit ihnen vorhatte, doch an bösen Vorahnungen hatte es ihnen nicht gefehlt. Man internierte die beinahe vollständig versammelte Familie – der jüngste Sohn war unerreichbar – erst einmal für einige Wochen in dem Potsdamer Hotel. Man teilte ihnen eine Bewachung zu, die nachts in ihren Zimmern auf einer am Fußende stehenden Chaiselonge schlief und jedes »verdächtige« Wort registrierte, obwohl doch Abhöranlagen dafür sorgten, daß kein noch so bedeutungsloses Wort verlorenging.

Weshalb waren die vier verhaftet worden? Die Gestapo hatte wohl einigen Anlaß, diese Familie für nicht eben NS-freundlich zu halten, aber Schwerwiegendes war den unfreiwilligen Hotelgästen nicht vorzuwerfen. Etwas anderes war das bei dem abwesenden jüngsten Sohn Erich, der sich unter abenteuerlichen und für Aufsehen sorgenden Umständen ins Ausland abgesetzt hatte. Deshalb saßen die vier nun in Potsdam: Die Gestapo rächte sich an den Familienmitgliedern, derer sie habhaft werden konnte. Jeder der vier hatte es beruflich zu einigem Ansehen gebracht, die Tochter Isa war sogar ein beliebtes Sternchen von Bühne und Film in Nazi-Deutschland. Gerade deswegen hatte der »Fall Vermehren«, wie Joseph Goebbels seinem Tagebuch anvertraute, »dem Führer viel zu schaffen gemacht«. Goebbels ließ »Sippenhaft« verhängen, und das hieß Konzentrationslager, wobei nicht alle in ein und dasselbe Lager eingeliefert wurden.

Das alles lag jetzt anderthalb Jahre hinter Vater und Tochter. Kaum hatten sich die beiden wieder gefaßt, machten sie sich auf, um die Mutter und den älteren Bruder Michael von Isas glücklicher Heimkehr zu benachrichtigen. Das Ehepaar wohnte längst nicht mehr unter einem Dach, und so begab man sich zur Wohnung der Mutter im nahe gelegenen Harvestehuder Weg 24, wo sich kurze Zeit später auch der Bruder Michael einstellte. Es war ein Wiedersehen wie auf Wolken. Jetzt fehlte nur noch einer: Erich, das jüngste Mitglied der Familie, über dessen genauen Aufenthaltsort in England niemand etwas wußte.

Es wurde ein langer Tag. Die Schilderungen, die man sich gegenseitig vom Erlebten und Erlittenen gab, nahmen kein Ende und konnten doch nur ein Anfang sein, denn angekommen war keiner von ihnen, allenfalls der Vater, der vor seiner Gefangennahme in Hamburg den Anwaltsberuf ausgeübt hatte, wird sich zu Hause gefühlt haben in der kleinen Wohnung, in der er schon vor der Verhaftung gelebt hatte und in die er nach seiner Rückkehr wieder einziehen durfte. Was die anderen drei betraf, so fühlten sie sich hier im Norden allenfalls ihrer Geburtsstadt Lübeck heimatlich verbunden – die aber hatten sie längst hinter sich gelassen, als ihre Wege sie in alle Richtungen verstreuten. In Hamburg fühlten sie sich nur als Besucher.

»Wie bin ich glücklich in dieser Stadt, die wahrhaft ein Ganzes ist: Fülle in Einem, das Eine in der Fülle. Die Ordnung des Menschlichen ist in ihr Gestalt geworden, sie ist wie der Spiegel einer getauften Seele ... Ich finde die Enge der Lübecker Straßen gar nicht bedrückend, sondern wohltuend und angenehm, wie zum Ausruhen zwischen den hohen Kirchen, die steil und übermäßig fordernd der ganzen Stadt ihr eigentümliches Gepräge geben. Im schon etwas rötlichen Licht der Abendsonne leuchten die Türme weißgolden und ragen tief hinein in den weißen Himmel. Der Ton der Glocken ist ihre natürliche Sprache; nur am Verstummen ihres Klanges wird deutlich, daß Turm und Glocke zweierlei sind, eigentlich müßten sie immer läuten, so wie der Turm ja immer Zeichen zugleich ist. Wenn am Samstagabend von allen sieben Türmen der Sonntag eingeläutet wird, übertönt ihr Schall alle anderen Geräusche, und die Stadt versinkt in ihrem Gesang, wie sie allabendlich versinkt im goldenen Glanz der Sonne. Wie oft bin ich schon zum Sonnenuntergang zur Katharinenstraße gegangen, allein dieses Eindrucks wegen: in einem Meer von Klang und Glanz liegt vor einem, rot und golden glühend, die ganze, in sich so schön geschlossene Stadt, und es ist leichter zu glauben, daß es die zum Greifen nahe Fata Morgana des versunkenen Vineta sei als eine von allen harmlosen Banalitäten des alltäglichen Lebens erfüllte norddeutsche Großstadt, die sich schwere Sorgen machen muß um ihre wirtschaftliche Existenz. Immer wieder empfinde ich ihre nun schon zeitlos ge-

Petra Vermehren mit der kleinen Isa, 1918

wordene Schönheit als lebendiges Zeugnis für das Vorhandensein von etwas allzeit Gültigem, Unveränderlichem und Beständigem in dieser Welt. Gewiß, so baute ein gläubiges Zeitalter – wenn auch heute die meisten den Glauben nicht mehr haben, so genießen sie doch als Bewohner dieser Stadt die Wohltat der inneren und äußeren Geordnetheit jener gesegneten Zeiten.«

Isa Vermehren war vierzehn Jahre alt, als sich ihr solche Eindrücke über Lübeck, die Stadt ihrer Herkunft, einprägten. 1945, beim Anblick der zerstörten Heimatstadt, hat sie darüber berichtet. Es offenbaren sich bereits einige Anzeichen ihres späteren Denkens und Handelns in diesen Erinnerungen: die Sehnsucht nach einer festen Ordnung des Menschlichen, die Allgegenwart der Kirche, die Verachtung des Banalen, die noch tastende Suche nach »etwas allzeit Gültigem, Unveränderlichem und Beständigem in dieser Welt« – all das wird sich wie ein Leitfaden durch ihr Leben ziehen.

Dieses Leben begann mit unbeschwerten, außerordentlich heiteren Kindheitsjahren in der Stadt an der Trave, deren behagliche Atmosphäre auch denen, die Lübeck nicht kennen, seit Thomas Manns »Tonio Kröger« und den »Buddenbrooks« so vertraut erscheint. Isa Vermehren kommt am 21. April 1918 in Lübeck zur Welt. An diesem Tag wird der »rote Baron« Manfred von Richthofen, der erfolgreichste deutsche Jagdflieger des Ersten Weltkriegs, in Frankreich abgeschossen. In diesem Frühjahr beginnt sich die nicht für möglich gehaltene Niederlage Deutschlands abzuzeichnen: Die mit vielen Hoffnungen verbundene Frühjahrsoffensive in Frankreich kommt zum Stehen, vier Monate später überrennen die alliierten Truppen die deutschen Linien, sieben Monate später muß der Zentrumsabgeordnete Matthias Erzberger in einem Eisenbahnwaggon im Wald von Compiègne den von den Siegern diktierten Waffenstillstandsvertrag unterzeichnen. Deutsche Offiziere bleiben der Zeremonie fern, weil sie die Verantwortung für die Niederlage nicht übernehmen wollen.

Das Ende des Krieges hatte die Meuterei der Matrosen in Kiel eingeläutet. Nach den alarmierenden Erhebungen der Marine schwappen die Unruhen im November 1918 auch nach Lübeck. Ein Soldatenrat wird gewählt, doch dank des klugen, diplomatischen Eingreifens von Ferdinand Fehling, dem ein Jahr zuvor gewählten parteilosen Bürgermeister und Repräsentanten der alten hanseatischen Verfassungstradition, kommt es schnell zu einer friedlichen Einigung mit der Bevölkerung. Die Unruhen in der Stadt ebben wieder ab.

In Lübeck hatte sich Kurt Vermehren nach dem Jurastudium und der Promotion über den »Widerspruch zwischen Anwalt und Partei im Anwaltsprozeß« als Rechtsanwalt niedergelassen und sich auf das Zivil-, Ehe- und Vertragsrecht spezialisiert. Hier hatten er und seine junge Frau nach der Hochzeit 1914 dank der Mitgift der Braut ihr erstes und einziges eigenes Haus in der Wakenitzstraße 48 erworben und bezogen. 1915 war der älteste Sohn Michael geboren worden, 1918 Isa und schließlich 1919 der Sohn Erich.

Mit dem Namen Vermehren verbindet sich eine alteingesessene Lübecker Patrizierfamilie. Isas Großvater, ebenfalls Jurist, war ein angesehener Senator der Stadt. Noch heute findet sich nahe den Wesloer Wiesen ein nach ihm benannter Vermehrenring. Die Familie der Mutter dagegen stammte aus kleinen bäuerlichen Verhältnissen. »Ihr Vater Johannes Schwabroch, Sohn eines ›Vollhufers‹, wurde nach Beendigung seiner Volksschule von seiner Mutter mitsamt dem wöchentlichen Gemüse im Kontor des Unternehmers Possehl abgeliefert, der sollte aus dem Jungen etwas machen. Der sehr gescheite und fleißige Lehrling entwickelte sich im Laufe der Jahre zu Possehls Partner, wurde ein sehr reicher Vater seiner fünf Töchter, blieb sich aber bis zum Ende seines Lebens seiner Herkunft bewußt.« Als man ihn in den Senat wählen wollte, willigte er nicht ein. »Er entstamme keiner alten Familie und habe auch keine Möglichkeit, eine solche zu gründen«, meinte er.

Die Familie Vermehren war evangelisch und alles andere als besonders kirchenfromm. Sie besuchte die Kirche allenfalls zu Konzerten. Am Ende eines Jahres fand man sich traditionsgemäß zum »Absingen« in die Marienkirche ein. Dann verfolgten die Kinder ehrfurchtsvoll den Einzug des Senats und der Ratsdiener in mittelalterlichen Uniformen und bestaunten das für die Würdenträger der Stadt reservierte Gestühl, in dem auch der Großvater und die Großmutter Platz nehmen durften. »Hierher gehören wir ..., hier sind wir wer«, sei ihr behagliches Gefühl gewesen, wird sich der Sohn Michael später erinnern. Die Kinder waren stolz auf ihre hanseatische Herkunft. Von so manchem Epitaph im barocken Rahmen blickten Vorfahren aus vergangenen Jahrhunderten auf sie hinab. Ähnlich hat ein anderer großer Lübecker, der Historiker Theodor Eschenburg, seine Zugehörigkeit zum Patriziertum der Stadt beschrieben. Seine Familie stand mit den Vermehrens, deren Name nicht zufällig in Thomas Manns Erzählung »Tonio Kröger« auftaucht, in geselligem Kontakt. Tonios Tanzstundenbekanntschaft »mit dem sanften Mund und den großen, dunklen, blanken Augen voll Ernst und Schwärmerei« hieß in Wirklichkeit Magdalena Brehmer, doch Magdalena Vermehren, wie Thomas Mann sie nennt, klang viel mehr nach altem Lübecker Bürgeradel.

Die Erziehung der Kinder Vermehren war liebevoll und großzügig, wenngleich durchaus von dem Anspruch getragen, das Selbstbewußtsein der Geschwister als Repräsentanten der besseren Kreise zu stärken. Dazu gehörte selbstverständlich eine überdurchschnittliche schulische Ausbildung, die mit der Unterrichtung durch Privatlehrer im elterlichen Hause begann. Das Mädchen Isa genoß es besonders, bei der Unterweisung auf den Knien ihres Lehrers zu sitzen. Sie lernte leicht und war glücklich, nicht eine öffentliche Schulbank drücken zu müssen. Sie hatte viel Zeit zum Spielen, die sie in der Sandkiste im Garten vor üppig blühenden Calendulas verbrachte, am liebsten mit ihrem jüngeren Bruder Erich. Mit diesem unternahm sie später an der nahen Ostsee auch übermütige Klettertouren in die Baumwipfel. Immer sei sie es gewesen, die den Weg vorgegeben habe, erinnert er sich später, ihr stürmisches Temperament und ihre Waghalsigkeit habe ihn, den Vorsichtigeren, einfach mitgerissen.

Isa war ein lebendiges, sportliches Kind mit kräftigen roten Haaren und unzähligen Sommersprossen. Doch wenn Abschiede drohten, flossen schnell die Tränen, obgleich sie sich sehr bemühte, ihre Empfindungen unter Kontrolle zu halten. Der kleine Erich galt als zärtliches und sensibles »Kuschelkind«, aber seine Neigung, bohrende, geradezu philosophische Fragen zu stellen, war schon in frühen Jahren auffallend. In dem älteren Bruder sahen die jüngeren Geschwister ein überlegenes Vorbild. Eine Hauslehrerin hat diesen in einem liebevollen Bericht an die Kinder als »äußerst begabt und aufnahmefähig, aufgeschlossen und kameradschaftlich« geschildert. Allerdings habe sie ihn gelegentlich für etwas eingebildet gehalten, »ohne zu wissen, worauf er sich etwas einbildete«. Doch das waren kleine Unzulänglichkeiten, die durch die warmherzige Heiterkeit aller Familienmitglieder und die liebevolle Ironie, mit der sie einander aufzogen, mehr als wettgemacht wurden.

Der Vater gab sich voller Elan seinen beruflichen Verpflichtungen und dem Sammeln von moderner Kunst hin. Die Mutter, die sich nicht auf die ihr eher nebensächlich erscheinenden Aufgaben des Haushalts beschränkte, las viel und beeindruckte ihre Umgebung durch ihr profundes historisches Wissen. Von den Folgen des verlorenen Krieges war die Familie Vermehren ziemlich verschont geblieben. Die florierende Kanzlei des Vaters und die Mitgift der Mutter sorgten für ein Einkommen, das ihnen für alle Zeit ein angenehmes und behagliches Leben in Lübeck gesichert hätte. Aber den Rechtsanwalt zog es zunehmend in das viel größere Hamburg. Als die Hapag (Hamburg-Amerikanische Packetfahrt-Actien-Gesellschaft) ihm schließlich eine attraktive Stelle als Syndikus anbot, übersiedelte die Familie auf sein Drängen 1924 in eine gemietete Wohnung in der Hamburger Heilwigstraße 4.

Für Isa war dieser Umzug mit großen Verlustängsten verbunden. Sie wollte sich von ihrem vertrauten Lübecker Zuhause nicht trennen und empfand sich in der Metropole an Alster und Elbe in eine sehr fremde Welt versetzt. Diese Ängste verschlimmerten sich noch durch einen abermaligen Umzug der Familie, diesmal in den Harvestehuder Weg 100 nahe der Außenalster. Isa träumte weiterhin von den schönen Tagen in Lübeck und hoffte, eines Tages dorthin zurückzukehren. Nie wieder wollte sie dann den Schmerz des Abschieds spüren müssen.

In Hamburg offenbarte sich, daß die Vorstellungen des lebenslustigen, auf die Damenwelt äußerst charmant wirken-

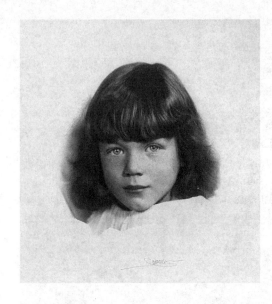

Isa war zumeist äußerst vergnügt, doch konnte sie Abschiede nicht ausstehen.

den Vaters und der ernsthaften, nach neuen Bildungshorizonten und Anregungen Ausschau haltenden Mutter sich im Laufe der Jahre weit voneinander entfernt hatten. Die von den Kindern heißgeliebte Erzieherin Daida erinnerte sich später an den einen oder anderen Besuch attraktiver junger Damen. Es sei ihr früh klar gewesen, »daß diese Ehe ein modernes, sehr freies Verhältnis war, in dem jeder seinen Weg gehen durfte«. Der Umgang der Eheleute miteinander habe »nicht gerade zärtlich« gewirkt, aber die »durchaus freundliche Basis« sei doch unübersehbar gewesen. Nie sei ein böses Wort gefallen, und die Kinder hätten nie etwas von einer »Trübung in dem elterlichen Verhältnis zueinander« erfahren.

Zunächst mehrten sich die Phasen, in denen die Kinder den Vater weniger sahen. Isa bezeichnete diese Zeit als ihre und der Mutter unruhige »Wanderjahre«, während der die Kinder den Vater nur besuchsweise – dann aber immer in großer familiärer Eintracht – zu Gesicht bekamen. Petra Ver-

Isa und Erich am Bodensee, 1926

mehren sehnte sich nach Sonne und Wasser und hielt das Hamburger Klima nicht eben für bekömmlich. Daher begab sie sich mit ihren erkältungsanfälligen Kindern für einige Zeit nach Florenz, wo sie einen guten Freund, einen Baron von Münchhausen, besuchten, dann nach Wasserburg am Bodensee und schließlich nach Konstanz. Die dortige Wohnung hatte der Vater umsichtig für seine Familie ausgesucht. Michael wurde im nahen Internat Salem eingeschult.

Den Winter 1926/27 verbrachte man im schweizerischen Fextal oberhalb von Sils Maria im Engadin, wo die kleine Isa glücklich war über den vielen Schnee in der einsamen Bergwelt und begeistert vom Skilaufen. Die gute Daida war stets mit von der Partie. Sie war es, die für die Kinder kochte und mit ihnen arbeitete, denn die Mutter, »jung und fabelhaft elegant«, habe stets unter Lachen bekannt, »daß sie sich nicht gern um häusliche Angelegenheiten kümmere«. Im Frühjahr 1927 zog die Mutter zu Freunden nach Gronenberg bei Haffkrug an der Ostsee, dann für einige Zeit auf den Priwall, im Herbst schließlich nach Scharbeutz. Dann sollte die Zeit des Umherziehens und des vergnüglichen Privatunterrichts zu Ende sein. Isa und Erich wurden in Hamburg in ein Gymnasium eingeschult. Die Familie war endlich wieder vereint.

Doch schon im Sommer 1928 war die Mutter mit den beiden jüngeren Kindern wieder für einige Monate am Lago Maggiore, wohin der Vater und Sohn Michael in den Ferien zu Besuch kamen. 1929 ließ sich die Familie dann in der alten Heimat, zunächst in Travemünde, nieder. Endlich konnten Isa und in ihrem Gefolge der jüngere Bruder Erich wieder am Strand herumtollen und auf die Masten der unmittelbar vor dem Haus liegenden Fischerboote klettern. Michael, der sich in Salem mit seinen Lehrern überworfen hatte, besuchte inzwischen das Katharineum in Lübeck. 1931 bezog man das großelterliche Gartenhaus am Lübecker Jerusalemsberg vor dem Burgtor.

Die Mutter, die gut Englisch sprach, las viel. Sie interessierte sich vor allem für ausländische Politik und unternahm jetzt die ersten vorsichtigen und zaghaften Schritte in das Leben als Journalistin. Der Vater, der weiterhin in Hamburg seinen Beruf ausübte, stieß nur am Wochenende zur Familie. Er genoß dann die gemeinsamen Spaziergänge an der Ostsee und erfreute sich am Heranwachsen seiner drei aufgeweckten und vielfältig begabten Kinder.

Das Mädchen Isa sprudelte förmlich über vor Lebensfreude und Energie. Sie war nun wieder in ihrem geliebten Zuhause, in der »gedämpften Behaglichkeit des stillen Villenviertels. Der Lärm der Straßen wird von den Vorgärten abgefangen, die voller Rosen stehen und Astern und Dahlien. Hier sind die Bäume höher als die Häuser, die selten mehr als zwei Stockwerke haben. Nur ganz vereinzelt taucht ein Schild auf von einem Brot- oder Milchladen; von der Bedürftigkeit des Menschen wird hier nichts sichtbar, hier ist alles nur Wohnung, ist alles Zuhause, nicht mehr Geschäft und Arbeit, notvolle Hast und streitbare Betriebsamkeit. Man arbeitet ja doch, um leben zu können, und nicht umgekehrt! Dieses einzig gesunde und richtige Verhältnis zur Arbeit liegt diesen Lübecker Vorstädten zugrunde, und man spürt viel davon in dem Frieden, der in ihren Straßen liegt.«

Sie war jetzt – eher unlustig – Schülerin des Ernestinen-Gymnasiums, aber sie entdeckte eine neue Leidenschaft in sich: die zur populären Musik. »Wir hatten sehr früh Musikunterricht zu Hause bekommen, uns wurde eine Blockflöte in den Hals gesteckt, und wir mußten singen und Takt schlagen, bekamen also einen schönen grundlegenden Unterricht. Wir haben viel Musik gemacht, ich habe anfangs Geige gespielt, eine Zeitlang, aber ich war nicht fleißig genug, daraus ist dann nichts geworden. Aber die Ziehharmonika ..., da war ich wirklich gut. Ich mochte den Ziehharmonika-Klang schon als Kind so gerne, da habe ich mir zu Weihnachten eine Ziehharmonika gewünscht. Die kriegte ich mit zehn oder elf Jahren, so ein kleines Ding, das ich in einem Jahr in Grund und Boden gespielt hatte. Dann bekam ich eine größere, ... eine dreireihige Hohner.«

Das Instrument, das noch einmal eine beachtliche Rolle in ihrem Leben spielen sollte, diente zunächst einmal dem puren Vergnügen. Bei den Zusammenkünften des »Vereins für das Deutschtum im Ausland«, deren Treffen in jedem Jahr zu Pfingsten in Danzig, Passau oder in Koblenz stattfanden, lernte sie neue Lieder und begleitete die jugendlichen Sänger. »Man entwickelt einen individuellen Stil, wenn man so ein Instrument viel spielt und ein bißchen musikalisch ist.

Mein Repertoire wuchs dann durch Lieder, die ich hier und da gehört habe. Oh, ich konnte italienische Lieder, französische Lieder, englische Lieder, russische Lieder, selbstgemachte Lieder ..., das war eine schöne Bandbreite.«

Insbesondere die vergnügten Seemannslieder Norddeutschlands (»Die Ballade vom großen Durst«) hatten es ihr angetan und auch solche in plattdeutscher Sprache (»Dat du min Leevsten bist«). Ihr unüberhörbares Talent, die Energie, mit der sie ihre Umgebung bezauberte, die überschäumende Freude am Singen und Musizieren, das alles riß die Zuhörer mit.

Isas musikalisches Talent sollte noch für manche Überraschung gut sein. Mit ihrem Instrument tobte sie sich nach Lust und Laune aus – und konnte darüber die spröde schulische Arbeit leicht vergessen. Die Folge war, daß sie die Quarta wiederholen mußte. Die Lehrerin hatte dem selbstbewußten Kind »Unreife, Frechheit und Arroganz« bescheinigt. Im Hause Vermehren sah man das anders und lachte über die Beurteilung. Die Eltern legten auf die Befolgung von starren Regeln wenig Wert, dafür um so mehr auf ein herzliches Verständnis.

»Die vier Jahre (von 1929 bis 1933 in Travemünde und Lübeck, M. W.), in denen wir nebeneinander um einen runden Tisch gesessen haben, sie haben wohl den festesten Grund für unseren Zusammenhalt gelegt – die gegenseitige Teilnahme an schulischen und menschlichen Schicksalen, die Kultivierung des familieneigenen Humors und der dazugehörigen Sprache. Die vorgegebene Neigung zum angelsächsischen Witz erfuhr starke Förderung durch die längere Beherbergung eines Musikstudenten aus Winchester, der angeblich zur Erlernung der deutschen Sprache gekommen war; das Endergebnis sah anders aus. Wir Kinder hatten deutlich für unser Englisch profitiert, er hingegen brachte es kaum über die einfachsten Höflichkeitsformeln hinaus – sein einziges Interesse galt seinem Oboespiel.«

Isa (ganz rechts mit der Blockflöte) bei einer Schulaufführung, 1932

Man musizierte gemeinsam bei Hauskonzerten, der Student auf der Oboe, Isa Vermehren auf der Geige (!) – »für meine Karriere als Geigerin der absolute Höhepunkt« – und die Mutter am Fügel. Es ging weniger konventionell zu als in anderen »besseren« Lübecker Familien. Die Familie Vermehren sei, so hat der Journalist Peter von Zahn, ein Freund der Familie, erzählt, »immer für eine Überraschung gut gewesen«.

An Überraschungen sollte es in den folgenden Jahren in der Tat nicht fehlen, denn die Vermehrens liebten das Außergewöhnliche und den Duft der großen, weiten Welt – und ignorierten, soweit es eben ging, die düsteren Wolken, die sich über Deutschland zusammenzogen.

So wenig Isa Neigung zeigte, dem von der Schule auferlegten Lehrplan zu folgen, soviel Lust empfand sie an der prägnanten Formulierung, am farbigen Erzählen und am scharfen Denken. Diese Begabung verband sie insbesondere mit der Mutter, deren Lust am journalistischen Schreiben nach Betätigung suchte. Schreiben und Erzählen wurden in der Familie nachdrücklich gepflegt. Es gehörte zur weihnachtlichen Tradition, daß die Kinder den Eltern irgend etwas Selbstgeschriebenes zum Geschenk machten, und stets war es Isa, der es – mitunter zum Leidwesen der weniger schreibflinken Brüder – am leichtesten fiel, etwas liebevoll Geschliffenes zu Papier zu bringen, gelegentlich sogar in Reimen.

So sicher und unbedenklich sie sich ausdrückte und bewegte, so sehr sie nach außen Fröhlichkeit versprühte, so tief empfand sie den geheimen Zauber, den die Lübecker Kirchen auf sie ausübten. Stets besuchte sie die Orgelkonzerte, die in jedem September in der Lübecker Marienkirche stattfanden. An einigen wirkte sie als Orgeltreterin mit, und einmal sang sie sogar das »Laudate Dominum«.

»Diese sommerlichen Orgelkonzerte sind wie große Familientreffen. Die ganze Stadt ist da, sie kommen aus allen Schichten und Ständen, jedes Alter ist unter den Hörern vertreten und jeder Beruf. Von den Honoratioren der Stadt sind eigentlich immer einige da, heute sogar der Bürgermeister und seine Frau. Viele haben ihren Stammplatz, und der Küster achtet darauf, daß kein Fremder ihn besetzt. Meine Großmutter beispielsweise sitzt immer unter der großen Orgel und hat nun schon seit vielen Jahren die gleichen Nachbarinnen rechts und links ... Wie angenehm ist so ein Konzert, für das man sich nicht umziehen muß, in dem nicht geklatscht wird, in dem man den Künstler gar nicht sieht und, dank der hohen Kirchenstühle, auch nicht viel vom Publikum. Das hat hier wirklich nichts anderes zu tun als zu-

Mit der ersten Knautschkommode

zuhören. Freilich gesammelter, ausschließlicher und hingegebener als in einem Konzertsaal.«

Die kleine Isa Vermehren war bei all ihrer fröhlich zur Schau getragenen Ausgelassenheit und burschikosen Abenteuerlust, trotz aller Freude an der ironischen Provokation, die die Lehrerin Müller so in Rage versetzt hatte, ein ungewöhnlich nachdenkliches und insgeheim grüblerisches Kind. Was sie tat und dachte, das tat und dachte sie gründlich, aber niemand hatte ihr vorzuschreiben, in welche Richtung das geschah. Die Eltern respektierten es gerne und ließen sie nach Möglichkeit gewähren. Sie wollten ihre Kinder zu unabhängigen Geistern erziehen und nicht angepaßte Jasager aus ihnen machen – keine Selbstverständlichkeit in einer Zeit, die lautstark nach Befehlen und Gehorsam rief.

Die dramatische politische Veränderung in der untergehenden Republik von Weimar, die Machtübernahme durch Hitler und die Nationalsozialisten am 30. Januar 1933, löste in Lübeck bei der Bevölkerung nicht weniger Jubel aus als in anderen Teilen Deutschlands. In Schleswig-Holstein, in Mecklenburg-Schwerin und in der Stadt an der Trave war der Anteil nationalsozialistischer Wähler und Sympathisanten sogar überdurchschnittlich groß. Bei den Wahlen zum deutschen Reichstag im Juli 1932 hatte die NSDAP in Lübeck mit 41,2 Prozent der Stimmen besser abgeschnitten als im Landesdurchschnitt. In Mecklenburg-Schwerin kam es sogar zu einer Regierung der NSDAP, in Mecklenburg-Strelitz zu deren Beteiligung. Bei den März-Wahlen von 1933 stieg der Anteil der Lübecker NS-Wähler sogar auf 42,8 Prozent, das war allerdings etwas weniger als der Reichsdurchschnitt (43,9 Prozent).

Lübeck war sehr »braun« geworden, und die Familie Vermehren hatte nicht zu denen gehört, die sich einen so radikalen Wandel wirklich hatten vorstellen können. In den Jahren der Weimarer Republik fühlten sie sich Gustav Stresemanns Deutscher Volkspartei nahe, sie waren bürgerlich-patriotisch gestimmt, der Vater wohl noch mehr als die skeptischere und aufmerksam die Weltpolitik verfolgende Mutter. Aber mit dem Gedankengut der Nazis verband das Ehepaar nichts. Die Mutter hatte Hitlers »Mein Kampf« gründlich gelesen und sah wohl am klarsten, was da heraufzog. Machtlos stand sie der Bedrohung gegenüber: Was sollte sie tun in Anbetracht dreier schulpflichtiger Kinder und eines Ehemanns, der als Rechtsanwalt in Hamburg für das Einkommen der Familie sorgen mußte? Wie so viele andere klammerte sie sich an die Hoffnung, alles würde vielleicht nicht so schlimm kommen, wie die Pessimisten es voraussagten. Vielleicht würde der braune Theaterpomp doch nur eine Episode bleiben. Irgendwie mußte man sich eben durchlavieren und das Kunststück vollbringen, in die nationalistischen Euphorien nicht einzustimmen, ohne die eigene Sicherheit und die der Familie aufs Spiel zu setzen.

Die Vermehrens versammelten einen Kreis von Freunden und Bekannten um sich, unter denen auch viele Juden waren. Sie pflegten ein herzliches Verhältnis zu Julius Leber, dem Chefredakteur des »Lübecker Volksboten« und SPD-Abgeordneten im Reichstag, und dessen Angehörigen. Ungläubig mußten sie nun mit ansehen, wie schnell und radikal sich ihre Lübecker Umgebung, auch die in den behaglichen Villenvierteln, den neuen Machtverhältnissen fügte. Die Familie war »tief schockiert«.

Am Abend des 31. Januar 1933 zogen triumphierende SA- und SS-Truppen grölend durch Lübeck. Noch in der Nacht wurde Julius Leber verhaftet. Wenig später hat man ihn entlassen, kurz darauf erneut festgenommen, abermals auf freien Fuß gesetzt – und am 23. März wieder verhaftet. Ihm wurde der Prozeß gemacht zu den Vorfällen in jener Januarnacht, als man ihn verhaftete. Gegen drei Uhr früh hatten zwei Reichsbanner-Leute Leber nach Hause begleitet und waren auf SA-Leute gestoßen, denen der nicht ganz nüchterne Leber »Freiheit« entgegengeschleudert haben soll. Es kam zu einer Schlägerei, in deren Verlauf Willi Rath, einer der Begleiter Lebers, einen SA-Mann mit dem Messer erstach. Leber wurde zu einer Gefängnisstrafe von zwanzig Monaten verurteilt, doch dabei sollte es nicht bleiben. Nach der Verbüßung der Haft erfolgte die Einlieferung in das Konzentrationslager Esterwegen, dann kam er nach Sachsenhausen.

Den Nazis galt der aufrechte Sozialdemokrat als gefährlicher Staatsfeind. Er hat seinen Mut mit dem Leben bezahlt.

Die auf Selbständigkeit bedachte Isa beobachtete diesen Sturz in die Recht- und Hoffnungslosigkeit, der ihre unmittelbare Umgebung betraf, mit wachem Sinn. Die Fünfzehnjährige erlebte nun, wie unter der Brutalität des neuen Regimes die erlernten und geachteten Werte zusammenbrachen. Es wurde ihr deutlich, »daß die totale Veränderung des gesamten Lebensklimas ab 1933 für uns damals, vielleicht nicht für alle in meinem Alter, aber doch für viele eine Art Herausforderung war, Position zu beziehen gegenüber dieser geistigen Vergewaltigung ... Meine beiden Brüder und ich waren von vorneherein gegen diese Ideologie geimpft.« Mit Entsetzen verfolgte sie die von der SA im ganzen Reich angeordneten Bücherverbrennungen. »Die Bücher, die verbrannt wurden, standen doch alle bei uns im Regal.« All das, was ihr die Eltern an Weltverständnis mit auf den Weg gegeben hatten, sollte mit einem Mal gebrandmarkt sein?

Isa hatte sich bisher nicht für Politik interessiert, sie lebte ihren musikalischen Interessen, ihrer Lust am Zusammensein mit Gleichgesinnten und vielen Freundinnen. Sie war fröhlich und oft übermütig, aber hinter ihrer unbeschwerten Aufgeschlossenheit verbarg sich das beharrliche, geradezu bohrende Nachdenken über die Frage, wofür es sich wirklich zu leben lohnte. »Was ist Wahrheit, welches ist die Wahrheit, die Wahrheit schlechthin?«

Die selbstverständlichen Ideale ihrer Eltern: Humanismus, Menschlichkeit, Liberalität, Freude an Kultur und Wissen, vorurteilsfreie Neugierde gegenüber allem und jedermann, das hatte sie gewissermaßen mit der Muttermilch aufgesogen. Und nun wurden diese Werte von den neuen Machthabern einfach beiseite gefegt. Welche Konsequenzen waren daraus zu ziehen? Und was würden sie bedeuten? Sie ließ die Dinge erst einmal auf sich zukommen und versuchte sich dabei Klarheit zu verschaffen, was man tun könne. Die Eltern und die

Brüder, die Freunde und Freundinnen der Familie machten es nicht anders. Schnell war deutlich geworden, daß die neuen Machthaber erbarmungslos ihre Gewalt einsetzten, und gegen die gab es – wenn man nicht ins Gefängnis wandern wollte – wenig Mittel. Es blieb wirklich nur das Prinzip Hoffnung, denn den Anforderungen eines selbstlosen Heldentums waren nur wenige gewachsen.

Ein Mädchen wie die warmherzige Isa, das sich nie durch besondere Vorsicht ausgezeichnet hatte, mußte über kurz oder lang aus dem Rahmen fallen. In der Schule wehte bald ein ganz anderer Wind als in ihrer privaten Umgebung. »Das ganze Lehrerkollegium« sei von heute auf morgen vom braunen Geist umnebelt gewesen, sagt sie später. Isas Lust am Widerspruch war geweckt. Mochte das neue uniforme Denken noch so selbstsicher auf sich aufmerksam machen, mochten die Eltern sie noch so oft darauf hinweisen, daß es galt, nicht allzu unvorsichtig zu handeln: Alles wollte sie keinesfalls mitmachen.

»Wer da nicht mitspielte, mußte es teuer bezahlen. Aber das ist eine Erfahrung, die man jungen Leuten heute überhaupt nicht klarmachen kann. Da fassen sich alle an den Kopf: ›Seid ihr denn blöd gewesen, das mitzumachen?‹ Ja gut, die meisten waren vielleicht blöd, aber man hatte nicht damit gerechnet, daß die Nazis vom ersten Tag an mit ganz brutaler Gewalt und mit einer offen zugegebenen Rechtlosigkeit ihre Ziele und Ansprüche durchsetzen würden. Das konnte man sich überhaupt nicht vorstellen in unserem Land.«

Von einem auf den anderen Tag war eine Kluft aufgerissen zwischen Isas Werten und denen ihrer Umgebung. »Die Erwachsenen fielen um wie ein morscher Gartenzaun.« Gewiß, es fehlte nicht an Freunden, die die Zeichen der Zeit schon sehr viel früher deutlich erkannt hatten, aber die Vermehrens waren in ihrem Bekenntnis zu Liberalität und Humanität zu arglos gewesen. Der Vater hatte unbeirrbar wie viele seiner Kollegen geglaubt, daß nicht plötzlich nichtig

Ein skeptischer Blick: Dunkle Wolken ziehen auf über der Lübecker Kindheit

sein könne, was in deutschen Gesetzbüchern verankert war. Der äußere Anschein mochte noch so bedenklich sein, die Juristen vertrauten auf die deutsche Gerichtsbarkeit und deren stets verläßliche Tradition. Ihnen allen wurde eine harte Lektion erteilt, aber als sie das erkannten, war es zu spät.

»Für den ersten Mai 1933, Tag der deutschen Arbeit, mußte man in allen Schulen auf dem Schulhof den deutschen Gruß üben: Den rechten Arm mit flach ausgestreckter Hand in Augenhöhe anheben, in Achterreihen im Gleichschritt gehen. Alle Schüler mußten an der Tribüne auf dem großen Sportplatz vorbeiziehen, dort hatten sich die Lehrkollegien aufgebaut, und jede Menge Fahnen wehten. Beim Passieren der Fahnen mußten wir den Arm heben. Vor mir ging eine Schülerin, der man vorher gesagt hatte: ›*Sie* dürfen den Arm natürlich nicht heben, Sie sind ja nicht arisch.‹ Das hat mich innerlich so aufgebracht. Ich dachte, wenn die nicht darf, dann will ich auch nicht. Man hatte wahrscheinlich schon abgewartet, was ich wohl machen würde, denn es hatte schon vorher Schlägereien in der Klasse zwischen einigen von uns gegeben. Wir wußten voneinander und von den meisten Lehrern, welcher Partei sie vorher angehört hatten. Dank der vielen Parteien, die wir vor 1933 hatten, gab es damals sehr lebhafte politische Diskussionen, die nicht eben zimperlich verliefen: ›du Sozi‹, ›du Nazi‹, ›du Idiot‹, das fiel dann eben auf.«

Isa hatte nie zu den guten Schülerinnen gehört. Sie war eigenwillig, nicht besonders nachgiebig gegenüber Lehrern, kurz, sie galt mehr denn je als »schwieriger Fall«. So ließ man sie denn auch wissen, wenn sie die Fahne nicht grüßen wolle, möge sie am besten die Schule verlassen. »Mir wurde bedeutet, daß es besser sei, ich würde weggehen, das würde so nicht mehr gehen.«

Flüchten oder standhalten? In der Familie war die Einsicht gereift, daß dieses Kind unter den dumpfen, angepaßten Verhältnissen Lübecks auf dieser Schule keine gedeihliche Zukunft mehr haben würde. An das Abitur war gar nicht mehr zu denken. Die Erkenntnis traf sich mit dem Entschluß der Mutter, der Stadt den Rücken zu kehren. Sie erledigte inzwischen kleinere Aufträge für das »Berliner Tageblatt« und wollte in Zukunft noch intensiver journalistisch arbeiten. Das konnte am ehesten gelingen in der Metropole Berlin, wo die Atmosphäre trotz allem noch immer freier und großzügiger war als anderswo im Reich. Zwar hatten auch in der Reichshauptstadt die Nazis das Sagen, aber es lebten dort noch viele der kosmopolitischen Freunde, die dachten wie die Mutter. In Lübeck war es dagegen eng geworden, zu eng. Möglicherweise bot Berlin sogar die Chance, sich einen Traum zu erfüllen: als Journalistin ins Ausland zu gehen und von dort zu berichten. Allzulange würde das Regime der Kleinbürger sich ohnehin nicht an der Macht halten können und schließlich abgelöst werden wie schon so viele Regierungen zuvor.

Aber was sollte aus den Kindern werden? Die Geschwister hingen sehr aneinander, doch es ließ sich nicht vermeiden: Ihre Wege mußten sich wieder trennen. Michael, inzwischen ein junger Mann von achtzehn Jahren und Oberprimaner, kam zu jener Zeit als einziger Schüler seiner Klasse noch in Zivilkleidung zur Schule, während seine Klassenkameraden bereits in SA-Uniform erschienen. Er wollte unter der gelegentlichen Obhut des Vaters, der sich aufgrund beruflicher Verpflichtungen meistens in Hamburg aufhielt, unbedingt noch das Abitur in Lübeck ablegen und daher bis auf weiteres dort bleiben. Erich, inzwischen vierzehn Jahre alt, sollte auf ein Internat geschickt werden. Aber was sollte mit Isa geschehen?

Im Haus Vermehren wohnte damals der baltische Baron Hermann von Wedderkopp zur Miete, ein ebenso eleganter wie eigenwilliger Journalist aus Berlin. Er hatte dort die exquisite Kulturzeitschrift »Der Querschnitt« herausgegeben und war in Lübeck für eine gewisse Zeit »untergetaucht«, denn die Nazis waren seine Sache nicht. Mit seiner Hilfe hatte Petra Vermehren Kontakte zum Berliner Journalismus geknüpft, und nun hatte er einen geradezu verwegenen Einfall: Isa könne doch so herrlich Ziehharmonika spielen und dazu freche Lieder singen. Ob sie sich nicht bei Werner Finck im Kabarett »Die Katakombe« als Mitwirkende bewerben wolle? Beim Vater löste dieser ungewöhnliche Vorschlag wenig Begeisterung aus, dafür um so mehr bei der Mutter und, wenn auch erst nach einigem Zögern, bei Isa selbst. Die Schule hinter sich zu lassen und auf Brettern, die zwar nicht gerade die Welt bedeuteten, aber doch ein Refugium vor nationalsozialistischer Anpassung boten, die eigenen musikalischen Talente zu erproben – das war eine höchst verlockende Idee.

»Die Katakombe« – das war ein Name voller Heiterkeit und Strahlkraft, die Verkörperung einer respektlosen Gegenwelt zu Nationalsozialismus und Barbarei. Ihr Leiter, Werner Finck, der Apothekersohn aus Görlitz, hatte an Provinztheatern in einigen komischen Rollen debütiert, sich dann an verschiedenen Kabaretts in Berlin erprobt, bevor er 1929 sein eigenes kleines Kabarett eröffnete, in dem er mit seinen unvergleichlichen Stottereien Ereignisse der Zeit satirisch beleuchtete, wobei das Programm weniger politisch als vielmehr unterhaltsam sein sollte. Zunächst war sein Theater im Künstlerhaus-Keller an der Bellevuestraße eher spartanisch untergebracht, von 1932 an residierte es dann in der Lutherstraße.

Während überall in Berlin Kleinkunstbühnen eröffneten und oft bald wieder schlossen, erfreute sich die »Katakombe« auch oder gerade nach dem Beginn des »Dritten Reiches« größter Beliebtheit. Bekannte Humoristen wie Theo Lingen, Walter Gross oder Ursula Herking, vor allem aber der mal liebevoll, mal zornig, mal nachdenklich vor sich hin improvisierende Werner Finck machten das Haus über Berlins Grenzen hinaus bekannt. Fincks Bemerkung: »Die unruhigen Zeiten sind nun vorbei, man kann wieder auf Jahrtausende disponieren« ging unter den Regimekritikern von Mund zu Mund, und so wurde es für NS-Gegner geradezu zum Muß, die »Katakombe« zu besuchen. Zum Zeitpunkt der »Machtübernahme« waren am Programm der »Katakombe« keine jüdischen Künstler beteiligt, so daß diese Bühne im Gegensatz zu vielen anderen unbehelligt weitermachen konnte – soweit die veränderten politischen Umstände das zuließen. Das Kabarett jonglierte jetzt mit jedem Wort am Abgrund, aber vom Jonglieren mit Wörtern verstand Werner Finck viel, wobei ihm seine Methode des vermeintlich spontanen Stotterns, seine scheinbare Hilflosigkeit, einen gewissen Schutz bot.

Isa Vermehren und die Mutter wollten von Baron Wedderkopp alles über die »Katakombe« wissen. Das Interesse war geweckt. Warum sollte man es nicht einmal versuchen? Das

Siebzigster Geburtstag des Großvaters Johannes Schwarbroch im August 1933, ganz rechts Isa

Mädchen hatte es in der Schule immerhin bis zur »mittleren Reife« gebracht, und es war ja nicht ganz ungewöhnlich, daß sich ein junges Mädchen mit dem »Einjährigen« als Schulabschluß zufriedengab. Alles schien für Berlin zu sprechen, und so machte man sich schließlich auf den Weg: die Mutter und die beiden jüngeren Kinder. Erich würde von Berlin aus weiter ins Internat nach Templin reisen. Der Vater blieb in Hamburg, wo ihn die Arbeit für die Hapag festhielt. Er war darüber nicht traurig, denn für ihn war Hamburg die liebenswerteste unter den deutschen Städten. Hier fühlte er sich mehr zu Hause als irgendwo sonst. Und Michael bereitete sich in Lübeck auf das Abitur vor. Die Familie war erneut getrennt – und sollte es für immer bleiben.

Die Ereignisse der letzten Januartage 1933 hatten sich unübersehbar auf das Leben in Berlin ausgewirkt. Zwar war die »Katakombe« noch immer ein attraktiver Treffpunkt der unangepaßten Berliner, aber um die in aller Welt bewunderte, in den zwanziger Jahren geradezu zum Mythos gewordene Berliner Kleinkunstszene stand es jetzt schlecht. Vielen Kabarettisten von Rang war seit der Machtübernahme und erst recht nach dem Reichstagsbrand der Boden unter den Füßen zu heiß geworden. Jüdische Künstler wie Walter Mehring, Friedrich Hollaender und viele andere waren ins Ausland geflüchtet, andere bereiteten sich darauf vor und lebten latent in Gefahr. Gerade unter ihnen gab es viele leidenschaftliche deutsche Patrioten, die ihr heißgeliebtes Berlin nicht wegen einer sich möglicherweise nur kurz an der Macht haltenden Regierung verlassen wollten. Wohin sollten sie auch gehen? Dies war doch ihr Land, ihre Stadt, ihre Sprache, dies war ihr Publikum, das jede noch so kleine Anspielung verstand und ihnen zujubelte. Wo ließ sich denn sonst noch deutschsprachiges Kabarett machen? Wien war ebenfalls ein unsicheres Pflaster geworden – ganz abgesehen davon, daß auch dort die Engagements nicht auf der Straße lagen. So klammerten sie sich Tag für Tag an vage Hoffnungen und sollten einen fürchterlichen Preis dafür zahlen. Sie waren ja besonders gefährdet, denn das Kabarett lebt von Zivilcourage und respektlosem Humor, und beides war brandgefährlich in jenen Tagen, erst recht für jüdische Textdichter und Komponisten.

»Satirischer Biß und Polit-Pointen« – der Kabarett-Historiker Volker Kühn hat viele Beispiele dafür dokumentiert – lebten damals »allenfalls im verbotenen Flüsterwitz weiter«. Man mußte sich jedes Wort dreimal überlegen, und das bedeutete gerade für ein kritisches Kabarett-Theater, sofern es überhaupt noch den Vorhang öffnen durfte, Erstarrung und Selbstaufgabe.

Werner Finck gehörte zu den wenigen, die noch eine erstaunlich freche Lippe riskierten. »Allabendlich« trat er »mit einem Herbstlied vor den Vorhang, das sich von einer Jahreszeit verabschiedet und mit den Worten endet: ›Wie schnell das ging! Ja, die Natur! Glaubt nicht, daß eine Diktatur mal ähnlich schnell verschwände!‹ Daß aber aus dem Winter, der da launig angekündigt wurde, eine zwölfjährige Eiszeit werden könnte, daran glaubte so recht niemand. Nicht einmal der witzelnde Conferencier vor dem Vorhang« (Volker Kühn). Noch gab es Lücken in den Kontrollen und Verboten, und Finck lavierte mit seinen scheinbar so naiven, in Wirklichkeit sorgfältig kalkulierten Aperçus höchst raffiniert zwischen den täglich gefährlicher werdenden Fronten. Das Publikum verstand die Botschaft zwischen den Zeilen nur allzugut und faßte in einem amüsierten Wir-Gefühl neuen Mut und neue Hoffnung.

Das allmähliche Verschwinden großer Namen im vollen Umfang wahrzunehmen, war gar nicht so leicht. Schließlich ging mit dem propagandistisch lauthals gefeierten Beginn einer neuen Epoche auch eine Aufbruchstimmung einher, winkten materielle Anreize. Dafür sorgten nicht zuletzt die vielversprechenden Arbeitsbeschaffungsmaßnahmen, die wohlklingenden Beteuerungen, man werde ein starkes, nicht länger unter blutigen Straßenkämpfen und Politikergezänk ächzendes »neues« Deutschland errichten. Die Bevölkerung hatte ja wahrlich schwere Zeiten hinter sich. Jetzt konnte doch – peinliche Verhaftungen hin oder her – einiges auch besser werden.

Das Septemberprogramm der »Katakombe« war von einem arglosen Kritiker im Berliner »Börsen-Courier« mit den Worten gelobt worden, Werner Fincks »raffiniert-verlegene Art..., sein Publikum bei guter Laune zu erhalten und mit Anmut frech zu sein, feiert Triumphe«. Bald sollten derlei naive Urteile nicht mehr ausreichen, aber die harmlose Forderung nach »guter Laune« stand jetzt, vor dem dunklen Vorhang des verbrecherischen Regimes, hoch im Kurs. Gute Laune zu verbreiten, das war ganz im Sinne von Joseph Goebbels: Einlullend und unterhaltsam hatte die deutsche Kunst zu sein, zu harmlosen Träumen vom privaten Glück sollte sie anregen und nur ja keine Anstöße zum selbständigen oder gar kritischen Nachdenken geben. Während die großen Bühnen sich in die Gefilde der Klassik flüchten konnten, waren die ambitionierten Kleinkunsttheater, die einmal den Pfeffer im Berliner Kulturbetrieb ausgemacht hatten, durch diese Parole im innersten Mark getroffen worden. In dieser gefährlich knisternden Atmosphäre, in der jeder erpicht war, Konflikte zu vermeiden, behauptete sich Werner Fincks »Katakombe« mit viel Geschick. Noch gab es einen gewissen Spielraum, und den galt es listig zu verteidigen.

Das war die Situation, in der sich Isa Vermehren im Herbst 1933 bei Werner Finck vorstellte. Dieser forderte sie kurzerhand auf, sich noch am selben Abend in der »Katakombe« einzufinden und einfach einen Auftritt zu riskieren. Auf Anraten von Baron Wedderkopp sang Isa ein Lied, mit dem sie schon oft für Furore gesorgt hatte: »Eine Seefahrt, die ist lustig«. Diese unverbildete, kühn drauflos schmetternde Mädchenstimme und die erstaunlich souveräne Art ihres kraftvollen Ziehharmonikaspiels waren genau das, was jetzt verlangt wurde. Die Art des Vortrags war frech und unbekümmert, und der Text, der von einem anonymen Verfasser stammte, war nicht gerade brisant. Solche Lieder waren nicht gefährlich, und sie waren nach dem Geschmack eines Publikums, das sich amüsieren wollte. Diese erfrischende Sängerin schien der Himmel geschickt zu haben. Finck ergriff diese Chance sofort und bot Isa an, weiterhin bei ihm aufzutreten. Die Verhandlungen über das geringe Honorar, das von den Einnahmen der Abendkasse abhing, waren schnell abgeschlossen.

Isa quartierte sich bei engen Freunden ihrer Eltern, der jüdischen Familie Flechtheim (der wenig später die Flucht in die Vereinigten Staat gelingen sollte), ein und versuchte sich abends auf den Brettern, die die Welt bedeuten. Bisher war sie vornehmlich vor gleichgesinnten Jugendlichen aufgetreten, nun aber stand sie vor dem verwöhnten Berliner Publikum, dessen Geschmack sich an den legendären Meistern der »Brettl«-Kunst gebildet hatte. Es war alles andere als selbstverständlich, daß eine so junge, fast noch kindliche Sängerin sich so mir nichts, dir nichts auf eine Berliner Kabarettbühne traute und aus dem Stegreif einen schwungvollen Auftritt hinlegte. Das war ihr mit Bravour gelungen, bedeutete aber noch nicht viel. Isa legte sich daher sicherheitshalber ein Pseudonym zu: »Hanna Dose«. Man wußte ja nicht, wie der Name Vermehren das Abenteuer, in das sie sich begeben hatte, überstehen würde. Den Eltern war diese Vorsichtsmaßnahme nur allzu recht.

Als Isas erste Premiere nahte, reiste der Vater aus Hamburg an. Kaum war die erste Vorstellung glücklich bestanden, schickten Werner Finck und Rudolf Platte sich an, ein ernsthaftes Gespräch mit der neuen, so ungewöhnlich jungen Kollegin zu führen. Doch der Vater machte dem mit der fürsorglichen Aufforderung: »So, meine Puppe, und nun schnell ins Bett«, ein schnelles Ende, und ab ging's nach Hause.

Am nächsten Morgen konnte Isa in der »BZ« lesen: »Werner Finck bringt eine neue Entdeckung, die auf dem Programmzettel ›Hanna Dose‹ heißt, von ihm aber als ›Isa Vermehren‹ angesagt wird. Sie singt zur Ziehharmonika Matrosenlieder mit einer Unbekümmertheit und einer tollen Stimme, die in zwei Registern in wildesten Kapriolen herumjauchzt, eine Spezialität, die überrumpelt.«

Der Auftritt an sich schien der verheißungsvolle Beginn einer Sängerinnenkarriere zu sein. Die »Berliner Morgenpost« feierte ein »Naturereignis«, und in der »Berliner Volkszeitung« hieß es: »Höchstes Lob verdient Isa Vermehren, wenn sie mit unbeschreiblich frechem Gesicht ihre Lieder zum Schifferklavier singt, wenn sie grinst und pfeift wie ein Fuhrknecht, man möchte ihr viele freundliche Worte sagen, aber man weiß nicht, ob sie sich nachher nicht eins drauf pfeift.« Eine andere Berliner Tageszeitung, die »BZ am Mittag«, feierte die »merkwürdige Entdeckung« mit den Worten: »Ein kleines, blondes Mädchen mit sanftem Hamburger Dialekt« – richtiger hätte es geheißen: Lübecker Dialekt – »und einem munteren Schiffsjungenpfiff stellt sich frank und frei mit einer Handharmonika auf die Bühne und singt Matrosenlieder. Nichts weiter. Ein klein bißchen frech, die ›Waldeslust‹ sentimental – und das ist alles. Und das Wunderbare daran ist nun der bombige Beifall, mit dem das Mädchen überschüttet wird.«

»Hanna Dose« wird zu einer unentbehrlichen Nummer jedes »Katakomben«-Programms, wobei sie keineswegs nur Lieder schmettert. Sie wirkt auch bei einzelnen Sketchen mit Finck und anderen mit, insbesondere mit der versierten Ursula Herking. Sie hat Theaterblut in sich, dazu eine kaum zu bremsende Energie, Arbeitswut, Disziplin, ein überschäumendes Temperament und die so dringend geforderte gute Laune. Ein Star war geboren, die »Katakombe« nur der Anfang. Bald sollten sich Platten- und Filmfirmen um sie reißen, wird sie um Konzerte gebeten, wird ihr Name über Berlin hinaus zum Begriff werden.

Die »arischen« Kabarettkollegen Kurt Bortfeldt, Aldo von Pinelli, Rolf Sievers und Heinrich Giesen liefern die Texte und Edmund Nick, ein Könner seines Fachs, die Musik für Lieder, die Isa auf den Leib geschrieben sind: »Balladen von betrunkenen Seeleuten und gestandenen Fahrensmännern, von Jahrmarkts-Romanzen und anderen unerfüllten Jung-

mädchen-Träumen, Lieder vom großen Durst und den Nächten im Hafen, von tätowierten Weibsbildern, vom Schiff am Bollwerk, von erster Liebe auf dem Rummelplatz« (Volker Kühn). In Inhalt und Stimmung gleichen diese Lieder Gedichten, die Hans Leip schon Jahre zuvor geschrieben und später in seiner »Hafenorgel« versammelt hat. Eines der Leip-Lieder, das Lied von Lili Marleen, machte erst ein Vierteljahrhundert nach seiner Entstehung in der Vertonung durch den Nazi-Komponisten Norbert Schultze Weltkarriere. Isa Vermehren aber ist nicht Lale Andersen, sie besticht nicht durch melodische Sentimentalität, sondern durch eine draufgängerische, kindliche Gelöstheit.

Das Lied, das Werner Fincks Begeisterung ausgelöst hatte und das das Publikum nicht oft genug hören konnte, trägt den wahrlich harmlosen Titel »Eine Seefahrt, die ist lustig«. Die Melodie ist ein traditioneller »Gassenhauer«, der Text erzählt vergnügt vom Aufenthalt an Bord eines Schiffes. In der Version von Isa Vermehren hört er sich so an:

Eine Seefahrt, die ist lustig,   *An der Reling kotzen sehn.*
Eine Seefahrt, die ist schön.   *Holla-he, holla-hoa-hoa-hoa,*
Ja, da kann man unsre Leute   *Holla-hea-hea-hea-holla-ho.*

In der Rechten einen Whisky,
In der Linken einen Köhm,
Und die spiegelblanke Glatze:
Das ist unser Kapitän.
Holla-he ...

Unser Erster auf der Brücke
Ist ein Kerl, Dreikäsehoch,
Aber eine Schnauze hat er
Wie 'ne Ankerklüse groß.
Holla-he ...

Unser erster Maschiniste
Ist kein Jude, ist kein Christe,
Unser Unteroffizier
Trägt die Wäsche von Papier.
Holla-he ...

Hat der Kuli sich gewaschen
Und er denkt, er ist jetzt rein –
Kommt der Maschinist gelaufen:
»Wasch dich doch mal, altes
    Schwein!«
Holla-he ...

Und der Koch in der Kombüse,
Diese vollgefressne Sau,
Mit den Beinen im Gemüse
Und dem Achtern im Kakao.
Holla-he ...

Und die silberweißen Möwen,
Die erfüllen ihren Zweck:

(Sie pfeift gekonnt auf zwei Fingern)

Auf das frisch gewaschne
    Deck.
Holla-he ...

In der Heimat angekommen,
Fängt ein neues Leben an.
Eine Frau wird sich
    genommen,
Kinder bringt der Weihnachts-
    mann.
Holla-he, holla-hoa-hoa-hoa,
Holla-hea-hea-hea-holla-ho.

Wer immer diesen Text verfaßt hat: Man könnte meinen, er stamme von Klabund, der in den zwanziger Jahren sehr ähnlich klingende, aufsässig-derbe, äußerst populär gewordene Spottlieder reimte und diese selbst auf den Kleinkunstbühnen von Berlin und München zum besten gab. Sie trugen ihm schon zu einer Zeit, als das freie Wort noch erlaubt und Hitler noch nicht an der Macht war, die Wut nationalsozialistischer Sittenwächter ein. Und als die Nationalsozialisten schließlich an der Macht waren, vergaßen sie den charmanten und respektlosen Dichter, der schon 1928 im Alter von nur achtunddreißig Jahren an Tuberkulose gestorben war, nicht und setzten ihn 1933 auf die Liste der unerwünschten Autoren.

Das Lied von der lustigen Seefahrt ist auf den ersten Blick nicht mehr als eine deftige Alberei. Hört man genauer hin – und man darf davon ausgehen, daß das Publikum der »Katakombe« sehr genau hinhörte –, lassen sich durchaus Anzüglichkeiten und Hinweise auf die Nazis ausmachen. Eine Seefahrt, bei der »unsre Leute« kotzen müssen, ein Kapitän, der kalt seine Befehle gibt, der »Erste auf der Brücke«, der, obgleich von geringer Körpergröße, vor allem eine große »Schnauze« hat – konnten damit nicht die Deutschen, konnte damit nicht »der Führer«, konnte damit nicht Joseph Goebbels gemeint sein, »kein Jude« und »kein Christe«? Der reinliche »Kuli«, den man anbrüllt: »Wasch dich doch mal, altes Schwein!« – erinnerte das nicht an den brutalen Umgang mit den Juden und anderen Ausgestoßenen? Und der gehässige Verweis der letzten Strophe auf das Glück des Spießers – verriet er nicht eine beißende Kritik an den von den Nazis verordneten Werten?

Unter den herrschenden Verhältnissen, in einer Zeit, in der der kleinste Ausrutscher Schreib- oder Auftrittsverbot bedeutete, waren die Zeilen alles andere als harmlos, und wohl nur die Tatsache, daß der Text nicht neu war, daß es sich dabei um eine deutsche Art von *shanty* handelte, ließ die Ordnungshüter anfangs keinen Anstoß daran nehmen. Noch gab es Schlupfwinkel, noch gingen Zwischentöne durch, noch war man nicht so verbohrt, bei diesem Kind mit der Quetschkommode Anlaß zum Einschreiten zu sehen. Gleichwohl hing über Werner Fincks »Katakombe« schon das Damoklesschwert: »Reichspropagandaminister Goebbels ließ die ›Katakombe‹ überwachen. Gestapo-Spitzel, die sich unter das Publikum mischten und jede Pointe, jeden Lacher notierten, schrieben seitenlange Berichte über die unbotmäßigen Spaßmacher« (Volker Kühn).

»Die ›Katakombe‹ war *das* politische Kabarett. Sie legte Wert auf eine Mischung aus Klamauk, Witzig-, Komisch-, Albern-Sein, einfach so harmlos-menschlich hin und her oder eben sehr gezielt politisch witzig. Das war eine schöne Mischung. Da gab es nie eine Anzüglichkeit unter der Gürtellinie, das war strengstens verboten. Es hat auch nie einen ordinären Stich gehabt, so im Sinne von Revue, sondern es war hochintellektuell, schön, richtig witzig. Der politische Witz, der aggressive, kam von Werner Finck. Ich habe da ganz sicher profitiert, schon durch Werner Fincks Umgang mit der Sprache, der ja an keinem *Wort* vorbei *konnte*, das man doppeldeutig verstehen kann. Das hat mir selber eine Aufmerksamkeit für Sprache gegeben.«

Sie sei »nie ein richtiger Profi« geworden, meinte Isa Vermehren später und stellte ihr Licht damit unter den Scheffel. Sie habe die Tage damals weitgehend in der Pension verbracht, die sie gemeinsam mit ihrer Mutter bewohnte, habe »lang geschlafen und wenig getan«. Das stimmt so wohl nicht ganz, denn immerhin kümmerte sie sich um eine profunde Sprech- und Gesangsausbildung, nahm Schauspielunterricht und ruhte sich keineswegs auf ihren Lorbeeren aus. Die Mutter arbeitete unterdessen immer intensiver für Berliner Zeitungen, indem sie ausländische Zeitungen auswertete und politisch unauffällige, nüchterne Artikel verfaßte.

Zwischen dem 16. November 1933 und dem 18. März 1935 trat Isa Vermehren in allen sechs Programmen der »Katakombe« auf. Stets erntete sie mit ihren Liedern zur Ziehharmonika, die nicht alle so doppeldeutig waren wie das Lied von der Seefahrt, begeisterten Zuspruch. Sie beteiligte sich an den kabarettistischen Nummern des Ensembles und wuchs ganz selbstverständlich zum Bühnenprofi heran. Das gemeinsam mit Ursula Herking gesungene und getanzte Lied »Meißner Porzellan«, ein Volkslied in italienischer Sprache, und zahllose Lieder von der Wasserkante wie »Die Ballade vom großen Durst« oder »Tätowier mir keinen Anker« gehörten zu den Programm»hits«. Isas Erfolge sprachen sich herum, und es konnte nicht ausbleiben, daß auch der Film auf sie aufmerksam wurde.

Der deutsche Film im »Dritten Reich« – das war und ist keine rühmliche Geschichte. Wenn Isa Vermehren sich auch in keinem der belanglosen, die Wirklichkeit gewaltsam verzerrenden oder ganz aussparenden Filme, in denen sie lediglich Nebenrollen spielte, der NS-Verklärung schuldig gemacht hat, so wollte sie von ihrer Mitwirkung später doch nie gerne sprechen, weil die Streifen einfach zu erbärmlich waren.

In Filmen wie »Musik im Blut« (1934) und »Grüß mir die Lore noch einmal« (1934) war nur ihre vergnügte Singstimme gefragt, ebenso in dem albernen Streifen »Knock out«, in dem es um den Aufstieg eines Beleuchters an einem Berliner Revuetheater zum Boxchampion geht – dargestellt von Max Schmeling. In »Musik im Blut« durfte Isa Vermehren immerhin an der Seite von Schauspielern wie Sybille Schmitz, Wolfgang Liebeneiner und Leo Slezak spielen und singen – wenn das keine verlockenden Chancen waren, die sie nutzen mußte. Eine Zeitung erwähnte denn auch anerkennend das »frische Gegröhle« der jungen Sängerin, und über ihre Gesangsnummer in »Grüß mir die Lore noch einmal« hieß es treudeutsch: »Isa Vermehren filmt ungeschminkt. Ein Verbrechen wäre es, das echte Sonnenprodukt, die Sommersprossen, zu übermalen. Die Sechzehnjährige trägt sie mit

Isa Vermehren und Ursula Herking in der »Katakombe«

Stolz.« So einfach war es damals, die Aufmerksamkeit der bereits zahnlos gewordenen Filmkritik zu erregen – der deutsche Film und die Feuilletons waren ja nur noch Schatten besserer Tage.

Die albernen Filmchen bedeuteten für Isa Vermehren willkommene, politisch unbedenkliche Brotarbeit. Sie erhöhten ihren Bekanntheitsgrad, ihr Herz aber schlug für die »Katakombe«. Diese geriet immer mehr unter Druck. Noch schritt die Zensur nicht ein, aber Finck wußte, daß das nur noch eine Frage der Zeit war. In einem Telegramm des »Geheimen Staatspolizeiamts« an die Staatspolizeistelle Berlin« vom 27. Dezember 1934 berichtete ein Parteigenosse namens Schreiber aus dem »Rassenpolitischen Amt«, »daß im Kabarett Katakombe, in dem sehr viele Juden verkehren, die Maßnahmen der Reichsregierung ins Lächerliche gezogen und kritisiert werden. Eine Überwachung der Katakombe erscheint angebracht.« Immer öfter mischten sich mehr oder weniger auffällig Diener des Systems unter die Zuschauer, was Finck zu so verschmitzten Fragen wie: »Spreche ich zu schnell? Kommen Sie mit? Oder muß ich mitkommen?« provozierte.

Am 28. Januar 1935 erschien wieder einmal ein Sekretär der Kriminalpolizei in der »Katakombe« und verfaßte folgenden Bericht über die Veranstaltung:

»Beginn der Veranstaltung: 21.30 Uhr
Ende gegen 24 Uhr
Das Publikum setzte sich in der Hauptsache aus Ariern zusammen, während ungefähr ein Drittel derselben Nichtarier zu sein schienen.

Anliegend wird das Programm der Veranstaltung beigefügt.

Von diesen zu Gehör gebrachten Darbietungen ist nur der Vortrag ›Fragment beim Zahnarzt‹ als eine politische Kritik evtl. zu werten. Die Pointe hierbei war die Beschneidung der Redefreiheit!

Es handelt sich um ein Doppelspiel eines Zahnarztes und Patienten. Der Patient sucht den Zahnarzt in seiner Praxis auf. Dort angekommen, bekommt er es plötzlich mit der Angst vor dem Zahnziehen zu tun. Der Zahnarzt redet ihm gut zu und fordert ihn auf, Platz zu nehmen und den Mund aufzumachen. Hierauf gibt ihm der Patient zur Antwort, daß er sich nicht getraue, den Mund aufzumachen, da er ihn (Arzt) gar nicht kenne.

Das Programm läuft noch bis Anfang März. Es dürfte sich empfehlen, bei Erneuerung des Programms eine nochmalige Überwachung vorzunehmen.«

Das so dürftig wiedergegebene »Fragment vom Zahnarzt« hatte Werner Finck gemeinsam mit Rudolf Platte einstudiert, vorgetragen wurde es von Finck und Ivo Veit. In den übrigen, den Sekretär offenbar weniger störenden Nummern traten Ursula Herking und Tatjana Sais, Henry Lorenzen und Heinrich Giesen auf. Isa Vermehren hatte neben anderen Liedern auch wieder »Eine Seefahrt, die ist lustig« beigesteuert – offenbar nahm der Sekretär daran keinen Anstoß. Das Berliner »8 Uhr-Abendblatt« hingegen lobte das Programm und insbesondere Werner Finck: »Hell schmettert der spottlustige Finck. Er bringt trefflich witzige Sachen heraus – er parodiert und spottet über allgemeine menschliche, über private, über politische Dinge.« Vermutlich hatten diese Sätze den eilfertigen Sekretär in Marsch gesetzt.

Am 18. März 1935 präsentierte die »Katakombe« das neue Frühjahrsprogramm, das sogar vom »Völkischen Beobachter« freundlich aufgenommen wurde. »Eine gern zugestandene Narrenfreiheit« wurde dem Theater darin großmütig attestiert, und über Isa Vermehrens Lieder hieß es vieldeutig, sie seien »lebendiger als bisher«. Es dauerte nach solchen Lobessprüchen von höchster journalistischer Instanz einige Zeit, bis abermals ein Beobachter in einem langen Bericht seine Eindrücke von diesem neuen Programm niederschrieb. Gleich an zwei Abenden hatte er die »Katakombe« besucht und neben der erlahmend humorlosen Wiedergabe von einzelnen Nummern zu Papier gebracht: »Das Programm im Ganzen gesehen stellt m. E. eine Verunglimpfung bzw. Verächtlichmachung der Maßnahmen der Reichsregierung bzw. Beleidigung in der Öffentlichkeit dar.«

Über einen Sketch anhand der Zeichnung eines Mannes, »dessen Name mit G. anfängt« und in dem man zunächst Göring vermuten mußte, bis sich der Dargestellte schließlich als Goethe entpuppte, heißt es im Bericht des Zensors lakonisch: »Den Applaus der anwesenden Juden näher zu erörtern, dürfte sich erübrigen.« Ausführlich und verständnislos wird Fincks berühmt gewordenes, wahrlich komisches und anspielungsreiches »Fragment vom Schneider« nacherzählt, einem Dialog zwischen dem Schneider (Ivo Veit) und seinem Kunden (Werner Finck). Er gehört zu den besten, aber auch gefährlichsten von Fincks legendären »Katakomben«-Sketchen. Auf des Schneiders Frage: »Was soll es denn nun sein? Ich habe neuerdings eine ganze Menge auf Lager«, antwortete Finck lapidar: »Aufs Lager wird ja alles hinauslaufen.« Und auf die Frage: »Einreihig oder zweireihig?« antwortete er: »Das ist mir gleich. Nur nicht diesreihig«, dabei sprach er das letzte Wort so aus, daß es klang wie »dies Reich«.

Weiter werden die »Liebeslieder verschiedener Nationen« von Isa Vermehren in dem Bericht als »entstellt« bezeichnet. Und in einem Dialog zwischen Werner Finck und Rudolf Platte sei die Frage gestellt worden, »ob die D.A.Z. oder das K.Z. verboten werden müßte. Aus dem hierauf folgenden starken Applaus des anwesenden Publikums, etwa 60 % Juden und Intellektuelle, der Rest Arier, ist zu entnehmen, daß die Gestaltung der Programme ausschließlich auf erstgenannte Kreise zugeschnitten ist ... Es dürfte zu prüfen sein, ob die Gesellschafter des Kabaretts ›Katakombe‹ Juden sind.«

Was diese Gesellschafter betraf, so handelte es sich um Werner Finck, Rudolf Platte und Wilhelm Katzmeyer. Letzterer war – wie auch der Geschäftsführer der »Katakombe«, Erich Kuntzen – nicht jüdischer Religion oder Abstammung, aber Mitglied der NSDAP.

Am 16. April 1935 schrieb Reinhard Heydrich, inzwischen Leiter des »Geheimen Staatspolizeiamts«, an einen SS-Mann Pruchtnow einen langen Bericht, den der Empfänger umgehend an Joseph Goebbels weiterleitete. Darin wird schärferer Tobak gereicht und die »Katakombe« der »systematischen Hetzarbeit« beschuldigt: »Wiederholte Beobachtungen haben ergeben, daß in der Katakombe in der Tat Abend für Abend unter der Maske heiterer Kunst Staat, Regierung, führende Nationalsozialisten und Staatseinrichtungen in gehässiger Weise vor einem überwiegend jüdischen Publikum lächerlich gemacht werden.«

Nicht anders erging es in dem Bericht dem kurz zuvor von Trude Kolman und Günther Lüders eröffneten »Tingel-Tangel«, über dessen Programm eine Rezension zitiert wird, in der es heißt: »Das jüdische und teilweise anscheinend auch homosexuelle Publikum, Männer und Frauen, waren in der

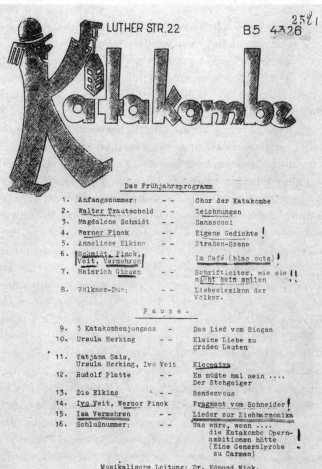

Programmzettel der »Katakombe« aus den Gestapo-Akten

gemeinsten Weise gepudert und geschminkt, johlten und trampelten bei jeder, in versteckter Form gegen die Regierung vorgebrachten Äußerung. »Heydrich habe »die Absicht, gegen diese beiden Kleinkunstbühnen und ihre verantwortlichen Leiter nunmehr polizeilich mit allem Nachdruck vorzugehen«, obwohl der »Völkische Beobachter« sich freundlich über die »Katakombe« geäußert habe.

Wenig später machte sich ein Referent mit Namen »Dr. Zeller« zu einem Besuch der »Katakombe« und des »Tingel-Tangel« auf. Er faßte seine Eindrücke in einem Report vom 6. Mai zusammen, in dem es heißt: »Der künstlerische Leiter der ›Katakombe‹, Werner Finck, der auch während der Darbietungen als Ansager mitwirkt und die Seele des ganzen Programms darstellt, ist zweifellos ein typischer Vertreter jenes überspitzt intellektuellen und zersetzend wirkenden Literatenklüngels, der im nationalsozialistischen Staat keine Daseinsberechtigung mehr hat. Es ist als sicher anzunehmen, daß er innerlich nie auf der Seite des Nationalsozialismus stehen wird. Allerdings ist er viel zu vorsichtig und raffiniert, um sich in seinen Äußerungen irgendeine Blöße zu geben«, jedoch sei »das Niveau der übrigen Darbietungen im allgemeinen, von einigen Geschmacklosigkeiten abgesehen, gut und witzig«. Ein »Persönlicher Adjudant des Reichsministers für Volksaufklärung und Propaganda, v. Wedel« empfahl seinem Minister dagegen beflissen die Schließung der »Katakombe« und darüber hinaus, Finck und Giesen »für einige Zeit in Verwahrung zu nehmen, damit ihnen dort klarwerden kann, daß solch eine Art von Unterhaltung des Publikums in der heutigen Zeit nicht mehr angebracht ist«.

Die sehr ausführlichen Berichte über die Abende in der »Katakombe« mehrten sich jetzt. Manche davon lesen sich, als sei ein Tonband mitgelaufen. Einmal – der Beobachter spricht bei der Beschreibung des Publikums von »30 % Juden. Uniformen, Partei- und sonstige Abzeichen waren nicht zu sehen« – wird ärgerlich darauf hingewiesen, daß Werner Finck sich auch despektierlich über den »zu schaffenden Volkswagen« geäußert habe »und darüber witzelte, daß er noch nicht erschienen sei, und wenn er erscheinen würde, würde es voraussichtlich so sein, daß man ihn öfter auf der Straße sehen würde«.

Es lohnt sich schon aus Gründen der Sprachkritik, die Texte Fincks (soweit noch vorhanden) mit der philisterhaften Wiedergabe durch die NS-Chronisten zu vergleichen. Der groteske Anschauungsunterricht über die Kluft zwischen Geist und Gehorsam, intellektueller Überlegenheit und dumpfer Beschränktheit, freiem Witz und blinder Wut könnte krasser nicht sein, und noch für so manche öffentliche und nichtöffentliche Debatte von heute ist es lehrreich zu sehen, wie schnell und blind jedes souveräne Denken als »jüdisch« charakterisiert wurde.

Selbstgerecht und einfältig wird auch in den Berichten über das »Tingel-Tangel« von der »angeblichen Unfreiheit der Gedanken im heutigen Staat« gesprochen, und es kann nicht verwundern, daß die Beobachter gelegentlich unfreiwillig die Beschränktheit ihres geistigen Horizonts offenbarten: »Die vom waschechten Juden Walter Lieck verfaßte Nr. 7 enthält sehr sorgfältig versteckte Anspielungen, die wohl vom Publikum besser verstanden wurden als von den Unterzeichneten«, heißt es in einem Protokoll, dessen zwei »Unterzeichnete« sich wegen der Unleserlichkeit ihrer Unterschriften nicht mehr identifizieren lassen. Es wird darin von »jüdischer Frechheit«, der »angeblichen Unfreiheit und Bespitzelung im heutigen Staat«, von »echt jüdischen heimtückischen Angriffen auf das Dritte Reich« geschwafelt. Diese Protokolle sind erbärmliche, borniert Beispiele für die Engstirnigkeit und Spracharmut der Parteispäher. Man könnte sich darüber amüsieren – wenn man nicht um die Folgen dieser Begrenztheit wüßte.

Am 9. Mai kommt ein Überwachungsprotokoll der Gestapo zu dem Schluß: »Beide Lokale können ohne weiteres polizeilich geschlossen werden«, wobei »die Katakombe in ihren Darbietungen das weitaus schlimmere Lokal« sei. Im »Tingel-Tangel« seien Walter Lieck, Walter Gross und Ekkehard Arendt »auszuheben«, in der »Katakombe« Werner Finck, Heinrich Giesen, Rudolf Platte, Walter Trautschold und – Isa Vermehren. Auch das Publikum müsse möglicherweise überprüft werden, wobei allerdings zu berücksichtigen sei, daß »die nationalsozialistische Presse ein günstiges Urteil über beide Lokale abgegeben« habe – gemeint war die Besprechung im »Völkischen Beobachter« vom 29. März. Im Verlauf des Protokolls nimmt man dann von einer Untersuchung des Publikums Abstand, da es sich schließlich jederzeit »auf das Urteil der nat.soz. Presse berufen und sich damit verteidigen« könne. Das Protokoll schließt mit der Empfehlung: »Festnahme der Künstler und Hausdurchsuchung bei ihnen.« Das fertige Werk wurde, wie ein handschriftlicher Vermerk erkennen läßt, von einem »Grupf.« (Gruppenführer) »dem Reichsminister Dr. Goebbels am Fernsprecher vorgelesen«. Dieser habe sich »einverstanden erklärt, die Aktion bis Samstag-Sonntag zu verschieben«.

Noch ein weiterer Eintrag ist hinzugefügt worden: ein handschriftliches rotes Fragezeichen hinter den Namen Isa Vermehren und Rudolf Platte. In einem Brief des Geheimen Staatspolizeiamts vom 10. Mai an den SS-Sturmbannführer Pruchtnow wurde angekündigt, daß »Partei- und SA-Angehörige heute ... beabsichtigen, das Lokal des Kabaretts ›Tingel-Tangel‹ zu demolieren«. In der erneut aufgeführten Namensliste von Personen beider Häuser, die »in Schutzhaft« genommen werden sollen, fehlt diesmal der Name Isa Vermehren. Irgend jemand hatte zumindest ihre Verhaftung doch für unangebracht gehalten. Das gleiche gilt für Rudolf Platte. »Tingel-Tangel« und »Katakombe« wurden am selben Tag von der Polizei geschlossen, die verantwortlichen Künstler verhaftet. Als Isa Vermehren »abends ins Theater kam, war das Licht aus, die Stühle noch nicht heruntergestellt, der Laden war tot. Werner Finck verhaftet, der verhaftet, jener verhaftet – sieh zu, habe sie sich gesagt, daß du wegkommst, so ungefähr. Da war ich siebzehn.«

Werner Finck hatte tagsüber in Babelsberg an Dreharbeiten für einen Film teilgenommen. Dort erschienen, so hat er später erzählt, zwei äußerst zuvorkommende Gestapo-Beamte. »Auf dem Gelände waren zu der Zeit die Dekorationen zu ›Amphytrion‹ aufgebaut, die sich die Herren mit viel Vergnügen betrachteten. Als ich dann fragte, ob ich sie mit meinem kleinen Fiat mitnehmen könnte, sagten sie, es wäre doch wohl besser, wenn sie mich mitnähmen, und so stieg ich in ihren amtseigenen schwarzen Mercedes und fuhr mit ihnen ins Gestapo-Hauptquartier in der Prinz-Albrecht-Straße.«

Finck muß auf der Wache immerhin zuvorkommend behandelt worden sein. Er sei von den Polizisten um ein Autogramm gebeten worden, bevor sie erklärt hätten, »sie bedauerten, mich verhaften zu müssen. Dann begleiteten sie mich ins gegenüberliegende Gefängnis.« Den Herren vom »Tingel-Tangel«, Walter Gross, Walter Lieck und Ekkehard Arendt, erging es nicht anders. Der Berliner Kabarettszene, einst Wahrzeichen einer lebendigen Metropole, war damit endgültig der Garaus gemacht worden. Die Schließungen wurden von der NS-Presse in den folgenden Tagen höhnisch kommentiert. Auch der »Völkische Beobachter« stimmte mit ein. Im »Schwarzen Korps« hieß es, den »krummnasigen und -beinigen Jünglingen mit der Intelligenzbrille« habe man endlich ihre »Schmusetempel« geschlossen.

Das Jahr 1935 hatte all jene, die noch immer hofften, das »Dritte Reich« werde sich nach den stürmischen und bedrohlichen Anfängen vielleicht doch irgendwie »normalisieren«, in ihrem Optimismus bestärkt. Die Bevölkerung des Saarlands hatte sich im Januar mit überwältigender Mehrheit (90,8 Prozent) für den Verbleib bei Deutschland entschieden. Die Arbeitslosigkeit war durch die staatlichen Maßnahmen dramatisch gesunken. Die Vorbereitungen für die Olympischen Spiele in Berlin und Garmisch ließen ein glanzvolles Spektakel erwarten. Daß weiterhin jüdische Deutsche das Land verließen und alles Jüdische als »zersetzend« verächtlich gemacht wurde, diese düsteren Schatten an der Wand mußte man – und wollte man wohl auch – übersehen, denn sie machten alle Hoffnung zunichte.

Werner Finck und die verhafteten Mitglieder des »Tingel-Tangel« verbrachten diese Zeit in »Schutzhaft«, genauer: im Konzentrationslager Esterwegen nahe der holländischen Grenze. »Kahlgeschoren und in Häftlingskleidung gesteckt, ohne Verbindung mit Daheim, einem brutalen Kommando-Ton ausgeliefert, stupider Willkür ausgeliefert, glaubten wir von jedem Tage, daß es unser letzter werden würde.« Sie trafen dort auf Häftlinge wie Julius Leber, Wolfgang Langhoff (»Wir sind die Moorsoldaten«) und Carl von Ossietzky, der einmal gegenüber Finck meinte: »Daß wir noch einmal zusammen im gleichen Lager stehen würden, hätte ich mir auch nicht träumen lassen.« Ossietzky wurde besonders brutal behandelt, Finck dagegen mußte – »ein Einfall der sich langweilenden Lagerleitung« – am Pfingstsonntag mit einigen anderen Kollegen eine kabarettistische Einlage unter freiem Himmel geben. Nach sechs Wochen wurde er entlassen.

Isa Vermehren hatte mit Fincks Verhaftung ihren geliebten Spielort eingebüßt. Im August machten jedoch einige auf freiem Fuß gebliebene Kollegen, darunter Günter Neumann und Ursula Herking, gemeinsam mit Isa Vermehren einen letzten Versuch, die alte Wirkungsstätte wiederzubeleben. Tatjana Sais sollte nun die künstlerische Leitung übernehmen. In einer Notiz des Reichsministeriums für Volksaufklärung und Propaganda wurde dagegen vorgebracht, daß diese Personen durch ihre früheren Auftritte schwer belastet seien. Auch Isa Vermehren und Ursula Herking seien durch »staatsfeindliche Darbietungen« aufgefallen. Dennoch konnten sie für kurze Zeit ein bescheidenes Programm unter dem

Namen »Tatzelwurm« darbieten. Werner Finck war wieder auf freiem Fuß, aber an seine Mitwirkung war nicht zu denken. Isa Vermehren habe »einen Winter lang noch in dem Nachfolgeensemble mitgewirkt, eher aus Kameradschaftsgründen«.

Um ihre Karriere als Sängerin brauchte Isa sich hingegen nicht zu sorgen. Ihre Erfolge hatten sie bekanntgemacht. Rundfunk, Plattenfirmen und Veranstalter baten sie um Auftritte. Sie lebte inzwischen mit ihrer Mutter, die noch immer für das »Berliner Tageblatt« arbeitete, in einer Wohnung in der Budapester Straße. Ihr Tag war ausgefüllt mit Schauspielunterricht und Terminen in Rundfunk- und Filmstudios. Für die Atmosphäre der Stadt brachte sie nach den Ereignissen um die »Katakombe« allerdings nur noch wenig Begeisterung auf. Sie war so jung, sie war eine gefragte Sängerin, und als solche versuchte sie die politischen Vorkommnisse soweit es eben ging zu ignorieren. Aber das gelang eben nur sehr beschränkt, da sie durch die Mutter stets genau informiert wurde. Die beiden Frauen befanden sich keineswegs »im Widerstand«. Es schien ihnen vielmehr geboten, gewisse Anordnungen zu befolgen, doch sie und die Menschen, mit denen sie verkehrten, waren alles andere als überzeugte Nazis. Berlin war voll von Leuten, die gegenüber den Machthabern und ihren Schergen Distanz zu halten suchten. Irgendwie mußte man ja weiterleben. Sofern man Isa also singen ließ und zu Auftritten einlud, würde es schon gehen.

Die Juden waren inzwischen vom politischen Leben ausgeschlossen. Man traf sich mit ihnen lieber im verborgenen. Auch unter Isas Freundinnen und Freunden waren Juden, die Isa über ihre Pläne, Deutschland zu verlassen, ins Vertrauen zogen. Darüber konnte sie mit niemandem sprechen, nur der Mutter teilte sie sich mit, wenn sie alleine waren. Für sie selbst kam eine Flucht ins Ausland nicht in Betracht. Sie war doch noch ein halbes Kind, wohin hätte sie gehen, von was hätte sie leben sollen? Das »Reichsbürgergesetz« und das

»Gesetz zum Schutz des deutschen Blutes und der deutschen Ehre«, die fürchterlichen und folgereichen, von Hitler auf dem Nürnberger Parteitag der NSDAP verkündeten »Nürnberger Gesetze« ließen sie schaudern – aber was sollte man dagegen tun?

»An der Geschichte meiner jüdischen Freundin und ihrer Familie habe ich wirklich Schritt für Schritt mitverfolgen können, wie deren Leben eingekreist und verengt wurde, bis sie die Konsequenz ziehen mußten und auswanderten. Eine fabelhafte Familie war das, ganz streng in ihrer jüdischen Religion, loyal, ohne Haß, ohne Ressentiments, von einer menschlichen Würde, die tief beschämend war. Eine Familie, die ich aus tiefstem Herzen geliebt und bewundert habe. Der Vater war hochdekorierter Offizier gewesen im Ersten Weltkrieg, so richtig gesättigt mit deutscher Geschichte, deutscher Kultur, von einer staatsbürgerlichen Loyalität, die ihresgleichen sucht. Sie haben sehr harte Zeiten durchleben müssen, bevor sie wegkamen, und auch in Mittelamerika schließlich war es nicht leicht. Das war so ein Erlebnisstrang in dieser Zeit, der auch persönliche Qualitäten herausgefordert hat, bei dieser Freundin und sicher auch bei mir. Damals war ich mir nicht bewußt, daß diese Treue, die man da gehalten hat, Besonderes bedeutet hätte, ich fand sie ganz selbstverständlich ... Vor dem Krieg habe ich meine Freundin noch einmal in Rotterdam getroffen, da konnte ich ihr den Schmuck geben, den sie mir anvertraut hatte. Damals habe ich sie für lange Zeit zum letzten Mal gesehen, das war 1938, bis sie nach dem Kriege, auf Einladung des Hamburger Senats, noch einmal deutschen Boden betrat.«

Es gab aber auch Ereignisse, deren unheimliche Faszination auf das junge Mädchen einzuwirken drohte. »Ich kann mich an einen Vorfall erinnern: Es war die letzte Vorstellung der ›Katakombe‹ gewesen, das Programm war zu Ende, alle waren erleichtert. [Gemeint ist nicht die allerletzte Vorstellung, sondern eine vor dem Wechsel des Programms, M. W.]

Wir sind mit zwei oder drei Autos zu Werner Finck gefahren, in sein Häuschen außerhalb von Berlin. Am nächsten Morgen fuhren wir um fünf oder sechs wieder nach Berlin zurück und wollten irgendwo frühstücken. Wir gingen zu Kranzler, Unter den Linden, es war schönes Wetter, Erster Mai oder etwas Ähnliches, und unten auf der Prachtstraße wurde ein Aufmarsch vorbereitet. Sie können sich gar nicht vorstellen, mit welchem Raffinement solche Großaufmärsche durchgeführt wurden! Die Schaulustigen waren zum Teil schon da, und es kamen immer mehr dazu. Dann fuhr ein Krad [Motorrad, M. W.] auf der mittleren Allee sausend zum Schloßplatz und kam zurück, dann kamen zwei Krads und fuhren zurück. Dann passierte lange nichts. Dann kam berittene Polizei und galoppierte die Straße hinauf. Und so steigerte sich das langsam. Dann kamen vier Automobile und so weiter – und schließlich kam, nach langer, großer Pause, langsam, feierlich, Motorräder vorne, Motorräder hinten, das Führerauto! Das hätten Sie mal erleben müssen: Alles sprang auf, riß die Arme hoch und schrie ›Heil‹. Wir haben uns am Geländer festgeklammert, um nicht aufzuspringen, weil das so mitriß. Man war ja schon so aufgeheizt von diesen Aufzügen. Das war eine Massensuggestion, der man sich nur mit größter Anstrengung entziehen konnte. ›Nein, ich will das nicht, nein, ich will das immer noch nicht.‹ Wir waren alle einig. Aber wer da nicht aufpaßte, der hatte plötzlich gegrüßt, ohne es zu wollen. Sagenhaft!«

Schon in Lübeck hatte sie sich dem Fahnengruß standhaft verweigert. Jetzt widersetzte sie sich ihm nicht weniger entschlossen. Aber was Massensuggestion bewirken konnte, war ihr mit Schaudern bewußt geworden. Ihren Abstand zur NS-Wirklichkeit konnte das nur vergrößern.

Die Ereignisse von 1933 hatten die Familie Vermehren in alle Winde verstreut. Die wenigen Gelegenheiten, sich zu sehen, waren auf die Weihnachtstage beschränkt. Dann trafen sich die fünf, die trotz aller äußeren Zerrissenheit weiterhin sehr aneinander hingen, in der Wohnung von Mutter und Tochter in Berlin, und es wurde gelacht und diskutiert wie in den entschwundenen Tagen von Lübeck und Hamburg.

Die Eheleute Vermehren waren sich nicht fremd geworden, doch sie gingen jetzt zunehmend getrennte Wege. Zwar trafen sie sich, wann immer sich eine Gelegenheit bot, aber die Welten, in denen sie sich bewegten, waren sehr verschieden. Eine Scheidung stand dennoch nicht zur Debatte. Das Paar empfand sich als ungebunden und »modern«, es legte keinen Wert auf bürgerliche Konvention, und mit den von den Nazis propagierten Klischees der Frau am Herd und dem neuen teutonisch-patriarchalischen Auftreten konnten die beiden erst recht nichts anfangen. Die politischen Verhältnisse waren unsicher, und sie empfanden um so stärker und voll Dankbarkeit das Gefühl zusammenzugehören, obwohl jeder seinen eigenen, ganz unabhängigen Platz im Leben beanspruchte.

Der Vater genoß die freie Hanseatenluft an Elbe und Alster und empfand die Atmosphäre in dieser Stadt als wohltuend tolerant. Für seinen hartnäckig verteidigten Glauben an eine rechtsstaatliche Ordnung schien er hier besser eintreten zu können als in Berlin oder gar in Lübeck. Er war ebenso fleißig wie genußfreudig, bewegte sich in der anregenden Gesellschaft der Hamburger Juristen, Kaufleute und Lebenskünstler und pflegte sein Interesse für die bildende Kunst. Um das Wohlergehen seiner Kinder kümmerte er sich auch aus der Ferne fürsorglich.

Die Mutter, die mehrere Sprachen beherrschte, war tief in die journalistische Welt Berlins eingetaucht. Im April 1934 wurde sie als erste Frau in die außenpolitische Redaktion des »Berliner Tageblatts« aufgenommen. Wenige Monate später bestand sie das Schriftleiterexamen und stieg in den Stab des Chefredakteurs Paul Scheffer auf. Margret Boveri hat in ihrem äußerst detaillierten Standardwerk »Wir lügen alle« über das »Berliner Tageblatt« zu jener Zeit mehrfach respektvoll auf ihre Kollegin – »elegant und ganz Dame« – verwiesen.

Petra Vermehren begann damals vorsichtig Pläne zu schmieden, ihren Beruf zumindest für eine gewisse Zeit außerhalb Deutschlands auszuüben. Die diplomatischen Kontakte der Zeitung konnten einer so geschätzten und anerkannten Journalistin diesen Weg durchaus eröffnen. Sie dachte nicht daran, ihrem Land endgültig den Rücken zu kehren, denn das verbot sich schon mit Rücksicht auf ihre Kinder und ihren Mann, den patriotischen Juristen. Ihr Interesse an der Weltpolitik würde ihr vielleicht die Chance bieten, als politische Korrespondentin an einem glücklicheren Ort für deutsche Zeitungen zu arbeiten als dem beklemmend doktrinären Berlin. Noch waren die Beziehungen Deutschlands zu den anderen Ländern einigermaßen intakt, noch, so glaubten sie und ihr Mann, gab es Gründe, für Deutschlands Zukunft trotz aller düsteren Zeichen an der Wand nicht nur schwarz zu sehen. Die Kollegen in den Redaktionen waren ähnlicher Ansicht. An Krieg dachte Petra Vermehren in dieser Zeit nicht – oder wollte nicht daran denken.

Der älteste Sohn Michael hatte inzwischen das Abitur am Lübecker Katharineum abgelegt, war aber wegen »politischer Unzuverlässigkeit« nicht zum Studium zugelassen worden, denn Michael war in den letzten beiden Schuljahren nicht eben als Jasager aufgefallen. Damit fehlte ihm eine wesentliche Voraussetzung für den Besuch der Universität. Was also tun? Er war jetzt zwanzig Jahre alt, voller Lebenshunger, aber wirtschaftlich nicht auf Rosen gebettet. So meldete er sich bei einem Reiterregiment der Reichswehr. Kaum war er eingetreten, reichte er jedoch schon wieder seinen Abschied ein. Der nationalsozialistische Befehlston hatte ihn schnell einsehen lassen, daß er hier am falschen Platz war. Eine Ausbildung auf einem Landgut in Schleswig-Holstein gab er ebenfalls schnell wieder auf. Zwar entsprach die Landwirtschaft seinen Interessen, aber noch mehr zog es ihn nach England. Er bewarb sich schließlich bei dem Londoner Bilanzprüfungsunternehmen Pricewaterhouse. Als dieses ihm zu seiner großen Freude ein Angebot unterbreitete, griff er zu und ging für drei Jahre nach London – zumindest das war noch gestattet. Bald sprach er ein vorzügliches Englisch, bewährte sich in seiner Firma und genoß die feine englische Lebensart in vollen Zügen.

Der jüngere Sohn Erich war mit Mutter und Schwester von Lübeck nach Berlin gezogen. Er arbeitete ein paar Wochen als Page im Hotel Eden und ging dann in das Internat des Joachimsthalschen Gymnasiums in Templin.

Isas Gesangsauftritte nahmen zu. Immer häufiger kamen die Einladungen auch aus anderen Städten. Mitunter begleitete der jüngere Bruder sie dorthin. Die beiden verstanden sich prächtig, genossen die vornehmen Hotels und die Begeisterung des Publikums. Isa war ja schon so etwas wie ein »Star«, und es war vergnüglich, mit ihr in die bunte, leichtlebige Welt zu fahren, die Erich bisher unbekannt gewesen war. Sie sang auf »Bunten Abenden«, gab Konzerte in der Dortmunder Westfalenhalle, in Dresden und anderen deutschen Städten. Einmal gastierte sie in Lübeck mit einem Liederabend im Sankt-Annen-Museum – eine Frucht ihres Gesangsunterrichts.

Seit der »Katakomben«-Zeit hatte Isa ihre Fähigkeit, das

Publikum zu Beifallsstürmen hinzureißen, ständig verbessert. Ihre elektrisierende Kraft, ihre vor guter Laune berstende Musikalität, die schrillen Pfiffe auf zwei Fingern trugen ihr die Herzen der Zuhörer zu. Auch wenn die meisten ihrer Seemannslieder frei waren von jeder politischen Anspielung: Mit ihrer jugendlichen Explosivität vermochte sie jung und alt, Frauen wie Männer zu bezaubern und für einen Augenblick aus dem Alltagsleben zu reißen. Das Mädchen verfügte über einen ungewöhnlichen Charme des Ausdrucks. Jenseits aller Klischees von »der deutschen Frau«, jenseits auch aller modisch zur Schau getragenen Androgynität im Berlin der Weimarer Republik verströmten ihre Auftritte Temperament, Frechheit und Vitalität. Es gab in der oft reichlich banalen Unterhaltungskunst des »Dritten Reiches« kaum etwas Vergleichbares. Die Lebensfreude dieser ungewöhnlichen Persönlichkeit übertrug sich auf ihre ganze Umgebung, und der ungekünstelte Wortwitz der Sängerin tat ein übriges. Ihr vielsagendes Lied »Eine Seefahrt, die ist lustig« war inzwischen so etwas wie ein »Hit« geworden. Wo immer sie auftrat, erwartete man, daß sie diesen Schlager vortrug.

Im Januar 1936 gastierte sie mit ihrem Gesangsprogramm im Hamburger Conventgarten und erregte dort die Bewunderung der jungen Schauspielerin Heidi Kabel, für die Isa damals ein Vorbild war. Im Publikum saßen viele Parteimitglieder. Auch Heidi Kabel und ihr Mann, der Theaterleiter in Celle werden wollte, waren in die NSDAP eingetreten. Als Isa in Hamburg das Lied von der Seefahrt angestimmt habe, berichtete die Schauspielerin später, »wurde es unruhig im Saal. Es wurde ›Pst‹ und ›Ruhe‹ gerufen, lauter aber wurde ›Raus‹ und ›Frechheit‹ gegrölt. Je öfter der Refrain kam, desto lauter wurde gebuht ... Organisierte Störtrupps schrieen ›Verunglimpfung der Kriegsmarine!‹, ›Wo bleibt die Ehre der deutschen Soldaten!‹ und ›Rotfrontschwein‹. Es gab einen Tumult, und Isa Vermehren mußte nach dem Lied von der Bühne gehen.« Am 7. Januar 1936 hat Isa Vermehren dieses

Lied, das sie berühmt gemacht hatte, zum letzten Mal öffentlich gesungen.

Isa und ihre Brüder hatten sich inzwischen daran gewöhnt, daß sie die Eltern nur noch selten sahen. Die Mutter bot der Tochter immerhin noch jene tägliche Fürsorge und Nähe, die ein Mädchen ihres Alters im brodelnden Berlin dringend benötigte. Gemeinsam erlebten sie 1936 die Wochen der Olympischen Spiele, den Rausch der angemaßten Allmacht und der Verklärung Nazi-Deutschlands. Der nationale Taumel der Deutschen hatte einen vorläufigen Höhepunkt erreicht, den »Höhepunkt, der in aller Welt das trügerische Bild verbreitet hat, das ›Dritte Reich‹ gewähre seinen Bürgern das strenge Glück eines Wohlfahrtsstaates mit allenfalls vereinzelten drastischen Zügen«. Schon vor dem Machtantritt der Nationalsozialisten waren die Spiele nach Berlin vergeben worden, und die Nationalsozialisten »wußten die einzigartige Chance, Gastgeber der Welt zu sein, überwältigend zu nutzen und setzten alles daran, das Greuelbild des hektisch aufrüstenden, zum Krieg entschlossenen Nazireichs durch ein friedvolles und geschäftiges Idyll zu ersetzen« (Joachim Fest). Mutter und Tochter Vermehren widerte die Euphorie an, die Berlin ergriffen hatte, und die Mutter vermied es, zu den Wettkämpfen zu gehen.

Im Jahre 1937 konnte Petra Vermehren sich endlich den Traum ihres Lebens erfüllen und als Korrespondentin ins Ausland gehen. Es gab mehrere Zeitungen, die ihr Vorschläge zur Zusammenarbeit unterbreitet hatten, und so entschloß sie sich – versehen mit ausreichenden Aufträgen – Berlin zu verlassen. Im September 1937 nahm sie ihre Arbeit als Korrespondentin in Athen auf. Sie genoß diese neue Freiheit in vollen Zügen und kam nur noch gelegentlich zu Besuch in die Berliner Redaktion.

Isa konnte sich nach wie vor auf ihre Popularität verlassen, die sogar durch zahlreiche Schallplattenaufnahmen und Radiosendungen noch ständig zunahm. Da sie nicht eitel war, bedeutete ihr diese Anerkennung jedoch nicht mehr als eine erfreuliche Bestätigung ihrer mit Talent und Fleiß erarbeiteten Leistung. Ausruhen wollte sie sich darauf nicht, ganz im Gegenteil: Ihre Kräfte verlangten nach höheren Zielen.

Es war der Mutter nicht entgangen, daß hinter dem heiteren Naturell des jungen, kraftvollen und zielstrebigen Mädchens eine andere Seite ihres Wesens an die Oberfläche drängte. Hin und wieder hatte sich diese schon gezeigt, als die Tochter noch das kleine, verspielte Kind von der Trave gewesen war: ein Zug zum grüblerischen Suchen nach einem tieferen Sinn des Lebens. Der alltägliche Erfolg genügte Isa nicht. Immer öfter kamen ihr Zweifel, ob der eingeschlagene Lebensweg der richtige sei. Die Verhaftungen von Menschen, die ihr etwas bedeuteten, erfüllten sie mit Abscheu. Sie litt unter der Ohnmacht, in einem brutalen Staat ein Rädchen im Getriebe der vergnüglichen Ablenkungsmaschinerie zu sein. Ihr Freundeskreis war groß, und sie fühlte sich darin geborgen. Aber wenn sie mit Vertrauten zusammen war, bestimmten die beunruhigenden politischen Ereignisse das Gespräch und ließen sie spüren, daß sie die Gefangene eines barbarischen Unrechtssystems war. Sie fühlte sich nicht zur Heldin geboren. Sie hatte noch viel vor und agierte vorsichtig, um ihre beruflichen Chancen nicht durch unbedachte Kühnheit aufs Spiel zu setzen. Politik hatte sie nie interessiert, doch nun mußte sie täglich schmerzlich erfahren, daß sie ihr nicht entrinnen konnte. Um sich herum registrierte sie überall die Preisgabe jener Werte von Menschlichkeit und Anstand, die in ihrem Elternhaus als selbstverständlich gegolten hatten. Sie suchte nach inneren und äußeren Fluchträumen – und war entschlossen, ihre Zukunft nicht einfach dem Lauf der Dinge zu überlassen.

»Meine Mutter hatte so etwas wie den Rousseauschen Tick, sie meinte, Menschen sind verdorben nur durch die falsche Erziehung. Wenn man sie wachsen läßt, wie sie möchten, dann werden sie schön und gerade.«

Isa wahrte Distanz zu gefährlichen oder angepaßten Befürwortern des Regimes, soweit es irgend möglich war. Die Begeisterung für das Hakenkreuz, die geradezu gierige Suche nach der starken Hand eines selbsternannten, anmaßenden »Führers« stießen sie ab. Auf menschliche Tugenden war kein Verlaß mehr. »Die Sache mit dem ›Edel sei der Mensch, hilfreich und gut‹, das war zu Ende.« Die Welt des Wilhelm Meister, die Ideale von Aufklärung und klassischer Kunst – sie waren ihr einmal eingeimpft worden, und nun registrierte sie deren dramatischen Verfall. Die Auftritte in der »Katakombe« hatten ihr wenig Zeit zum Nachdenken über Fragen der geistigen Orientierung gelassen, nun aber häuften sich die Anlässe, über das Alltägliche hinaus den Fragen nachzusinnen, die jenseits von Erfolg oder Mißerfolg, jenseits von heiteren oder trüben Stimmungen lagen. »Wofür kann man leben und sterben? Was ist die Wahrheit, was ist das Gute? Ich war sehr absolut.«

Sie begab sich auf stundenlange Spaziergänge durch den Grunewald und faßte schließlich einen kühnen Entschluß. Der voreilige, erzwungene Abgang von der Lübecker Schule verwehrte ihr den Zugang zur Universität, wo sie ihre vielseitigen Interessen für komplexere Fragen hätte vertiefen können. Andererseits hatte ihr das in einem Alter zur Karriere verholfen, in dem andere noch die Schulbank drückten. Doch sie litt jetzt unter diesem Bruch, sie empfand bedrückend, wie wenig sie von der Welt und den Dingen, die sie im Innersten zusammenhalten, wußte. Die infernalischen Vorgänge um sie herum richtig einzuordnen, ihnen mit differenzierten Denkmethoden zu begegnen – das, so wußte sie, würde der von Auftritt zu Auftritt reisenden Sängerin mit der Knautschkommode nicht gelingen, solange sie ihrem Leben kein anderes Fundament zu geben vermochte. Es genügte ihr nicht, bestenfalls »eine Claire Waldoff zu werden«. Sie las mehr als jemals zuvor, aber das reichte nicht. Sie mußte das Abitur nachholen, erst dann würden sich ihr neue Horizonte eröffnen, erst dann ließe sich an ein Universitätsstudium denken, beispielsweise Medizin.

Sie bewarb sich beim staatlichen Berliner Abendgymnasium, das ihr besonders geeignet erschien, weil dort Lehrer unterrichteten, die aus politischen Gründen nicht mehr an gewöhnlichen Schulen lehren durften. In der Abendschule standen sie dann vor allem jungen Männern gegenüber, die eine Offizierslaufbahn anstrebten. Deutschland brauchte tüchtige Soldaten, das pfiffen die Spatzen von den Dächern.

Isa wohnte jetzt zum ersten Mal in einer eigenen kleinen Wohnung, die in der Fasanenstraße lag. Ihre finanziellen Mittel waren karg, aber ausreichend. Zudem erklärte der Vater sich bereit, ihre Ausbildung zu unterstützen. Doch in Berlin, das wußte sie, würde es schwer sein, sich auf das Lernen und Pauken zu konzentrieren. Die Angebote, die ihr weiterhin ins Haus flatterten, waren zu verlockend und der Freundeskreis zu groß. Sie mußte sich zumindest für ein paar Monate zurückziehen, um sich ungestört auf die neue Aufgabe vorzubereiten. Da traf es sich gut, daß eine Familie in Haffkrug, die sie aus Lübeck kannte, im Frühjahr 1937 für einige Zeit verreisen wollte und ihr die Wohnung an der Ostsee anbot. Dankend nahm sie an. Sie freute sich auf die langen Spaziergänge am Strand, auf die Weite, die Stille und die würzige Seeluft.

Mit äußerster Energie und mit Hilfe von zwei Lübecker Lehrern, die sie zweimal pro Woche aufsuchte, stürzte sie sich auf ihr Lehrpensum. Sie hatte, wenn sie wollte, immer leicht gelernt. Das sollte ihr jetzt zugute kommen. Sie beschäftigte sich mit dem unvermeidlichen Lehrstoff, vor allem aber widmete sie sich geistesgeschichtlichen Werken, las sich in die Philosophie Schopenhauers und Nietzsches und in die Religion des Buddhismus ein – immer auf der Suche nach befreienden Wahrheiten. Drei Monate blieb sie in Haffkrug. Dann hatte sie sich in ihre Rolle als Studierende gefunden und kehrte in der Gewißheit nach Berlin zurück, das selbstgesteckte Ziel zu erreichen.

Die Mutter hatte sich derweil als Korrespondentin in Athen eingelebt. Sie war begeistert von Griechenland, seiner Landschaft und seiner Kultur. Immer wieder lud sie die Familie zu längerem Aufenthalt nach Athen ein. Auch der Vater fand sich dort einmal für einige Wochen ein.

Michael war aus dem geliebten London zurückgekehrt und hatte in Freiburg das Studium der Volkswirtschaft aufgenommen.

Während Isa sich in Haffkrug noch auf das Abitur vorbereitete, legte ihr jüngerer Bruder Erich im Frühjahr 1937 als Siebzehnjähriger die Reifeprüfung am Joachimsthalschen Gymnasium mit besten Noten ab. Auch in seiner Schullaufbahn hatte es Konflikte gegeben. Als Obersekundaner war er zum ersten Mal aufgefallen, als die örtliche Hitlerjugend (HJ) versuchte, die Führung im traditionsreichen Internat an sich zu reißen. Die Rebellen wurden daraufhin aus der HJ ausgestoßen, in die alle Schüler zwangsweise integriert worden waren. Die Eltern der Gemaßregelten waren darüber wenig glücklich und bemühten sich um die Rücknahme dieser, wie sie meinten, für ihre Söhne bedrohlichen Maßnahme. Auf Weisung des Erziehungsministers Bernhard Rust wurde den elf Rebellen schließlich die Wiederaufnahme unter der Bedingung angeboten, daß sie darum ausdrücklich ersuchten. Erich machte von dieser Möglichkeit keinen Gebrauch.

Nach dem Abitur absolvierte er eine halbjährige Grundausbildung bei einer Hamburger Bank. Es war eine Verlegenheitslösung, denn er hatte längst ein ganz anderes Ziel ins Auge gefaßt: Er wollte in Oxford oder Cambridge Professor für »Ancient Greats« werden, eine in Deutschland unbekannte Disziplin, in der klassische Sprachen, Geschichte und Philosophie zusammengefaßt waren. Mit diesem Ziel vor Augen bewarb er sich um das anspruchsvolle englische Rhodes-Stipendium, für das jährlich unter Tausenden von Bewerbern zwei deutsche Studenten ausgesucht wurden. Er kam in die engere Wahl, hätte das Stipendium wohl auch erhalten, wenn das Auswahlkomitee ihn nicht gebeten hätte, zugunsten eines älteren Kandidaten zurückzutreten. Mit siebzehn Jahren sei er ohnehin noch zu jung für die Bewerbung und möge es doch erneut versuchen. Ermutigt durch seinen Freund Adam von Trott zu Solz, der einige Jahre zuvor das Stipendium erhalten hatte (und von Oxford aus sogar zu Forschungszwecken nach China entsandt worden war), bewarb Erich sich im folgenden Jahr erneut. Die Kontakte, die Adam von Trott in England geknüpft hatte, sein tiefes Bekenntnis zur christlichen Ökumene und die Lehren Dietrich Bonhoeffers sollten den Rhodes-Stipendiaten schließlich zu seinen gefährlichen diplomatischen Missionen für den deutschen Widerstand veranlassen. Es kostete ihn das Leben: Adam von Trott zu Solz war gerade fünfunddreißig Jahre alt, als er am 26. August 1944 in der Haftanstalt Plötzensee erhängt wurde.

Um des Geldes willen nahm Isa in Berlin wieder Auftrittsangebote an, und zwar nicht eben selten. Aber sie kam den schulischen Anforderungen mit äußerster Disziplin nach, obwohl sie das Pauken nur als Mittel zum Zweck betrachtete. Befriedigung fand sie dagegen bei der Lektüre anspruchsvoller

Bücher. Während der drei einsamen Monate in Haffkrug hatte sie eines gelesen, das sie mehr als alle anderen in den Bann zog. Es war eine Einführung in die Religionen der Welt des katholischen Theologen Otto Karrer. Dieser war nach dem Studium der Theologie, Geschichte und Philosophie 1920 zum Priester geweiht worden und in die Gesellschaft Jesu eingetreten. Danach hatte ihn der Orden für eine Berufung nach Rom vorgeschlagen, wo er sich in der Vatikanischen Bibliothek der kirchengeschichtlichen Forschung widmete und auch eigene Werke verfaßte. Aber ihn beschlichen Zweifel, ob er dem Dasein als Priester wirklich gewachsen sein würde. Nach einem quälenden Prozeß der Selbstprüfung verließ er den Orden schließlich. Er übersiedelte in die Schweiz und widmete sich fortan dem Schreiben von Büchern zur Geschichte der Mystik und der Religion.

Karrer wollte seine Arbeit nicht ausschließlich in den Dienst der theologischen Wissenschaft stellen, sondern empfand seine Studien als »Hilfsmittel für die Verkündigung des Evangeliums und für Seelsorge in der heutigen Zeit«. Mit dem Beginn des »Dritten Reiches« und des bald virulenten Kirchenkampfes in Deutschland erkannte Karrer, »daß der antichristlichen Macht, welcher der ganze Staatsapparat zur Verfügung stand, weder mit theologischen Argumenten noch mit kirchenpolitischer Klugheit beizukommen war; sinnvoll aber und geboten war der geschlossene Widerstand aus dem Glauben, mit dem Bekenntnis des gläubigen einzelnen«. Zu seinen profund argumentierenden Büchern gehörte auch eine kleine Schrift mit dem Titel »Schicksal und Würde des Menschen«. »Es mußte«, meinte Karrer später, »so geschrieben werden, daß es nicht sofort verboten wurde und doch für besinnliche Leser deutlich genug war: Jetzt gilt es, für das Reich Gottes bekennend einzustehen.« Karrer war alles andere als ein dogmatischer Katholik. Er wurde zu einem führenden Denker der ökumenischen Bewegung.

Auf die junge Isa Vermehren übten Karrers Bücher eine

große Suggestion aus, was man bei der Lektüre dieser Werke gut nachvollziehen kann. Insbesondere das 1936 in Luzern erschienene Buch »Das Religiöse in der Menschheit und das Christentum« fesselte die Suchende von der ersten Zeile an. Darin lieferte Karrer einen umfassenden und allen Religionen gegenüber äußerst liebe- und respektvollen Überblick über die Entstehung, Entfaltung und Verbreitung der Weltreligionen und zog am Ende das Fazit »Die ganze Menschheit, wie sie naturhaft wird und wächst, ist in alter Schuld ›in Finsternis und Todesschatten‹. Aber in diese Finsternis fällt ein göttliches Licht. Durch einen ewigen Ratschluß Gottes gibt es eine Erlösung für die ganze Menschheit und für jeden einzelnen, der sich dem Lichte, das ihm zukommt, willig auftut.«

Karrer war katholischer Theologe, und so ist es nicht verwunderlich, daß er am Ende seines (ich wiederhole: äußerst objektiven und informativen) Streifzugs durch die Welt der Religionen zu dem Fazit kam:»Christus in der Catholica ist die Quelle des Heils für alle Welt ... Das Katholische auf der ganzen Welt, nach der Idee des Katholizismus selbst, ist das ›Göttliche‹, ist das ›Seligmachende‹.« Karrer sparte alle Bezüge zur politischen Lage der Zeit bewußt aus, aber er verwies darauf, daß der Mensch vor die Wahl gestellt sei »zwischen ›Gott und Satan‹ im metaphysischen Sinne, nicht zwischen ›Glaube und Religion‹, wie eine falsche Parole es ausgeben möchte, sondern zwischen Christus und dem Antichrist«. Wer zwischen den Zeilen zu lesen verstand, dem konnte sich hier der Blick öffnen für eine – im wahrsten Sinne des Wortes befreiende – Erlösung.

In den Schriften Karrers fand Isa Vermehren endlich einen neuen, verlockenden Kosmos der Selbstprüfung und -erfahrung, eine erregende geistige Alternative zum genügsamen Vor-sich-hin-Leben. Hier wurde der Weg gewiesen in eine Welt jenseits von Materialismus und Politik, jenseits auch von der positivistischen Anhäufung von Wissen. Irgendwie hatte dieser Autor in ihr eine Lunte gelegt und ein Feuer entzündet, das nicht mehr zu löschen war. Ihre evangelische Konfession hatte ihr, obgleich sie sich schon früh für die Kirchenmusik im Lübecker Dom begeistert hatte, nicht viel bedeutet. Nun hatte Karrer ihre Neugierde für die Lehre des Katholizismus geweckt.

»Es hat mich gepackt.«

Obgleich Hitler nie einen Zweifel aufkommen ließ, daß er nicht gewillt sei, den Einflußbereich der Kirchen unangetastet zu lassen, hatte das Konkordat zwischen dem Vatikan und dem »Dritten Reich« anfangs die Hoffnung genährt, daß zumindest eine gegenseitige Respektierung möglich sei. Aber schon bald verschärften sich die Konflikte des Staates sowohl mit der evangelischen als auch mit der katholischen Kirche. In beiden Kirchen traten nun tapfere Männer hervor, die sich gegen die Gleichschaltung der großen kirchlichen Gemeinschaften stemmten. Auf evangelischer Seite verschaffte sich Martin Niemöllers aus dem »Pfarrernotbund« hervorgegangene »Bekennende Kirche« Aufmerksamkeit. Auf katholischer Seite scharte sich der Widerstand um den katholischen Bischof von Münster, Clemens August Graf von Galen. Als dieser 1935 versuchte, den Auftritt Alfred Rosenbergs auf dem »Gautag Westfalen« zu verhindern, sagte Innenminister Wilhelm Frick der katholischen Kirche offen den Kampf an. Das bekam der Berliner Domkapitular Prälat Georg Banasch zu spüren, der wegen des »dringenden Verdachts des Verrats von Staatsgeheimnissen« verhaftet wurde, sowie mehrere katholische Geistliche, die man »wegen Devisenvergehen« zu hohen Zuchthausstrafen verurteilte. Am 17. März 1937 reagierte Pius XI. mit der Enzyklika »Mit brennender Sorge« auf die Entwicklung in Deutschland. Er warf der NS-Regierung die Verletzung des Konkordats sowie die zunehmende Unterdrückung der Katholiken im Deutschen Reich vor und verurteilte die durch die Nationalsozialisten propagierte Lehre von Volk und Rasse als Götzenverehrung. Der Text der Enzyklika

*Elisabeth
Gräfin
Plettenberg*

wanderte unter den Katholiken Deutschlands heimlich von Hand zu Hand – ein gefahrvolles Unterfangen.

Mit dem Kreis dieser Katholiken, die sich für ihren Glauben in Gefahr brachten, kam Isa bald in Berührung. Eines Abends machte sie wieder einmal Besuch bei Freunden im Haus gegenüber, die sie durch ihre Arbeit am Kabarett kennengelernt hatte. Freiherr Fritz von Loë, der beim Film beschäftigt war, hatte zu einer kleinen Party eingeladen. Man war unter Gleichgesinnten und diskutierte bis in die Nacht. Der Hausherr machte Isa mit einem entfernten Vetter, dem glücklosen und von Schulden geplagten Dichter Hans von Savigny, bekannt. Man habe sie und diesen Gast, erzählte Isa Vermehren später, förmlich »aufeinandergehetzt«. Isa fand den jungen Mann sympathisch, mehr aber nicht. Wie gebannt lauschte sie dagegen der erregten Diskussion, die dieser mit einer fragilen jungen Cousine des Gastgebers, Elisabeth Gräfin Plettenberg, führte. Es ging um Fragen des katholischen Glaubens. Isa nahm auf der Sofalehne neben der Gräfin Platz und folgte mit gespannter Aufmerksamkeit dem Hin und Her der Argumente.

Die Festigkeit und Eleganz, mit der »das Lieschen« über die Fundamente ihres Glaubens, über die christliche Botschaft und die Rolle der Kirche sprach, zogen Isa magisch an. Sie war zutiefst berührt von dieser so anmutig und geschliffen vorgetragenen Apologetik einer Glaubenslehre. Es war ein faszinierender Abend. Als Elisabeth Plettenberg sich schließlich verabschiedete, heftete Isa sich an ihre Fersen und machte ihr noch auf der Treppe des Hauses ein Geständnis. »Wenn es einen Gott im Himmel gibt – was ich nicht weiß –, dann hat er Sie heute Abend geschickt, damit Sie mich zu ihm führen. Wollen Sie das bitte tun?« Die überraschte Gräfin erwiderte höflich: »Mein liebes Fräulein, ich stehe Ihnen jederzeit zur Verfügung.«

Elisabeth Plettenberg entstammte einer alten katholischen Adelsfamilie aus Westfalen. Sie war mit dem Münsteraner Bischof Graf Galen verwandt, der den Nazis so mutig die Stirn bot. 1907 erblickte sie als älteste Tochter des Reichsgrafen Plettenberg-Lenhausen, eines Baumwollkaufmanns, und seiner (halb-)spanischen Frau Carmen Guillermina in Bremen das Licht der Welt. Sechs Geschwister sollten folgen. Die Tochter war streng religiös erzogen worden und hatte nach der Schulzeit in Leipzig Französisch und Russisch studiert. Infolge wirtschaftlicher Schwierigkeiten des Vaters, dessen Geschäfte wegen der zunehmenden Handelsrestriktionen empfindliche Einbußen erlitten, hatte Elisabeth das Studium schließlich aufgegeben und eine Stelle als Chefsekretärin in einer Berliner Firma angenommen, die Fallschirmseide produzierte.

Die Enzyklika des Papstes hatte in der Familie Plettenberg für nachhaltige Erregung gesorgt. Man war dem Katholizismus seit Jahrhunderten verbunden und verabscheute zutiefst das Vorgehen der Reichsregierung gegen Diener der Kirche, die sich der Einflußnahme und Bedrohung couragiert widersetzten. Auch das Ehepaar Plettenberg hatte dafür gesorgt, daß sich die Worte des Papstes unter interessierten und dem Regime gegenüber Distanz wahrenden Katholiken verbreiteten. Lange blieb das den Machthabern nicht verborgen. Man steckte das Ehepaar kurzerhand ins Gefängnis. In Berlin unternahm die Tochter verzweifelte Gänge zu den örtlichen Behörden, um die Befreiung der Eltern zu erwirken. Sie verhandelte beharrlich mit der Gestapo und erreichte schließlich auch, daß ihre Eltern nach drei Wochen Haft wieder auf freien Fuß gesetzt wurden.

Von nun an ließ die Gestapo die gesamte Familie nicht mehr aus den Augen. Das war für die beherzte junge Gräfin eine besonders schwierige Situation, da die Frau ihres Chefs sie mit Mißtrauen beobachtete und sie jederzeit denunzieren konnte. Argwöhnisch verfolgte sie den Aufstieg der hübschen Dame in der Firma ihres Mannes. Als Elisabeth Plettenberg zur Prokuristin ernannt wurde und ein bei der Beförderung übergangener Mitarbeiter in anonymen Briefen politische Vorwürfe gegen die Konkurrentin erhob, war das für die eifersüchtige Ehefrau ein willkommener Anlaß, eine Intrige zu spinnen. Sie fand eine gewaltbereite Komplizin, die der »Feindin« Vitriol ins Gesicht schleudern sollte – es war nicht zuletzt die Attraktivität der jungen Frau, die solche Gewaltphantasien reifen ließ –, zum Glück aber am Ende doch den Mut verlor. Sie habe sich schließlich, so hat sie später erzählt, besonnen: »Wat, det Würmken, dat mach ich nich.«

Der Bruder Erich, der mit seiner Schwester von Hamburg aus in ständiger telefonischer Verbindung stand, glaubte nach dem Abend im Hause Loë eine Veränderung bei Isa zu bemerken. Wurde sie etwa fromm? Und noch dazu katholisch? Er beschloß, sie in Berlin aufzusuchen, um der Sache auf den Grund zu gehen. Kaum war sein Zug im Lehrter Bahnhof eingelaufen, rief er die Schwester an, um seinen Besuch anzukündigen. Zu seiner Verblüffung hatte sie keine Zeit. Er möge eine Stunde später kommen, bat sie, sie habe Besuch. In der Fasanenstraße fand er die Schwester dann im intensiven Gespräch mit der ihm unbekannten Gräfin Plettenberg. Er setzte sich als stiller Zuhörer zu den beiden, und schon bald war auch sein Interesse geweckt. Schließlich beteiligte er sich zaghaft an der Unterhaltung. Seine Kenntnisse der Philosophie kamen ihm nun zugute, und er nutzte sie, um der Gräfin einige tiefergehende Fragen zu stellen. Sie ließ sich davon nicht beirren, sondern konterte seine Prämissen »mit Brillanz«, wie er sich erinnert. Er war so beeindruckt, daß er seine Schwester bat, an der nächsten Zusammenkunft mit Elisabeth Plettenberg teilnehmen zu dürfen. Er spürte, daß sich hier eine erregende geistige Dimension eröffnete. Wenig später wechselte er von der Hamburger an die Berliner Universität. Auch ihn hatten die Gräfin und ihre Botschaft bezaubert.

Die Wirkung der tiefgläubigen Katholikin auf die Geschwister aus dem protestantischen Lübeck, in deren Leben Kirche und Religion nie eine besondere Rolle gespielt hatten, war mit einem Erdbeben vergleichbar. Beide fühlten sich von diesem fragilen Wesen unwiderstehlich angezogen, wenn auch nicht aus den gleichen Gründen. Isa entdeckte in der jungen Frau einen betörenden Gegenpol zu allem, was sie selbst war: Die äußere und innere Anmut, die so elegant zur Schau getragene Sicherheit und Zuversicht im Glauben lösten eine tiefe Erschütterung bei der Suchenden aus. Das galt auch für Erich, doch bei ihm kam noch etwas anderes hinzu: Er liebte Elisabeth Plettenberg, behielt dies aber erst einmal scheu für sich.

Die vitale Bürgertochter Isa, die sich durch urwüchsige Kraft und ansteckende Fröhlichkeit auszeichnete, sehnte sich nicht wie viele Mädchen ihres Alters nach der einen großen Liebe, vielmehr trieb sie das unruhige Suchen nach den Dingen hinter der rational erfaßbaren Wirklichkeit um, nach Werten, für die zu leben sich lohnte. Sie hatte Alfred Rosenbergs Hauptwerk »Der Mythus des 20. Jahrhunderts« – nach Hitlers »Mein Kampf« die zweite »Bibel« des Nationalsozialismus – sorgfältig gelesen und sich mit Haut und Haaren gegen diese verbrecherische Botschaft aufgelehnt. Nachträglich meinte sie, »daß die Indoktrination, die ja pausenlos betrieben wurde, meine Suche in die andere Richtung etwas angefeuert hat oder mir zumindest die Gewißheit gab: das *kann* es nicht sein, was da ausgebreitet wurde«.

In der Gräfin hatte Isa jemanden gefunden, der von solchen Irrlehren nicht im geringsten beeindruckt war. Die junge Frau strahlte einen Liebreiz aus, der so ganz anders war als alles, was sie bei den Menschen angetroffen hatte, mit denen sie auf der Bühne, in Rundfunk- oder Filmstudios zusammenarbeitete. In dieser zarten Person schien eine himmlische Flamme zu lodern, die stärker war als alle tatsächliche oder angebliche Vernunft. Sie sprach mit beeindruckender Klarheit und Bestimmtheit von Erfüllung und Seligkeit und wies Isa endlich den so heißersehnten Weg zu einem völlig neuen, das eigene Ich in einen göttlichen Zusammenhang stellenden Sinn des Lebens. Diese empfand die mit sanfter Stimme vorgetragenen Exkurse in die Kraft des Glaubens als Rettung aus dem immer undurchdringlicheren Labyrinth ihrer Zweifel an der Welt. Sie fühlte sich mit allen Fasern ihrer Seele an der Schwelle zu einer Verheißung, die sie förmlich aufsog und die sie wie ein leuchtender Komet mit sich fortriß.

Isa Vermehren hat oft darauf verwiesen, welche Bedeutung die Begegnung mit Elisabeth Plettenberg für sie hatte, wobei sie weniger deren einnehmendes Wesen meinte als die spirituelle Leuchtkraft, die verführerische Selbst- und Glaubensgewißheit, die von dieser ausgegangen seien. Sie bewunderte den Charme, die Klugheit, auch den geistvollen Witz dieser glaubensfesten und mit geradezu eisernen missionarischen Energien ausgestatteten Botschafterin Christi. Was Isa ergriff war nicht allein der Mensch Elisabeth Plettenberg, sondern der Rausch einer himmlischen Berufung

»Was sie vermittelte, war Gnade.« Mit einem beglückten Zwinkern im Auge meinte Isa Vermehren einmal: »Der liebe Gott hat damals ordentlich zugegriffen.«

Isas Leben und Denken erfuhr durch diese Begegnung eine Kurskorrektur, wie sie einschneidender und folgenreicher nicht sein konnte. Nichtgläubige Menschen mag dieses tiefe Erlebnis einer Berufung befremden. Doch es gibt genügend Beispiele für derartig aufwühlende Begegnungen, und der Respekt gebietet es, die eigene Skepsis nicht zum Maß aller Dinge zu erheben.

»Immer wieder suchen die Menschen, die sich für mich interessieren, nach den dramatischen Ereignissen, die mich weg von den weltlichen Verführungen in die Arme Gottes getrieben haben: eine unglückselige Liebe, eine durchschlagende Enttäuschung in meiner Karriere als Kabarettistin oder Sängerin. Es gibt diese Brucherfahrung nicht in meinem Leben ... Die Frage nach Gott, nach dem lebendigen Gott, nicht nur nach irgendeinem Gottesbild, einer Gotteslehre, einer überlieferten Gottesvorstellung ist – so sehe ich es heute mit meinen dreiundachtzig Jahren – die zentrale Frage meines Lebens, die Gott in seiner überfließenden Barmherzigkeit mir überreich beantwortet hat.«

Es muß der zur Konversion entschlossenen Isa Vermehren damals gegangen sein wie dem französischen Dichter Paul Claudel, der im Jahre 1886 ein Magnifikat in der Kirche von Notre-Dame als »ein Ereignis, das für mein ganzes Leben bestimmend sein sollte«, erlebt hatte. »In einem Nu wurde mein Herz ergriffen, ich *glaubte*. Ich glaubte mit einer so mächtigen Zustimmung, mein ganzes Sein wurde geradezu gewaltsam emporgerissen, ich glaubte mit einer so starken Überzeugung, mit solch unbeschreiblicher Gewißheit, daß keinerlei Platz auch nur für den leisesten Zweifel offenblieb, daß von diesem Tage an alle Bücher, alles Klügeln, alle Zufälle eines bewegten Lebens meinen Glauben nicht zu erschüttern, ja auch nur anzutasten vermochten.«

Isa war noch immer eine vielbeschäftigte Sängerin und zugleich eine auf das Abitur hinarbeitende Schülerin des Berliner Abendgymnasiums. Mehr als von allem anderen aber wurde ihr Leben von nun an bestimmt durch die Gespräche über die Botschaft Christi, die Offenbarung und die Fundamente des katholischen Glaubens, die in regelmäßigen Abständen in ihrer Wohnung in der Fasanenstraße stattfanden. Auch Erich nahm daran teil. Er genoß das Zusammensein mit Elisabeth Plettenberg wie ein Bad im Glück. Auf den angehenden Juristen wirkte ihr gläubiger Ernst wie Nahrung für eine suchende Seele. Draußen wütete Tag für Tag das Unrecht, hier, in diesem engen Kreis, war man auf der Suche nach einer Welt der Menschenliebe und der Friedfertigkeit in der Nachfolge Christi.

Die Zusammenkünfte nahmen allmählich den Charakter einer systematischen Glaubensunterweisung an. Erich hatte sich in den letzten Schuljahren intensiv mit der griechischen Kosmologie beschäftigt, dabei aber kein Weltbild ausgemacht, das seinen forschenden Verstand zu befriedigen vermochte. Durch Elisabeth Plettenbergs Ausführungen erschloß sich ihm nun eine Weltsicht, die alle Fragen des Woher, Wozu, Wohin stringent zu beantworten schien, sofern man die grundlegende Prämisse zu akzeptieren bereit war: die Existenz eines personalen Gottes, dessen Walten von Liebe bestimmt ist. Isa und wenig später auch Erich faßten den Entschluß, den katholischen Glauben anzunehmen. Auf die Konversion wurden sie von der Gräfin Plettenberg vorbereitet, die dazu dank ihrer umfassenden Kenntnisse der katholischen Theologie von ihrem Bischof die Erlaubnis erhalten hatte. Die Düsternis des »Dritten Reiches« schien bei dieser erre-

genden Reise in eine andere Welt etwas von ihrer erdrückenden Grausamkeit zu verlieren. Dem falschen Messias, dem Millionen folgten, verweigerten sie jegliche Gefolgschaft. »Das verführerischste Moment war eigentlich das messianische Erscheinungsbild Hitlers. Denn in Deutschland herrschte ein weltanschauliches Vakuum. Wir hatten keinen Kaiser mehr, unser Nationalbewußtsein war angekränkelt. Ein Großteil der Bevölkerung war von der Religion weit entfernt. So denke ich, daß der Nationalsozialismus für viele eine Ersatzreligion war, die eine ganz tiefe Begeisterung weckte und wie eine Kraftquelle wirkte. Man wollte anpacken, um für ein besseres Leben zu arbeiten. Aber daß das ein Spuk war mit ganz finsteren Schattenseiten, das wußte man doch.«

Wußte »man« es wirklich? Es gab genügend Möglichkeiten, die Zeichen der Zeit zu erkennen, aber das war grausam.

In allem ganz bei der Sache

Das Gift der Verblendung hingegen war süß. Wir wissen heute viel darüber, wie damals die Sicht auf die Dinge und das Denken der Deutschen beeinflußt wurde. Wir wissen aber auch, daß man die Wahrheit hinter dem Schleier von Demagogie und Lüge erkennen konnte, wenn man genauer hinsehen wollte. »Die Art, wie die Juden aus dem Leben verschwanden, das konnte der aufmerksame Mensch nicht übersehen. Daß die Aufrüstung krachend im Gange war, das wußte man, wenn man sich nicht ganz taub stellte und alle Gerüchte gleich in den Wind schob …, und man war immer ängstlich, daß gehorcht oder geguckt wurde …«

Isa Vermehren hat wiederholt darauf verwiesen, daß es nicht in erster Linie die Wirklichkeit des »Dritten Reiches« gewesen sei, die ihr den Weg zum Glauben geebnet habe, sondern eine göttliche Berufung. Es fällt dennoch schwer, im

Zusammenhang ihrer erwachten Religiosität die Ereignisse der NS-Zeit als nebensächlich einzuordnen. Die Diktatur Hitlers hat zumindest den Boden für ihre Berufung bereitet.

1938 konvertierte Isa Vermehren zum Katholizismus. Sie fühlte sich »gefangen und vereinnahmt durch die Evidenz Gottes«. Ihrem jüngeren Bruder erging es nicht anders. Auch er trat nach den Unterweisungen im Herbst 1939 zum Katholizismus über.

Die Eltern nahmen die Nachricht vom Glaubenswechsel ihrer Kinder mit gemischten Gefühlen auf. Der Einfluß der jungen Gräfin auf die Tochter und den Sohn war ihnen nicht verborgen geblieben. »Ausgerechnet katholisch!« hätten sie, so berichtet Isa Vermehren, geseufzt. Während aber der Vater diesen Schritt etwas gelassener aufnahm und sich von der bezaubernden Gräfin beeindruckt zeigte, machte die Mutter in Athen aus ihrem Befremden keinen Hehl. Sie empfand den Einfluß Elisabeth Plettenbergs geradezu als »gefährlich« und meinte einigermaßen empört, so hat Erich berichtet, »daß dieses junge Geschöpf die Köpfe verwirre«. Isa Vermehren fuhr schließlich nach Athen, um der Mutter die Gründe für die Konversion detailliert zu unterbreiten. Die beiden fanden zu ihrem alten Verständnis zurück. Zu einer Aussöhnung zwischen der Gräfin und der Mutter sollte es jedoch erst am Ende von Petra Vermehrens Leben kommen.

Erich Vermehren konzentrierte sich inzwischen ganz auf sein Studium, wobei es wiederholt zu Reibereien mit der NS-Studentenschaft kam. Im Dezember 1938 erhielt er endlich den ersehnten Ritterschlag: Ihm wurde das Rhodes-Stipendium zugesprochen. Das Stipendium genoß in Deutschland ein so hohes Ansehen, daß die Hapag den auserwählten Studenten für alle Überfahrten während des Studiums die Schiffspassage Hamburg–Southampton in der Ersten Klasse spendierte. Zu ihren Ehren gab das Rhodes-Komitee einen festlichen Empfang im Berliner »Herrenclub«, der unter Nationalsozialisten als eine »Hochburg der Reaktion« galt. Erich nahm voller Dankbarkeit und Vorfreude daran teil. Wenig später tauchte ein Kriminalbeamter in seiner Wohnung auf und konfiszierte seinen Reisepaß. Die NS-Studentenschaft lud ihn vor und beschied ihm, er sei »nicht würdig, die Jugend des Dritten Reiches im Ausland zu vertreten«. Daraufhin schalteten sich die Rhodes-Trustees ein, um zu vermitteln – vergeblich. Der Krieg stand unmittelbar bevor, und als Erich einen Tag vor dessen Ausbruch seinen Paß zurückerhielt, war es zu spät. Seine Enttäuschung war grenzenlos, aber den Traum, nach England zu gehen, würde er niemals aufgeben – koste es, was es wolle.

Michael Vermehren studierte inzwischen Volkswirtschaft an der Universität Freiburg. Dort fand er Anschluß an einen Kreis »geharnischter Antinazis«, zu denen auch sein (lebenslanger) Freund Peter von Zahn gehörte, der in ihm den Wunsch weckte, sich als Journalist zu versuchen. Die besten Chancen, in diesem Beruf Fuß zu fassen, bot noch immer die Reichshauptstadt, und so zog es auch ihn nach Berlin, wo ihn die Nachrichtenredaktion »Transozean« – »ein Ableger des Reichspropagandaministeriums, der sich so gab, als sei er eine unabhängige Organisation« – in ihren Dienst stellte. Die Mitarbeiter konnten aber »die Nachrichten der internationalen Agenturen wie Reuters oder Associated Press in Ruhe verfolgen und sich ein ungeschminktes Bild der Lage machen« (Peter von Zahn).

Die englischen Erfahrungen und seine ausgezeichneten Sprachkenntnisse prädestinierten Michael Vermehren geradezu für einen Auslandsaufenthalt als Nachrichtenredakteur, aber der Ausbruch des Krieges schien solche Pläne erst einmal zunichte zu machen. Doch Michael hatte Glück: Ein altes Fußleiden verhinderte seine Einberufung, und die Agentur bot ihm an, nach Rom zu gehen und von dort aus nicht nur über Italien, sondern über Vorgänge in aller Welt zu berichten. Michael Vermehren hatte die erste Stufe auf der Karriereleiter als Auslandskorrespondent erklommen. Er durfte in

Rom ein zentral gelegenes, elegantes Hotel beziehen, »auf das die Deutschen irgendwie ihre Hand gelegt hatten«. Von dort aus erstattete er seiner Redaktion in Berlin regelmäßig telefonischen Bericht über die politische Lage in Rom und übermittelte auch Nachrichten aus dem übrigen Ausland. Seine Sprachgewandtheit und seine diplomatischen Umgangsformen verhalfen ihm bald – wie es sich für einen Korrespondenten gehört – zu einem dichten Informationsnetz. Als britische Truppen im Januar 1944 bei Anzio und Nettuno italienischen Boden betraten, wurde er als Kriegsberichterstatter eingesetzt.

Erich Vermehren dagegen wurde bei Kriegsbeginn erst einmal eingezogen, doch »sogleich wieder ausgemustert wegen einer unfallbedingten Gehbehinderung«: Er hatte sich Jahre zuvor bei einer Schießübung versehentlich zweiunddreißig Schrotkugeln in die Hüfte geschossen. Dieser selbstverschuldete Unfall bewahrte ihn nun davor, in den Krieg zu ziehen. Bei einer Nachmusterung wurde er zwar als »g.v.H.« (garnisonsverwendungsfähig Heimat) eingestuft, aber er durfte vorerst sein Studium fortsetzen, das er 1940 mit dem ersten Staatsexamen abschloß. Im Jahr darauf wurde er zum Dr. jur. promoviert.

Im Juli 1938 nahm der langjährige Freund der Familie Plettenberg, Pfarrer Franz Moschner in Bremen, Isa Vermehren in die katholische Kirche auf. »Zwischen ihm und mir fand eine Art Prüfung statt: Warum wollte ich den katholischen Glauben annehmen? War ich willens, die Gebote Gottes und der Kirche zu halten? usw. Zum Schluß des Gesprächs forderte der Geistliche mich auf, laut und mit der einen Hand auf dem Neuen Testament das große Glaubensbekenntnis zu sprechen, auf Latein, wie es damals selbstverständlich war.«

Im Februar 1939 wechselte Isa das Quartier: Sie zog in das Studentinnenheim des Ordens »Sacré Cœur« im Grunewald, das sie ein Jahr bewohnte. Die »internationale Atmosphäre«, die »anziehende Spiritualität« dieser Gemeinschaft, in der Mitglieder aus acht Nationen vertreten waren, habe bei ihr »Liebe auf den ersten Blick« ausgelöst, sagt sie später. Die Oberin der Kommunität, Paula Werhahn, war eine Cousine von Josef Kardinal Frings. Diese übernahm nun die weitere Unterweisung Isa Vermehrens in Fragen des Glaubens und der Kirche. Die Politik wurde dabei ausgeklammert. Die Devise habe gelautet: »Viel Beten, viel Schweigen.« Hier draußen im Grunewald herrschte eine große Ruhe. Es war die Ruhe vor dem Sturm: Wenig später lösten die Nazis den Orden auf. Die Nonnen wurden als Krankenschwestern zwangsverpflichtet. Sie traten ihren Dienst am Berliner Sankt-Hedwigs-Krankenhaus an.

Was war das für ein Orden, in dessen Studentenheim die »Sängerin mit der Knautschkommode« Zuflucht suchte? »Viel Beten, viel Schweigen«, das war trotz aller erwachten Liebe für Gott und die Religion für eine junge Dame von gerade zwanzig Jahren, die sich neben ihren Konzertverpflichtungen auf das Abitur vorbereitete, nicht eben leicht zu befolgen. Sprachlosigkeit war nicht das, wodurch sich die temperamentvolle Konvertitin bisher ausgezeichnet hatte. Gewiß, das Beten war seit der Begegnung mit dem katholischen Glauben in den Mittelpunkt ihres Lebens gerückt, aber ließ sich ihre private und berufliche Lebensform mit dem Leben in einer Gemeinschaft vereinbaren, die sich an den strengen Vorgaben eines Ordens orientierte? Und was waren dessen erklärte Ziele?

Wir müssen an dieser Stelle in die Geschichte und die Leitlinien des Sacré-Cœur-Ordens abschweifen, da ohne diesen Hintergrund Isa Vermehrens weitere Lebensschritte nur unzureichend beurteilt werden können. Es war gewiß nicht irgendein Orden unter anderen, der ihre Sympathie und Neugierde geweckt hatte. Fürs erste bewohnte sie freilich nur dessen idyllisch gelegenes, geradezu feudales Studentenheim im Grunewald. Bis der Orden in ihrem Leben die wichtigste Rolle spielte, sollten noch mehr als zehn Jahre vergehen.

Isa Vermehren hat Madeleine Sophie Barat, die Gründerin des Sacré-Cœur-Ordens, und ihr Lebenswerk in einer »biographischen Skizze« eingehend beschrieben. Es fällt schwer, sich bei der Wiedergabe dieses Textes auf wenige Einzelheiten zu beschränken, und so sei um Nachsicht für die notwendigen Verkürzungen gebeten.

Sophie Barat sei »eine Frau mit Kopf und Herz und einer ebenso sanften wie festen Hand, eine sichere Wegweiserin durch ein von Revolutionen geschütteltes Jahrhundert« und – nicht zuletzt – »eine ideale« Pädagogin gewesen. In diesen Worten schwingen deutlich die eigenen Ziele mit, die sich gegen Ende der dreißiger Jahre des 20. Jahrhunderts zaghaft in Isa Vermehren zu formen begannen und die sie später so umfassend realisiert hat.

Es gibt verschiedene Darstellungen der von Pius XI. am 25. Mai 1925 heiliggesprochenen französischen Ordensfrau Madeleine-Sophie Barat, die alle von der Tatsache belastet sind, daß sie keinerlei persönliche Aufzeichnungen hinterlassen hat. Was wir von ihr wissen, verdanken wir den beinahe vierzehntausend Briefen religiösen Inhalts, die sie – meist an Ordensfrauen – geschrieben hat, zahlreichen geistlichen Unterweisungen und den von ihren Weggefährten verbürgten Tatsachen und Äußerungen. Als sie im Alter von sechsundachtzig Jahren starb, hatte der von ihr gegründete Frauenorden nicht nur in ihrem Heimatland, sondern auch in acht anderen europäischen Staaten und ebenso in Nord- und Südamerika Fuß gefaßt, »in neunundachtzig Häusern arbeiteten dreitausendfünfhundert Ordensfrauen an der Erziehung der Töchter vor allem der führenden Gesellschaftsschichten«.

Am 12. Dezember 1779 wurde Sophie Barat als drittes Kind einer armen Handwerkerfamilie – der Vater war von Beruf Böttcher – in der kleinen burgundischen Stadt Joigny geboren.

»Sie war ein sehr temperamentvolles kleines Mädchen, aber ohne gefährliche Heftigkeit, war warmherzig und liebenswürdig ohne Sentimentalität; sie zeigte schon sehr früh eine überwache, intelligente Aufmerksamkeit für alles, was sie umgab, blieb aber zeit ihres Lebens ohne den geringsten Ehrgeiz. Alle diese Eigenschaften fielen in der einfachen Handwerkerfamilie nicht weiter auf, sondern erfreuten nur und stärkten die gegenseitige Liebe zwischen den Eltern und ihren drei Kindern. Zehn Jahre führte Sophie in dem kleinen burgundischen Ort Joigny genau das gleiche Leben wie die anderen Kinder ihres Standes, immer in der Nähe der Mutter, der sie bei der Hausarbeit, im Garten oder im Weinberg half.«

Es waren die Jahre vor der großen Revolution. Die Zeit, in der die Aufklärung und die mit ihr verbundene Befreiung von Vorurteilen aller Art tiefe Spuren hinterlassen hat, ist von heftigen antireligiösen und antiklerikalen Herausforderungen geprägt, doch noch haben die neuen Ideen die Landbevölkerung nicht erreicht, noch haben die drohenden Krisen den Einklang mit der kirchlichen Lehre nicht erschüttert. In Paris dagegen haben die Tendenzen der Säkularisierung alles Theologische bereits verdächtig gemacht, alles Mystische ist den führenden Köpfen der Aufklärung längst ein Anlaß zu Kritik und Skepsis. Die Familie Barat hingegen ist noch fest verankert in einer Glaubenswelt, in der nach den Lehren des niederländischen Theologen Cornelius Jansen d. J. aus dem 17. Jahrhundert eine asketische Religiosität mit strengen moralischen Anforderungen in Anlehnung an Augustinus gepflegt wird.

Sophie Barat steht ganz im Banne ihres Bruders, der, zum Priester ausgebildet, »ihre überdurchschnittliche Begabung und Aufgeschlossenheit und ihre außergewöhnliche Bereitschaft, sich formen und führen zu lassen«, erkennt. Er leitet sie an, all das mit ihm zu lernen, was er selbst auf dem Gymnasium und im Priesterseminar gelernt hat: Religion und Kirchengeschichte, Latein und Griechisch, Literaturwissenschaft, Philosophie, Naturwissenschaft, Mathematik, Italienisch und Spanisch. Bald liest sie Vergil und Homer im Original, ebenso liest sie sich durch die französischen Klassiker, zitiert sie oft auswendig. Sie lernt mit Enthusiasmus. Der Bruder ist ein besessener Lehrer, »er gönnt ihr keine Pause im

Studium, keine Freude am Erfolg, kein Verweilen im Genuß und nie ein Wort der Anerkennung«. Doch sie widersetzt sich nicht, begreift ihr Arbeiten als eine Fügung Gottes.

In einer Mischung aus Respekt und Abscheu bemerkt Isa Vermehren, der Bruder sei »mit seinem erbarmungslosen Fanatismus ein ebenso blindes wie taugliches Werkzeug in der Hand der göttlichen Vorsehung« gewesen. Die Schwester bildet unter seiner Anleitung ihre intellektuellen Fähigkeiten und ihre Bereitschaft, sich ganz dem Glauben zu unterwerfen, so sehr aus, daß schon im Alter von dreizehn Jahren in ihr der Entschluß reift, ins Kloster zu gehen. Sie wollte in den Orden der Karmelitinnen eintreten, in dem das Gebet und nicht die Erziehung im Vordergrund stehen. Eine Vision, in der sie eine Monstranz, umringt von jungen Menschen, erkannte, brachte sie zu der Einsicht, daß sie für die Erziehungsaufgabe vorgesehen sei. Ihr Ziel war nun, möglichst viele Menschen von Jugend an umfassend auszubilden, sie aus der Unmündigkeit zu befreien und für die Botschaft Christi empfänglicher zu machen.

Der Bruder hatte in seiner Seminarzeit die in Frankreich weitverbreitete Theologie der Herz-Jesu-Verehrung übernommen, die im verwundeten Herzen Jesu die wichtigste Quelle der göttlichen Offenbarung, »die Quelle allen Trostes«, sah. »Wir dürfen annehmen, daß sie sich damals in heiliger Freiheit des Geistes und des Herzens in diesen eigentlichen ›Gegenstand‹ ihrer Frömmigkeit hineingebetet hat.«

Während der ersten Revolutionswirren in Paris taucht der Bruder unter. Er wird gesucht, weil er seinen Eid auf die Zivilverfassung widerrufen hat. Man wird seiner habhaft und wirft ihn ins Gefängnis. Es droht ihm die Guillotine, aber Sophie kann nicht zu ihm, sie muß sich seit der Heirat der älteren Schwester alleine um die Mutter kümmern, die aus Sorge um den Sohn in Depressionen verfallen ist. Als der Bruder nach sechs Jahren glücklich nach Hause zurückkehrt, findet er eine gereifte, erwachsen gewordene Schwester vor. Gemeinsam gehen sie im darauffolgenden Jahr nach Paris, wo der Bruder Sophie mit dem Priester Joseph Varin zusammenführt, der in ihr die Berufene erkennt, die seinen Plan und den seines Freundes, des Priesters de Tournely, in die Tat umzusetzen imstande ist: einen dem Herzen Jesu geweihten Frauenorden zu gründen.

»Ziel sollte es sein, die Liebe Jesu in den Herzen der Menschen zu wecken ... und sie anderen – auf dem Wege der Erziehung – mitzuteilen.« Die Frauenkongregation sollte das weibliche Pendant zur Gesellschaft Jesu (den Jesuiten) werden.

Nach dem Wüten der Revolution verhalf die Herrschaft Napoleons dem religiösen Leben in Frankreich wieder zu neuer Blüte, doch noch waren die Klöster geschlossen oder gar zerschlagen. Varin übernimmt Sophie Barats geistige Führung. Er unterrichtet sie in Theologie und bespricht täglich mit ihr und einigen Gefährtinnen »Geist und Gestalt des neuen Ordens«. Um den Lebensunterhalt für sich und den Bruder zu verdienen, erteilt die junge Sophie Barat Kindern aus der Nachbarschaft Privatunterricht. Sie fühlt sich noch nicht stark genug, um den sich bildenden Orden anzuführen, aber Varin, der die Novizinnen einweist, setzt auf sie. Noch ist Sophie ganz Unterwerfung. »Sie war emsig in ihrer Arbeit, ohne die geringste Unruhe zu verursachen, vorbildlich treu in Erfüllung aller Pflichten und von einer alle beglückenden Sanftmut und Liebenswürdigkeit im Umgang. Die tiefe Stille, die man an ihr beobachten konnte, lag wie ein Schleier über dem geistlichen Erleben dieser Jahre, das schließlich seinen adäquaten Ausdruck in der Weihe an das Heiligste Herz Jesu fand, mit der am 21. November 1800 der eigentliche Gründungsakt der Gesellschaft vollzogen wurde.« Im Alter von dreiundzwanzig Jahren wird Sophie Barat als jüngste Schwester der Gesellschaft zur Leiterin des neuen Ordens in Amiens ernannt, dem bald ein kleines Internat mit zwanzig Mädchen angegliedert ist.

»In der ersten Unterweisung, die die neue Oberin ihren

Ordensfrauen wenige Tage nach ihrer Ernennung gibt, entwirft sie das Programm für ihre künftige Leitung: Sie spricht von der Verwirrung, die die Wahl ihr bereitet, von den Ängsten, die ihr aus ihrer Unwürdigkeit entstehen, von der Bereitschaft, dem Werk in allen seinen Gliedern mit äußerster Hingabe zu dienen – das alles sagt sie in einem Ton der Liebe und Selbstlosigkeit, der die kleine Gemeinschaft tief ergreift.« Dieser Aufgabe wird sie sich bis zur physischen Erschöpfung widmen. Zeit ihres Lebens ist sie gezeichnet von Krankheiten.

Das Haus in Amiens wird bald zu klein. Varin bringt sie mit der fünfunddreißigjährigen Schwester Philippine Duchesne zusammen, die aus einer angesehenen Advokatenfamilie stammt und sich mit einigen in den Wirren der Revolution aus ihren Klöstern vertriebenen Gefährtinnen in ein leerstehendes Kloster in Grenoble zurückgezogen hat. Mit ihr gemeinsam errichtet Sophie Barat dort eine weitere Niederlassung, für die sie eine detaillierte Ordensregel entwirft, die auch für die künftigen Gründungen gelten wird. 1806 wird sie auf einer Generalversammlung des Ordens in Amiens zur Generaloberin auf Lebenszeit ernannt. Als das Kloster von Grenoble – nach heftigen inneren und äußeren Krisen – seine innere Stabilität gefunden hat, errichtet sie in Poitiers eine weitere Niederlassung.

»Unerbittlich und unermüdlich kämpfte sie in und mit jeder einzelnen gegen die Schwäche ihrer Natur, gegen den Hang zu weiblicher Kleinlichkeit und Empfindlichkeit, gegen Trägheit und Eitelkeit, gegen Stolz und Sentimentalität, gegen Einbildungen aller Art. Sie erzieht mit großer Güte und Geduld, ohne je etwas von der Strenge ihrer Forderungen preiszugeben … Die Novizinnen sollen lernen, daß sie nicht mehr sich selber angehören, sondern fortan Glieder einer Gemeinschaft sein werden, an der ihre guten und bösen Taten unmittelbar zur Auswirkung kommen als Gewinn oder Schaden für alle.«

Die Gesellschaft wächst und wächst. Bald zählt sie sechs Häuser. Als Philippine Duchesne 1818 nach Amerika aufbricht, um dort weitere Häuser der Gesellschaft vom Heiligen Herzen Jesu kennenzulernen, die wiederum Gründungen in aller Welt nach sich ziehen, errichtet Sophie Barat in Paris eine Internatsschule für junge Mädchen. Der hohe Anspruch dieser Schule verbreitet sich im ganzen Land, »die besten Familien des Landes, einschließlich der königlichen, legen Wert darauf, ihm ihre Töchter anzuvertrauen ... Immer mehr Bischöfe bitten um Gründungen von Pensionaten in ihren Diözesen.« Auch in Rom wird ein solches Pensionat gegründet. Sophie Barat korrespondiert unermüdlich mit Kardinälen und selbst mit dem Papst.

Im Jahr 1830 bricht in Paris erneut eine Revolution aus. Die Pensionärinnen werden in die Flucht getrieben. Die Kirchenfeindlichkeit in ganz Frankreich nimmt schlimme Ausmaße an. Sophie Barat ist schwer krank, sie ist kaum bewegungsfähig und muß im Rollstuhl gefahren werden. Als die politischen Verhältnisse sich 1832 entspannen, reist sie nach Rom, wo ihrem Orden die päpstliche Anerkennung zuteil wird. Zweimal empfängt Papst Gregor XVI. sie. Fast zwölf Jahre bleibt sie in Italien. Zu den Niederlassungen kommen bis 1839 zwölf weitere Häuser hinzu, zehn dieser Gründungen nimmt sie selbst vor. Inzwischen gibt es vierzig solcher Gründungen, eine Aufteilung in eigene Provinzen muß erfolgen. Schwere Krisen in einzelnen Niederlassungen bleiben nicht aus. Mehrfach droht infolge innerer Konflikte eine Spaltung des Ordens. Der rast- und selbstlose Einsatz Sophie Barats hält ihn jedoch zusammen. Der Erziehungsauftrag befügelt sie in ihren Anstrengungen.

»Da es zu jener Zeit keine staatlichen Schulen für Mädchen gab und die armen Kinder sich den Besuch einer Privatschule nicht leisten konnten, waren die sogenannten Freischulen ganz besonders wichtig. Mutter Barat bestand darauf, daß sie Teil einer jeden Niederlassung waren und von

Papst Gregor XVI. übergibt der heiligen Madeleine-Sophie die Konstitution, Gemälde von G. Francisi, 1843

dieser auch finanziell getragen wurden.« Ihr ging es darum, die ihr und dem Orden anvertrauten Mädchen zu Frauen zu erziehen, die den Anforderungen der Zeit in jeder Hinsicht gewachsen waren. Die Ziele ihrer Pädagogik forderten nicht nur die Einübung in den Glauben, sondern, wie es in einem der Grundsätze heißt, eine Ausbildung »für das Leben in der Welt«. Neben dem Hauptfach Religion wurden Lesen, Schreiben, Grammatik, Geschichte, Geographie, Mathematik, Logik und Literatur, Kunst, Musik, Tanz, Malerei, Fremdsprachen und Haushaltsführung gelehrt. Jede(r) sollte soviel lernen, wie es seinen Fähigkeiten entsprach, aber das erworbene Wissen war eingebettet in den Kontext von moralischer Integrität und den Grundsätzen des Evangeliums. In den von Sophie Barat verfaßten »Konstitutionen« heißt es: »Vor allem suche man die Schülerinnen im Glauben zu festigen ... Es kommt nur allzuoft vor, daß junge Mädchen, die ... durch ihre ... Frömmigkeit zu den schönsten Hoffnungen berechtigen, bald darauf in der Welt der Vergnügungssucht nachgeben. Das liegt daran, daß man sich mehr bemüht hatte, fromme Gefühle in ihnen zu wecken..., als sie im Glauben zu stärken.«

Die Kinder im Glauben zu stärken, dieser Maxime folgen die zahllosen Mädchenschulen, Armenschulen, Waisenhäuser, Schulen für umherstreunende Jugendliche und Gewerbeschulen für Kinder, die durch Hungerlöhne ausgebeutet werden. Die von den Sacré-Cœur-Schwestern ausgebildeten Zöglinge sollen in die Lage versetzt werden, ihren Lebensunterhalt selbst zu verdienen »und eine achtbare Stellung in der Welt zu erlangen«. Die Herz-Jesu-Mystik ist und bleibt dabei der eigentliche »Motor« jeder Bildung und Erziehung, denn »nur das Herz Jesu und sein göttliches Mitgefühl werden jemals imstande sein, die Armen und die Reichen zu versöhnen«.

Sie wollte eine »Elite des Herzens« heranbilden, daher war ihr besonders daran gelegen, Schulen für Arme und Waisen zu gründen. In den machtvollen oberen Ständen »wächst die Bewunderung für diese Nonne, man unterstützt sie mit Geldmitteln«, um ihr den Aufbau von Internaten für die Kinder des Adels und der Reichen zu ermöglichen. Ihr Verständnis von Erziehung war das, was wir heute »ganzheitlich« nennen würden. Glaube und Wissen, Liebe zu Christus und der Kirche und intellektuelle Redlichkeit sollten sich nicht im Wege stehen, sondern befördern. Kein Wissen ohne das Wissen um die richtigen moralischen und religiösen Werte – manche von Sophie Barats Glaubens- und Lebensregeln lesen sich wie von Weisheit und Lebensklugheit getragene Rezepte gegen jede Beliebigkeit und Sinnleere des Lernens um seiner selbst – oder allein des materiellen Erfolges willen.

Zwischen 1843 und 1857 ist Sophie Barat ständig auf Reisen, unterwegs zu den sich rasch vermehrenden Klöstern und Schulen ihres Ordens. Obwohl ihre physischen Kräfte zu versagen drohen, arbeitet sie viele Stunden am Tag. »Sie besucht ihre Kranken, hilft einer Schwester, wenn sie zufällig sieht, daß diese allein mit einer Arbeit nicht fertig wird. Einmal, als sie aus ähnlichem Anlaß gerade die Eingangshalle kehrt, wird sie vom Besuch eines Herzogs überrascht. Auf seine etwas verwunderte Frage: ›Aber Ehrwürdige Mutter, was machen Sie denn da?‹ gibt sie ihm lächelnd die geistesgegenwärtige Antwort: ›Was ich mein ganzes Leben getan hätte, wenn es nach mir gegangen wäre.‹ Sie ist immer tätig, nie geschäftig, immer ganz wach, nie verkrampft, immer ganz gesammelt, nie mit sich selbst beschäftigt.« So jedenfalls hat Isa Vermehren die Gründerin des Sacré-Cœur-Ordens liebevoll beschrieben.

Sophie Barat stirbt am Himmelfahrtstag des Jahres 1865. »›Ich werde gar keine letzten Worte sagen‹, hatte sie einmal einer Ordensfrau anvertraut, ›dann sind alle vor der Mühe bewahrt, sie wiederholen zu müssen.‹« Sie hinterließ einen Orden, dessen religiöse und pädagogische Kraft, wurzelnd »im lebendigen Symbol des Herzens Jesu«, tiefe Spuren keineswegs nur in der katholischen Kirche, sondern weit darüber hinaus hinterlassen hat. Seine Wirkungsstätten sind heute über ganz Europa, die USA, Südamerika, Afrika, Indien, Korea, Japan, Indonesien, Australien und Neuseeland verteilt. Sein Erziehungsziel ist die Vermittlung einer Wertorientierung, die nicht allein mit dem Begriff der Religiösität erklärt werden kann, weswegen seine – als die besten ihresgleichen anerkannten – Schulen keineswegs nur katholischen Schülerinnen und Schülern offenstehen. Die Schulen präsentieren sich längst als von allen gesellschaftlichen Klassen und allen Konfessionen begehrte, vorzügliche Lehranstalten. Gregor von Rezzoris spöttische Bemerkung in seinem amüsanten Buch über den Hochadel (»Idiotenführer durch die Deutsche Gesellschaft«, 1962): »Bei jungen Damen, die im Sacré Cœur erzogen sind, wird man im hohen Gaumen Kirchengewölbe mitschwingen hören, in einer gleichsam rauchigen Hervorbringung der Vokale an Weihrauchschwaden erinnert werden«, ist nicht mehr als ein überholtes, die Realität satirisch überzeichnendes Apercú.

»Die in den ersten Jahren entstandenen Herausforderungen«, so hat die Hamburger Ordensfrau und Schulleiterin Schwester Christel Peters die Ziele des Sacré-Cœur-Ordens zusammengefaßt, verpflichten seine Dienerinnen, sich zu bemühen »um die Vermittlung soliden Wissens, das die Basis ist für begründete Entscheidungen und verantwortliches Handeln..., um den Einsatz für Gerechtigkeit, für ein friedliches Miteinander der Kulturen, um die Solidarität mit den Armen im eigenen Land und in den Ländern der Dritten und Vierten Welt. Vor allem aber geht es ihnen um die Liebe des barmherzigen Gottes, die unsere Welt lebens- und liebenswerter macht, frei und schön.«

Im Februar 1939 legte die einundzwanzigjährige, zum Katholizismus konvertierte Sängerin Isa Vermehren die Abiturprüfung am Berliner Abendgymnasium ab. Die Fächer Physik und Chemie habe sie, so meinte sie später, bis zum Schluß nicht ausreichend beherrscht und die Examensarbeiten bei anderen abschreiben müssen. Dafür habe sie für einen Mitschüler die Englischarbeit mitgeschrieben und eine andere korrigiert. Jetzt stand ihr sogar die Universität offen. Wenig später machte der Ausbruch des Krieges ihre Zukunftspläne zunichte.

Das intensive Lernen und die häufigen Auftritte als Sängerin ließen Isa Vermehren in den Jahren vor dem Krieg immer noch ausreichend Zeit, sich mit Freunden und Freundinnen zu treffen. Sie war nicht etwa ein Kind von Traurigkeit geworden, ihre strahlende Lebensfreude und ihre Bereitschaft, nicht nur für sich selbst, sondern auch für andere zu leben, litt keineswegs unter ihrer Glaubenssuche. Aber Isa Vermehren meinte später mit Blick auf die Berliner Vorkriegsjahre: »Wir haben viel zu individualistisch in Berlin gelebt – in ganz bestimmter, ausgesuchter Gesellschaft.«

Nur ein Jahr lang wohnte sie in dem schönen, geradezu eleganten und geräumigen Studentinnenheim des Sacré Cœur, dann zog sie – weil die Pensionskosten ihr zu hoch waren – in die Fasanenstraße zurück. Doch sie besuchte das Haus bei jeder sich bietenden Gelegenheit, von dessen »Duft angezogen bis in die kleinste Zehe«.

Zwei Männer spielten in diesen Jahren eine besondere

Rolle in Isas Leben. Beide gehörten einer Gruppe junger Architekten an, die sich in Berlin unter der Leitung des Bauingenieurs Konrad Kesten zusammengefunden hatten. Der eine, Karl Heinrich Beutler, ein junger Mann mit leuchtend blauen Augen und außergewöhnlichem Charme, hatte eine lebhafte Zuneigung zu Isa Vermehren gefaßt. Die beiden sahen sich oft und begannen, über eine engere Verbindung nachzudenken, was erleichtert und zugleich beschwert wurde durch die Tatsache, daß beide dem Katholizismus zugewandt waren und gelegentlich sogar mit dem Gedanken an einen sehr viel weitergehenden Dienst in der Kirche spielten. Andererseits fühlten sich beide sehr zueinander hingezogen. Der andere war der junge Architekt Wilhelm Viggo von Moltke, der jüngere Bruder des Grafen Helmuth James von Moltke, genannt »Willo«. Er wohnte in der nahen Budapester Straße, studierte an der Hochschule am Steinplatz und hätte die junge Dame gerne geheiratet.

»Er hat mich sehr gern gehabt.« Er sei ihr »ein zuverlässiger, geradezu rührender Begleiter« gewesen, aber sie habe sich nicht dazu entschließen können, sein Leben zu teilen. Noch vor Ausbruch des Krieges verließ von Moltke das Land, um in Stockholm seine Architekturkenntnisse zu vertiefen. Er bot Isa an, sich anzuschließen. »Ich bin nicht darauf eingegangen ... Aber das war nicht die eigentliche Hürde, daß ich sagte: Die Hürde schaffe ich nicht, die ist mir zu hoch. Ich hatte nicht das Gefühl, daß er der richtige Mann für mich ist und ich die richtige Frau für ihn.« Willo von Moltke, »der liebenswerte und liebenswürdige Zeitgenosse«, reiste alleine. Er blieb ein Exilant. Von Schweden zog er weiter nach England und von dort in die Vereinigten Staaten. Nach dem Kriegseintritt der USA wurde er als amerikanischer Soldat eingezogen – und beteiligte sich am Feldzug gegen Deutschland, wurde allerdings nicht im direkten Kampf gegen seine Landsleute eingesetzt.

In jener Zeit spielte Isa zunehmend mit dem Gedanken,

Die Freunde bei Beckmanns im Grunewald, zweiter von rechts Karl Heinrich Beutler

ihren immer stärker empfundenen Glauben bis zur äußersten Konsequenz auszuleben, ihrem Leben eine radikale Wendung zu geben und in den Orden vom Sacré Cœur einzutreten. »Der besondere Duft«, die über die brutale Wirklichkeit des Alltags hinausreichende Atmosphäre des Studentenheims hatte sie als überaus wohltuend empfunden. Sie hatte von dem fast klösterlichen Leben einen nachhaltigen, faszinierenden Eindruck gewonnen. Ein Leben in religiöser Konzentration und Disziplin, beseelt von den die Irrläufe der Zeiten überwindenden Erziehungsidealen Sophie Barats, ein Leben im Glauben und für den Glauben an eine andere Wahrheit als die des »Dritten Reiches« – war das nicht eine Perspektive, die ihrem Suchen nach den Dingen hinter der Realität entgegenkam? Bei einem Leben als Sängerin vergnüglicher Unterhaltungslieder wollte sie es nicht bewenden lassen, wenn die Umstände sie vorerst auch zwangen, sich auf diese Weise durchs Leben zu schlagen und sich einem jubelnden Publikum zu stellen.

Isa traf sich mit ihren Freunden hin und wieder bei einem Ehepaar, das im Grunewald eine große, gastfreundliche Villa bewohnte. Die Besucher, die sich dort versammelten, empfanden das Haus als eine verborgene Heimstatt der politischen Opposition – um so mehr, als die Gastgeber einem jüdischen Ehepaar Unterschlupf gewährten. Es war vor allem die Frau des Hauses, Elsbeth Beckmann, die sich mit stoischem Mut für die Not der Verfolgten und Gedemütigten einsetzte. Sie hat sich mit ihrer heimlichen Hilfe für russische Zwangsarbeiter später wiederholt in große Gefahr begeben, was ihren Ehemann bewog, die Wohltaten seiner Frau zurückhaltender zu beurteilen.

Die Beziehung zwischen Isa Vermehren und Karl Heinrich Beutler, der ebenfalls zu den Gästen des Hauses Beckmann zählte, intensivierte sich. Sie sprachen viel über Fragen der Religion und kamen sich auch menschlich immer näher. Aber das hielt Isa nicht von der vorsichtigen Anfrage im Sacré Cœur ab, ob und unter welchen Umständen an einen Eintritt in den Orden zu denken wäre. Und Beutler trug sich mit Gedanken, eines Tages vielleicht Priester zu werden. Der Orden machte Isa Vermehren wegen ihrer Karriere als Sängerin allerdings keine Hoffnung auf eine Aufnahme. Dreimal, so erzählte sie später, habe man sie abschlägig beschieden.

Beutler wollte unter keinen Umständen in den Krieg ziehen. Die Vorstellung, im Osten eingesetzt zu werden, erfüllte ihn mit großer Angst. Er sehnte sich nach einem weiteren Studium in den USA, hing kühnen beruflichen oder – wenn es die Umstände zuließen – kirchlichen Plänen nach. Sie wurden alle hinfällig durch seine Einberufung. Als Soldat litt Beutler unendlich. Wenn er auf Heimaturlaub gelegentlich mit Isa zusammensein konnte, kreisten die Gespräche unentwegt um Fragen des Glaubens und der Kirche.

Im Jahr 1941 zog Isa Vermehren sich für einige Zeit in die

Einsamkeit zurück »zur Vertiefung meines Glaubens«. Sie wohnte in Schwerin und studierte »drei dicke Bände von Thomas von Aquin«. Freilich sei es ihr damals nicht gelungen, »etwas Ernsthaftes damit anfangen zu können. Die schwarzen Wälzer dokumentierten nur durch ihr Dasein mein Verlangen nach mehr Bildung und Wissen.«

Auch der jüngere Bruder Erich Vermehren war inzwischen zum katholischen Glauben übergetreten. Die tiefe Wirkung, die die acht Jahre ältere Gräfin Plettenberg auf ihn ausübte, hatte sich allerdings nicht in der zunehmenden religiösen Übereinstimmung erschöpft. Sie hatte ihn ganz und gar bezaubert. Als sie zu Beginn des Jahres 1939 aus Berlin nach Bremen zurückkehrte, um sich dort um ihre jüngeren Geschwister und die Eltern zu kümmern, kam Erich gerne der Bitte ihres Vaters nach, eine Zeitlang den Buchhalter in dessen Firma zu vertreten, der in den Krieg hatte ziehen müssen. Die Familie in Bremen nahm ihn gastlich auf. Bei einer günstigen Gelegenheit – Elisabeth Plettenberg war gerade mit dem Herrichten der Gästebetten im Hause ihres Vaters beschäftigt – riskierte er die Frage, die über sein Glück entscheiden sollte: »Könnten Sie sich vorstellen, daß, wenn ich später einmal um Ihre Hand anhalten möchte, Sie das akzeptieren würden?« Nach kurzem Nachdenken entgegnete sie ihm, daß sie für die Beantwortung dieser Frage Bedenkzeit brauche. »Das genügt mir«, antwortete Erich, »Sie haben ja nicht nein gesagt« – und fortan betrachteten sich die beiden als heimlich verlobt. Als Isa von der zärtlichen Übereinkunft erfuhr, die bald in eine Zusage gemündet hatte, reagierte sie mit Entzücken. Diese Gräfin hatte wirklich der Himmel geschickt!

Der als »g.v.H.« eingestufte Erich Vermehren wurde anfangs zur geistigen Betreuung von Kriegsgefangenen eingesetzt, bald jedoch zur Fortsetzung seines Studiums freigestellt. 1940 bestand er in Freiburg im Breisgau das Referendarexamen, ein Jahr später wurde er dort zum Dr. jur. promo-

*Das Brautpaar Elisabeth und Erich Vermehren auf
Schloß Hovestadt, Oktober 1941*

viert. Im Oktober 1941 heirateten er und Elisabeth auf dem Stammschloß der Familie Plettenberg in Hovestadt bei Soest. Der Chef des Hauses, ein Onkel Elisabeths, der das Schloß bewohnte, richtete die Hochzeit aus. Es war ein intimes Familienfest, denn wenige Monate zuvor war die Nachricht eingetroffen, daß ein Bruder der Braut in Rußland gefallen war.

Der Ausbruch des Krieges hatte natürlich auch Isa Vermehrens Pläne zunichte gemacht, sich mit dem eben bestandenen Abitur in der Tasche an einer Universität einzuschreiben. Mit einem Schlage hatte eine neue Zeitrechnung begonnen. Der Sacré-Cœur-Orden und sein schönes Studentinnenheim, dem auch ein Heim für alte Ordensfrauen angeschlossen war, wurden von den Nazis aufgelöst, die Schwestern auf Krankenhäuser und Lazarette verteilt. An einen Eintritt in den Orden war nicht mehr zu denken.

Schloß Hovestadt bei Soest, Stammschloß der Familie Plettenberg

Isa Vermehren meldete sich freiwillig zum Dienst beim Roten Kreuz. Dort sah sie die ersten Verwundeten, die von der polnischen Front zurückkamen. Sie half bei ihrer Pflege, so gut sie konnte – und ihre Gedanken flogen voller Sorgen zu Karl Heinrich Beutler, der in der vordersten Linie kämpfen mußte. Noch durfte sie hoffen, daß das kriegerische Abenteuer schnell wieder vorüber sein würde. Sie war einundzwanzig Jahre alt, als der Krieg ausbrach. Von Kriegen wußte sie nur aus Erzählungen. Was Krieg wirklich bedeutete, überstieg ihre Vorstellungskraft, was die Zeitungen berichteten, klang nur nach Triumph, Jubel und einem baldigen, alle Deutschen beglückenden Ende. Alle waren aufgerufen, die Waffe in die Hand zu nehmen oder auf andere Weise zum Sieg beizutragen. Den Künstlern war die Aufgabe zugewiesen, abzulenken, zu unterhalten – und die Lügen der Propaganda mit entspannendem Amüsement wirkungsvoll zu flankieren.

Man brauchte alle Künstler, auch die Sängerin Isa Vermehren. Sie sollten den Menschen – Goebbels forderte es ja oft genug – »gute Laune« bringen, sie über die Schrecken des Krieges und seine unsäglichen Greuel hinwegtäuschen (und das Verschwinden so vieler Stars und Sternchen vergessen machen). Man bot der »Sängerin mit der Knautschkommode« eine Gastspielreise an, und sie willigte ein, schließlich mußte sie Geld verdienen.

Auch der Film rief wieder. Zuletzt hatte sie 1935 in dem harmlosen Ulkstreifen »Eine Seefahrt, die ist lustig« mitgewirkt, der sich an den Erfolg ihres populären Schlagers anhängte und ihr eine kleine Nebenrolle – als Sängerin – einbrachte. Jetzt, 1941, ging es um die Verfilmung von Günter Weisenborns Roman »Das Mädchen von Fanö«. Die Regie übernahm Hans Schweikart, der schon an den Münchner Kammerspielen als einer der besten deutschen Schauspiel-Regisseure aufgefallen war und inzwischen als einer der Großen unter den in Deutschland gebliebenen Filmemachern galt. Gedreht wurde nicht etwa im dänischen Fanö, sondern auf der Insel Hiddensee und in München. Brigitte Horney, Gustav Knuth und Paul Wegener spielten Hauptrollen in diesem ganz auf eine private Liebesgeschichte begrenzten, die finsteren Wolken am Horizont ausblendenden Unterhaltungsstreifen.

Auch der bei den Deutschen so beliebte junge Schauspieler Joachim Gottschalk wirkte in diesem Film mit. Gottschalk war mit einer Jüdin verheiratet und ständigem Druck ausgesetzt, sich von ihr loszusagen. Nur eine einzige Filmrolle sollte er noch übernehmen, dann schlug die Gestapo zu: Sie bezichtigte seine Frau der »Rassenschande« und befahl ihr, binnen einem Tag mit dem gemeinsamen Sohn Deutschland zu verlassen. Bevor es dazu kam, bevor die Gestapo in die Wohnung der Gottschalks eindrang, um die Familie abzuführen, begingen Joachim Gottschalk, seine Frau Meta Wolff und ihr Sohn Michael Selbstmord.

Je länger der Krieg dauerte, desto mehr waren Künstler – und ganz besonders Künstlerinnen – gefragt, die den über ganz Europa verteilten deutschen Soldaten »ein Stück Heimat« vermitteln, sie ablenken und aufheitern konnten. Die so unbeschwert wirkende Isa schien nur allzugut geeignet für diese Aufgabe, und so forderte die Luftwaffe sie auf, bei den Truppen Konzerte zu geben. Sie reiste mit einem »Duis-Quartett« zu den Soldaten in Norwegen, Frankreich, Norditalien und Hinterpommern und gab aus ihrem reichhaltigen Repertoire fröhliche Lieder zum besten. Doch auch klassische Musik mußte jetzt zur seelischen Erbauung der Kämpfenden herhalten. Daß sie davon etwas verstand, hatte Isa längst bewiesen: Im Lübecker Mariendom hatte sie 1942, wie Ohrenzeugen bewundernd berichtet haben, in Oratorien mitgewirkt, und bei einer Privateinladung von Käthe Kollwitz hatte sie ihr selten gesungenes Lied »Überm Lande die Sterne« vorgetragen. Nun schickte man sie mit zwei Kolleginnen an die Front, wo sie Konzerte mit Barockprogrammen präsentierten.

1943 entsandte man Isa nach Rußland. Was sie später über die endlos lange Bahnreise durch einsame Weiten erzählte, offenbart, daß ihr die Aussichtslosigkeit dieses von Deutschen begonnenen Krieges spätestens jetzt in ihrem ganzen Umfang klar wurde. Doch ihr Auftrag gestattete der nach außen unverdrossen als erfrischende Entertainerin auftretenden Dreiundzwanzigjährigen keine Zweifel. Die in ihrem tiefsten Innern mit religiösen Fragen ringende und ihren eigenen Weg suchende Konvertitin hatte als unterhaltsame und beschwichtigende Mutmacherin aufzutreten.

In einem Artikel für die Zeitung »Das Reich« vom 18. Januar 1942 hat Isa Vermehren über die Reise nach Rußland berichtet, sich dabei aber ganz auf das konzentriert, worüber man ohne Gefahr für Leib und Leben und ohne die Grenzen der Zensur zu überschreiten berichten *durfte:* die Musik. Journalistisch hatte sie sich bis dahin nicht betätigt, und man darf getrost sagen, daß die erste Probe ihres Schreibens, das noch einmal üppige Blüten treiben sollte, kein Ruhmesblatt darstellt. Wie auch? Freier Journalismus, offene oder gar kritische Meinungsäußerung – das alles war längst unmöglich. Die deutsche Presse war einer strengen Zensur unterworfen und hatte die Lügen des Propagandaministeriums zu verbreiten.

Was blieb, war die unscharfe, diplomatische Formulierung. Jede spontane Meinungsäußerung war lebensgefährlich. Unter diesen trostlosen Verhältnissen behauptete die Wochenzeitung »Das Reich« in der deutschen Zeitungslandschaft eine rühmliche Sonderstellung, was der Titel der Publikation gar nicht vermuten läßt. Ein kurzer Ausflug in den Charakter und Wirkungsbereich dieses Presseorgans ist hier angebracht, da in ihm *drei* Mitglieder der Familie Vermehren veröffentlicht haben. Während Isa es bei einem einzigen Beitrag beließ, haben ihre Mutter und ihr älterer Bruder dort zahllose Artikel veröffentlicht, schließlich verdienten sie sich ihren (bescheidenen) Lebensunterhalt als Journalisten.

Die Geschichte der deutschen Presse unter Hitler ist weitgehend eine Geschichte der freiwilligen oder erzwungenen Unterwerfung und Verblendung, und dennoch war sie, wie Norbert Frei und Johannes Schmitz 1989 in ihrer profunden Studie über den »Journalismus im Dritten Reich« dargelegt haben, »eine weniger eindeutige Angelegenheit, als es reichlich vier Jahrzehnte später in öffentlichen Debatten mitunter den Anschein hat«. Es gab neben den vielen schmählichen Ergebnissen hemmungsloser Gleichschaltung auch Beispiele für mutigen Widerstand oder zumindest das kluge Ausnutzen von Schlupflöchern. Was die Zeitung »Das Reich« betrifft, so war sie ein Presseorgan, mit dem sich mehr als mit jedem anderen der Ehrgeiz von Goebbels verband, neben der gleichgeschalteten Presse auch eine »führende große politische deutsche Wochenzeitung« vorweisen zu können, »die das

Deutsche Reich für In- und Ausland gleich wirksam und eindringlich publizistisch repräsentiert ... Diese Wirkung soll durch das Höchstmaß an innerem Gehalt, Gedankenreichtum und Sachsubstanz jeder Nummer erreicht werden. Die Stoffbehandlung soll ernst und gewissenhaft, die Darstellung formal ansprechend und zugleich sachlich korrekt sein« (so der von Goebbels eingesetzte NS-Reichsleiter für die Presse, Max Amann, am 30. Juni 1940 in einem Rundbrief an die NS-Prominenz). Die Zeitung war dem englischen »Observer« nachempfunden und unterschied sich in Drucktype und Umbruch völlig von den einschlägigen, in ihrer demagogischen Monotonie abstoßenden NS-Organen.

Die einstige Paradezeitung Berlins, die »Vossische Zeitung«, war schon 1934, das »Berliner Tageblatt« – nur noch ein Schatten rühmlicher Zeiten – 1939 eingestellt worden. Die bürgerlich-konservative »Frankfurter Zeitung« stand vor dem Ende. Diese legendären Blätter aus einer anderen Epoche waren Tageszeitungen. »Das Reich« erschien dagegen nur einmal pro Woche und erreichte dank der zynischen Vernichtung der übrigen Presse schnell eine Auflage von mehr als einer halben Million Exemplare. Wer »Das Reich« kaufte, wußte, wonach er suchte. Obgleich auf der ersten Seite jeder Ausgabe ein martialischer Kommentar von Joseph Goebbels zu lesen war (den er sich jedesmal mit einem Honorar von zweitausend Reichsmark vergüten ließ), druckte das Blatt mit größtem diplomatischen Geschick ausführliche Beiträge, in denen gelegentlich zwischen Mehrdeutigkeiten versteckt listig mit den Grenzen des Möglichen jonglierende und verhältnismäßig freizügige Ansichten auftauchten. Es versammelte die besten noch in Deutschland verbliebenen Federn, so daß sich die Liste seiner Autoren stellenweise liest wie ein »Who's who« der anspruchsvolleren Nachkriegspublizistik: Karl Korn, Christa Rotzoll, Margret Boveri, Herbert von Borch, Elisabeth Noelle(-Neumann), Hellmut von Cube, Ernst Schnabel, Peter Bamm, Walter Kiaulehn. Ob diese Journalisten sich, wie etwa Werner Höfer oder Günter Lothar Buchheim, aufgrund ihres Auftrags propagandistische Verbeugungen vor der verordneten Staatsmeinung leisteten (Buchheim tat es für Zeitungen und in seinem Propaganda-Buch »Jäger im Weltmeer«) oder sich, wie Theodor Heuss, vorsichtig hinter neutralisierender, vornehmer Bildung verkrochen – sie genossen hier einen relativen Freiraum, den es so in keiner anderen Zeitung mehr gab.»Manche bauten gezielt ›Rückversicherungen‹ in ihre Artikel ein, übernahmen rhetorische Muster der Propaganda, verwandten ›wasserdichte‹ Vokabeln und paßten sich auf diese Weise den vermuteten oder wirklichen Anforderungen an. Andere glaubten standhaft zu sein, und wieder andere übernahmen aus innerer Überzeugung die Muster der NS-Propaganda« (Norbert Frei und Johannes Schmitz).

»Das Reich« verfügte über ein ungewöhnlich weitgespanntes Korrespondentennetz, das für Informationen sorgte, die eher der Wahrheit entsprachen als alles, was man sonst finden konnte. Frei und Schmitz heben mit Recht hervor: »Was im ›Reich‹ zu lesen war, entsprach oft weniger nationalsozialistischem als vielmehr durchaus bürgerlichem Gedankengut der damaligen Zeit ... Details über die antijüdischen Maßnahmen waren rar.« Dennoch konnte man auch hier die einschlägigen antijüdischen Ressentiments antreffen. Was aber in der Publizistik noch vom Geist der »anständigen Deutschen« übriggeblieben war: »Das Reich« bot ihm eine Heimstatt, wenn auch eine zwielichtige.

Was Isas Aufsatz betrifft, so mag uns, die wir es leicht haben, an Formulierungen der damaligen Zeit Anstoß zu nehmen, der verklärende Tonfall befremden. Sie argumentiert darin,»daß gute Musik eins gibt: die Besinnung! Diese aber muß ein wichtiges Ziel der Wehrbetreuung sein ..., jene Besinnung, die nur in der Ruhe geschehen kann, in der Stille, oft in der Reinheit und Klarheit klassischer Musik, in der sich von selbst die Maße und Werte wieder ordnen, so daß sich deutlicher und beruhigender als sonst das Vorhandensein wunderbarer Schätze und einer über aller Wirrnis unverwirrt verharrenden Ordnung zeigt. Diese Gewißheit ist köstlich und beglückt und macht es leichter, zu verzichten und zu opfern.« Das sind die Worte einer Frau, die mit der Konversion und ihren Überlegungen, das bisherige Leben für das Ordensgelübde aufzugeben, bereits den Rückzug in einen inneren Raum eingeleitet hat, den die grausige Realität des »Dritten Reiches« nicht würde okkupieren können.

Ein Chronist von zweifelhaftem Ruf, der rechtsradikale Verleger Gerhard Frey, hat 1986 ein zweibändiges Nachschlagewerk unter dem Titel »Prominente ohne Maske« herausgegeben, in dem er Isas Mutter Petra Vermehren und dem Bruder Michael die Lieferung von »Propagandamaterial« vorwirft. Beide haben oft im »Reich« veröffentlicht, und es lohnt sich, diese Artikel näher zu betrachten.

Petra Vermehren, die seit 1937 in Athen für diverse Zeitungen schrieb, war nach der Einstellung von Rudolf Mosses »Berliner Tageblatt« als Auslandskorrespondentin von der »Deutschen Allgemeinen Zeitung« übernommen worden. Mit einer Reportage über den Ausbruch des italienisch-griechischen Krieges im Oktober 1940, die im »Reich« erschien, erregte sie soviel Beachtung, daß man ihr bei einem Besuch in Berlin zu Weihnachten 1940 anbot, in die Redaktion der »Pariser Zeitung« einzutreten. Aber sie wollte nicht in einem von deutschen Truppen besetzten Land leben. Dafür wechselte sie nach Lissabon, von wo aus sie nun für alle Zeitungen des »Deutschen Verlages«, vor allem für »Das Reich« schrieb – vorwiegend über England. Sie wertete die englische und amerikanische Presse aus und verfaßte regelmäßig in außerordentlich nüchternem Tonfall Korrespondentenberichte, die wirkten, als beruhten sie auf unmittelbaren Erfahrungen in diesem Land.

In den zahllosen Artikeln, die Petra Vermehren für »Das Reich« schrieb, lassen sich auch bei genauer Prüfung nicht die geringsten nazifreundlichen, geschweige denn propagandistischen Töne finden. Schon in ihrer Schriftleiterprüfung war Petra Vermehren, wie Margret Boveri erzählt, dadurch aufgefallen, daß sie »einige Fragen nicht im gewünschten Sinne beantwortet« hatte. Es war ihr aber dann doch irgendwie gelungen, sich durchzumogeln. Sie empfand den weltoffenen, nüchtern-beobachtenden und beschreibenden Journalismus als ihre Berufung, sie verfügte über ein enormes historisches Fachwissen und über das Talent, dieses auch zu vermitteln. Von Lissabon aus argumentierte sie mit kühler Sachlichkeit, wenn auch immer vorsichtig »patriotisch«. Ähnlich wie ihre Freundin und Kollegin Margret Boveri fühlte sie sich ihrem Land noch immer verpflichtet, war aber niemals eine Parteigängerin der Nationalsozialisten, geschweige denn, daß sie (anders als die »Reich«-Mitarbeiterin Elisabeth Noelle, die im Juni 1941 in einem Artikel »Wer informiert Amerika?« antisemitische Ressentiments anklingen ließ) deren Rassentheorien auch nur mit einer Andeutung unterstützte. Es grenzt an ein Wunder, daß die Redaktion der Zeitung ihre Aufsätze – wenn gewiß auch oft gekürzt – bis in das Jahr 1944 druckte. Vermutlich geschah dies, weil diese Zeitung als »objektiv berichtendes« Aushängeschild dienen und sich von den Parteizeitungen maßgeblich unterscheiden sollte.

Scheinbar emotionslos faßte Petra Vermehren beinahe wöchentlich Informationen aus der englischen Presse korrekt in Übersichtsartikeln zusammen, schrieb über Irland, über den Schiffbau in England, über die Ängste der Engländer vor einer Belagerung, über Rüstungsprogramme (soweit sie dazu in der englischen Presse etwas fand), über die Labour Party, über Ernährungsprobleme auf der Insel, über Armut und parlamentarische Debatten. Der sich durch fast alle Aufsätze ziehende Tenor, daß England, von inneren Nöten und Befürchtungen geschwächt, den Deutschen kaum ein ebenbürtiger Gegner sein könne, war das Mindeste, was der Korrespondentin im fernen Lissabon abverlangt wurde. Man hätte sie gar nicht erst eingesetzt, wenn sie solches Wunschdenken (das sich zuweilen wohl auch mit ihren Einschätzungen gedeckt haben wird) nicht verbreitet hätte. Dennoch gehörte Petra Vermehren ohne Zweifel zu den wenigen deutschen Journalisten, die bis zuletzt auf redliche, wenn nicht mutige Art und Weise versuchten, ihre Unabhängigkeit nach allen Regeln der Verschlüsselungskunst unter Beweis zu stellen. Den Leser(innen) des »Reichs« bedeutete das sehr viel: Sie klammerten sich an diese letzte Festung sachlicher Information und wußten, daß die großsprecherischen Leitartikel von Joseph Goebbels nicht den Geist der Zeitung vertraten.

Niemand hat sich nach dem Kriege so detailliert und selbstkritisch mit dem Koordinatenkreuz beschäftigt, in dem auch die jeder NS-Paktiererei unverdächtigsten Journalisten während der Hitler-Zeit gefangen waren, wie Margret Boveri. Ihre Kollegin und Freundin Petra Vermehren hätte ihrem Fazit gewiß zugestimmt: »Falsch war, wie ich heute glaube, der Rückzug in das, was wir mit einiger Selbstzufriedenheit die ›innere Emigration‹ nannten, ... die Grenzlinie zwischen innerer Emigration und Widerstand war immer unscharf und ist häufig überschritten worden – eine Gegebenheit, die in der Zeit der »Persilscheine« weidlich mißbraucht wurde zum Schaden des Ansehens derer, die den Tod erleiden mußten.« Sowohl Margret Boveri als auch Petra Vermehren brauchten sich nach dem Ende des Krieges keines ihrer veröffentlichten Worte zu schämen. Sie vertraten ein besseres Deutschland in den Zeiten seiner tiefsten Erniedrigung. Niemand kann sich anmaßen, ihnen vorzuwerfen, daß sie ihre Existenz nicht aufs Spiel setzten.

Neben der Tätigkeit für die Berliner Agentur blieb auch Michael Vermehren in Rom noch Zeit, Aufsätze für »Das Reich« zu schreiben. Sie bezogen sich ebenfalls vor allem auf England, dessen Gesellschaft und dessen Politik, in die er während seiner Jahre auf der Insel profunde Einblicke ge-

*Kurt Vermehren mit Sohn Michael und der Schwiegertochter
Elisabeth, geb. Gräfin Rességuier*

wonnen hatte. An seinen Artikeln fällt besonders auf, wie kritisch er vor allem das englische Klassensystem, den Unterschied zwischen Arm und Reich sah und beschrieb. Zuweilen schimmert in den Argumenten wie von ferne Karl Marx durch, etwa wenn er (Michael Vermehren ist fünfundzwanzig Jahre alt) am 7. Juli 1940 feststellt: »Im Gegensatz zu kontinentalen Staaten prägt nicht der Staat, als allem übergeordnete Autorität, das nationale Leben, sondern der Reichtum. Alle Kraft, alle Macht, ja selbst richterliche Gewalt scheinen dem britischen Arbeiter allein in der Hand der Reichen zu liegen.« Immer wieder berichtet er von den harten Lebensbedingungen der »lower middle class«, und wenn er forsch diagnostiziert: »Erst die ungeheure Probe des Krieges, der Zwang zum Einsatz enthüllt, daß es ein falscher Glanz war, der noch vor kurzem blendend auf den weiten Schlössern der englischen Aristokratie zu liegen schien«, dann mag das patriotischen Lesern gefallen haben – nationalsozialistischer

Ein kurzes Glück: Isa Vermehren und Karl Heinrich Beutler

Jargon war das mitnichten. Wenn der junge Mann im Verhalten der englischen Politiker – nicht ohne Grund – »Inkonsequenz und Halbheiten« ausmachte, sprach daraus vermutlich auch die eigene Enttäuschung: Er wünschte sich England stärker. Daß ein so junger Deutscher, dem es vergönnt war, im schönen Rom journalistische Erfahrungen zu sammeln, während die meisten seiner Altersgenossen an der Front standen, nicht mit ganz anderen Tönen aufwartete, daß er nicht mit den Wölfen heulte, sondern alles daransetzte, ein halbwegs unabhängiger Beobachter zu bleiben – diese Haltung verdient ebensoviel Respekt wie die Souveränität der Mutter.

Michael Vermehren hatte inzwischen seine Lebensgefährtin gefunden. Auch sie hieß Elisabeth, auch sie war eine Gräfin: Elisabeth de Rességuier entstammte einer alten österreichischen Familie, deren Spuren auf den südfranzösischen Hochadel zurückreichen. Sie hatte zunächst in Prag, später in Berlin Medizin studiert. Die beiden lernten sich dort kennen und heirateten 1943 in Salzburg. Schwester Isa und ihr Verlobter hatten bei diesem Anlaß beschlossen, gleichfalls zu heiraten. Sie feierten Verlobung und tauschten Ringe aus. Die Pläne für ein Leben unter dem Dach der Kirche gaben sie erst einmal auf. Sie wollten eine Familie gründen und mindestens fünf Kinder in die Welt setzen, sobald der Krieg vorüber war.

»Man hat sich ja so viel zu sagen in solchen Augenblicken, es war die große Liebe und gegenseitige Freude aneinander.« Es sollte ihr letztes Zusammentreffen sein und Beutlers letzter Urlaub von der russischen Front. Der Realität des Alltags hielt das Gelöbnis von Salzburg nicht stand. »Unter dem Druck des bedrohten Lebens« haben sie die Verlobung bald wieder gelöst. Bei beiden hatte sich der Gedanke an ein Leben im Dienste der Kirche zuletzt doch durchgesetzt. Karl Heinrich Beutler war die Erfüllung dieses Wunsches nicht mehr vergönnt. Er, der den Krieg so haßte, ist wenig später in Rußland gefallen. Seine Spur verliert sich auf den Schlachtfeldern.

Erich Vermehren war ganze dreiundzwanzig Jahre alt, als er von Berlin nach Istanbul versetzt wurde. Über Auslandserfahrungen verfügte er nicht, doch er galt als besonders tüchtiger und begabter Jurist, und einen solchen hatte der dortige, der Familie Vermehren aus Lübecker Tagen wohl vertraute Militärattaché Dr. Paul Leverkühn als Gehilfen und Berater angefordert.

Erich Vermehrens Aufgabe sollte es sein, die deutschen Interessen in einem internationalen Seerechtsprozeß zu vertreten, in dem es um die im Marmarameer internierten Donauflotten ging. Vermehren sollte Leverkühn darin unterstützen, vor türkischen Gerichten deutsche Besitzansprüche geltend zu machen. Seit 1939 vertrat der konservativ-autokratische Franz von Papen – ein entfernter Vetter Elisabeth Plettenbergs – als Botschafter in Ankara Deutschlands Interessen in der Türkei. Davor hatte er als deutscher Botschafter in Wien maßgeblich dafür gesorgt, die Weichen für den »Anschluß« Österreichs an Hitler-Deutschland zu stellen. Erich Vermehren verstand sich mit dem ihm vorgesetzten Militärattaché vorzüglich. Er arbeitete sich in Istanbul rasch in seine juristische Materie ein und sollte sich zudem um »Agenten« kümmern, die in den Ländern des Mittleren Ostens kriegswichtige Nachrichten sammelten. Seine Frau, die als politisch nicht zuverlässig galt und über keinen Reisepaß verfügte, hatte ihn nicht begleiten dürfen und war bei der Familie in Bremen geblieben.

Allmorgendlich studierte Erich Vermehren, dem bis dahin die internationale Presse so lange nicht zugänglich gewesen war, französische, englische, US-amerikanische Zeitungen und – vor allem – die »Neue Zürcher Zeitung«. Die neutralen Berichte über die deutsche (Kriegs-)Politik weiteten seinen Blick auf die Weltlage und ließen ihn täglich mehr begreifen, welchem Ausmaß von Fehlinformation und Lüge er in Deutschland ausgesetzt gewesen war. Daß Hitler diesen unseligen Krieg seit langem planmäßig als Eroberungskrieg vorbereitet hatte, um der deutschen »Herrenrasse« zusätzlichen Lebensraum zu verschaffen und Deutschland als Weltmacht zu etablieren, schlimmer noch, daß er einen »Vernichtungskrieg« angezettelt hatte gegen die »minderwertige« Bevölkerung im Osten, daß der Krieg der »Ausrottung des Judentums in Europa« galt – dies alles erkannte er jetzt in seiner ganzen Grauenhaftigkeit. Er begriff, daß die militärischen Schritte Deutschlands nicht etwa nationalen Interessen, sondern Allmachtsphantasien und einem fanatischen Rassenwahn folgten.

Seit dem Eintritt der USA in den Krieg, seit der Niederlage von Stalingrad war an einen deutschen Sieg nicht mehr zu denken. Dieser Krieg richtete sich seither nur noch gegen die Deutschen selbst. Die Erkenntnis zwang Erich Vermehren zu neuen Entscheidungen. Der Spielraum für persönliches Eingreifen in die unselige Situation war lächerlich gering, er war noch jung und nur ein untergeordneter Befehlsempfänger, aber er vermochte mehr und weiter zu sehen als andere und wollte von seinen Einsichten den richtigen Gebrauch machen – aber wie?

Aussprechen konnte er sich mit niemandem, die Gefahr, aufzufallen und das Leben zu riskieren, war viel zu groß. Seine Frau lebte in Deutschland, sie war die einzige, mit der er sich bedenkenlos austauschen konnte. Aber erst mußte er ganz alleine Entscheidungen fällen und die richtigen Pläne schmieden, sich jeden noch so kleinen Schritt sorgfältig überlegen. Für eine Teilnahme am Widerstand fühlte er sich zu jung und zu einflußlos. Er wollte auf eigene Faust, selbständig und konsequent handeln. Seine analytische, im juristischen Studium geschärfte Disziplin war jetzt von Vorteil, da es darum ging, auch nicht den kleinsten Fehler zu begehen.

Monatelang ging er seine begrenzten Möglichkeiten in allen Einzelheiten durch, nur ein Ziel vor Augen: nicht länger Mitwirkender eines verbrecherischen Regimes zu sein. Was lag da näher, als den alten Traum weiter zu träumen und endlich nach England zu gehen? Die Nazis hatten diesen Traum zerstört, doch nun gab es vielleicht eine Chance, ihn dennoch zu realisieren. Von Istanbul aus schien das gar nicht so unmöglich. Aber er war verheiratet und seiner Frau in Liebe und im katholischen Glauben tief verbunden. Er würde keinen Schritt ohne sie tun. Er mußte einen Weg finden, sie, der die Gestapo die Ausreise verweigerte, zu sich zu holen – mit Gottes und der Menschen Hilfe.

Anfang Dezember 1943 durfte Erich Vermehren nach Hause fliegen, es war der erste Heimaturlaub seit seiner Berufung nach Istanbul. Unter vier Augen legte er seiner Frau seine Absichten dar. Sie war sofort einverstanden. Sie würde ihm überallhin folgen – vorausgesetzt, man ließe sie ausreisen. Erich Vermehren machte es sich nicht leicht mit der Frage, ob und inwieweit er Verrat beging. Fahnenflucht hinter die feindlichen Linien – als patriotischer Deutscher hatte er dergleichen nie erwogen, aber jetzt sah er keine Alternative mehr. Die Eheleute sprachen lange darüber, hielten den Schritt am Ende aber für unausweichlich. Es war für beide undenkbar, andere in ihre Pläne einzuweihen, nicht einmal die engsten Familienangehörigen durften davon erfahren. Es hätte sie in Gefahr gebracht, bei Verhören hätten sie sich als Mitwisser belastet. Erich und Elisabeth Vermehren verpflichteten sich daher gegenseitig zu absolutem Stillschweigen.

Der Jurist verfügte über gute Beziehungen zu Freunden im Auswärtigen Amt. Über diese Verbindungen gelang es ihm, eine Ausreisegenehmigung für seine Frau zu ergattern. Sein Freund Adam von Trott zu Solz, Leiter eines von Andor Hencke geschaffenen und nach diesem benannten Nachrichtendienstes im Auswärtigen Amt, konnte durchsetzen, daß Elisabeth Vermehren, die als gläubige Katholikin und intime Kennerin der Kirche bekannt war, einen kirchenpolitischen Erkundungsauftrag erhielt.

In Istanbul ahnte niemand, daß Erich Vermehren in Begleitung seiner Frau zurückkehren würde, denn es war bekannt, daß sie Deutschland nicht verlassen durfte. Als das Ehepaar dann Mitte Dezember den Zug in Richtung Türkei bestieg, war es nicht wenig beunruhigt, unter den Mitreisenden im selben Schlafwagen einen ebenfalls vom Auswärtigen Amt nach Istanbul entsandten Vertreter des SD (Sicherheitsdienst) zu entdecken. Doch die Fahrt verlief ohne Störungen – bis an der Grenze zwischen Bulgarien und der Türkei, in Svilengrad, die Paßkontrolle erreicht war. Nun kam der SD-Vertreter aus seiner bisher an den Tag gelegten Reserve heraus, indem er den Grenzposten veranlaßte, Frau Vermehren nach Sofia zurückzuschicken. Erich Vermehren könne natürlich im Zug bleiben. Der bulgarische Grenzpolizist entschuldigte sich förmlich und wies darauf hin, daß mit den Papieren Elisabeth Vermehrens, genauer mit ihrem türkischen Einreisevisum, etwas nicht in Ordnung sei. Man wolle sie nur davor bewahren, an der türkischen Grenze zurückgewiesen zu werden. In Sofia würde ihr die Paßabteilung der deutschen Botschaft gewiß zu korrekten Papieren verhelfen, und sie könne in wenigen Tagen ihre Reise fortsetzen. »Dies«, so meinte Erich Vermehren später, sei »als faustdicke Lüge sofort durchschaubar« gewesen, da »das Visum im Paß meiner Frau erst eine Woche zuvor von der türkischen Botschaft in Berlin ausgestellt« worden war.

Elisabeth Vermehren, von ihrem Mann auf solche Hindernisse umsichtig vorbereitet, spielte geschickt die Naive. Sie ließ sich den Beamten nennen, an den sie sich in Sofia wenden solle. Das Ehepaar nahm schließlich auf dem Bahnsteig Abschied voneinander, ohne zu wissen, wann es sich jemals wiedersehen würde. Die Gestapo-Beamten beobachteten den Vorgang teilnahmslos. Erich Vermehren bestieg den Zug nach Istanbul, wo er am nächsten Morgen wohlbehalten eintraf.

Elisabeth Vermehren suchte in Sofia zuerst bei einem Bekannten Zuflucht, von dem sie wußte, daß er nicht mit den Nazis gemeinsame Sache machen würde. Obwohl die Telefonverbindungen zwischen Sofia und Berlin nach schweren Luftangriffen nur unzureichend funktionierten, gelang es diesem, über eine Dienstleitung der Marine im Berliner Auswärtigen Amt die Freunde zu erreichen, die für Elisabeths Ausreisepapiere gesorgt hatten. Die Auskunft, die sie erhielt, lautete: »Es fliegt einmal pro Woche eine Kuriermaschine von Berlin nach Istanbul, mit Zwischenlandung in Sofia. Das Auswärtige Amt wird Ihnen darin einen Platz reservieren. Das Flugbillett erhalten Sie von der Botschaft in Sofia. Bleiben Sie in Verbindung mit unserem Vertrauensmann, Legationsrat H..., und wappnen Sie sich mit Geduld – diese Kurierflüge fallen häufig aus.«

Was nun folgte, erinnert ein wenig an die Schlußeinstellung des Films »Casablanca«. Die Wohnung des Bekannten hatte Elisabeth Vermehren auf dessen Anraten nach kurzem Aufenthalt wieder verlassen. In der Tat meldete sich dort wenig später ein Mann der Gestapo am Telefon, der Frau Vermehren verlangte. Als der Bekannte erwiderte, sie sei wohl in Istanbul, meinte die Stimme, Erich Vermehren sei alleine weitergereist, weil man seine Frau an der Grenze zurückgeschickt habe, und nun suche die Gestapo in Sofia nach ihr.

Elisabeth Vermehren hatte inzwischen bei anderen Deutschen, an die ihre Berliner Gesprächspartner vom Auswärtigen Amt (AA) sie verwiesen hatten, Zuflucht gefunden. Dort sollte sie die Ankunft der Kuriermaschine abwarten. Sie wartete ohne irgendeinen Kontakt zu ihrem Mann in Istanbul.

Zweimal war die Maschine bereits angekündigt, beide Male wurde nichts daraus. Am Heiligen Abend des Jahres 1943 war es schließlich soweit: Elisabeth wurde von einem Wagen der Deutschen Botschaft abgeholt. »Der Fahrer versprach«, erzählt Erich Vermehren, »sie persönlich bis ins Flugzeug zu begleiten. Sorgfältig wurden ihre Papiere am Abflugschalter überprüft. Der Flughafen in Sofia war klein und primitiv und hatte nur eine Piste. Als Schalterhalle diente ein einstöckiges Gebäude mit Glastüren an den Längsseiten. Es lag zwischen dem Platz, an dem die Autos vorfuhren und Fluggäste brachten oder abholten, und dem Rollfeld. Es gab keinen Warteraum. Man stand also zwischen den Glastüren herum, bis man aufgerufen wurde. Während meine Frau sich dort aufhielt, landete ein kleines Flugzeug. Es brachte offenbar ein ›hohes Tier‹, denn sie sah, wie den vor der Schalterhalle geparkten Autos mit Diplomatenkennzeichen ein halbes Dutzend junger Männer entstieg und aufs Rollfeld enteilte. Als das Begrüßungskomitee sich mit dem Fluggast wieder der Schalterhalle näherte, erkannte meine Frau zu ihrem Schrecken, daß es sich um niemand anderen als den obersten Gestapo-Führer für die Balkanstaaten handelte – eben jenen, der seit vierzehn Tagen nach ihr suchen ließ.«

Elisabeth Vermehren habe alles getan, um ihr Gesicht so gut wie möglich zu verbergen und nicht aufzufallen. Der Gestapo-Führer und sein Begleittrupp seien hautnah an ihr vorübergezogen, ohne sie zu behelligen. Unmittelbar danach »drückte jemand meiner Frau die Papiere in die Hand. Ihr Fahrer mahnte zur Eile: Die Maschine sei verspätet und müsse sofort abfliegen. Erschöpft sank meine Frau in ihren Sitz, erbat vom Stewart einen Sherry und sammelte sich für die Zwischenlandung in Varna, der letzten Station unter deutscher Kontrolle. ›Leider‹, sagte der Stewart, als er den Sherry brachte, ›leider müssen wir Varna überfliegen, weil wir so spät sind, sonst bekommen wir in Istanbul keine Landeerlaubnis mehr.‹ ›Sehr schade‹, meinte meine Frau, ›man hat mir gesagt, der Anflug über das Schwarze Meer sei besonders beeindruckend.‹«

Als das Kurierflugzeug in Istanbul landete, war Elisabeth Vermehren in Sicherheit. Ein mitgereistes Ehepaar fuhr sie in ein Hotel, von wo sie ihren Mann in seiner Dienststelle, die in der ehemaligen kaiserlichen deutschen Botschaft untergebracht war, anrief. Das Gespräch war aus Gründen der Vorsicht kurz und vage.

»Nimm dich zusammen, Erich – ich bin es.«

»Ich kann jetzt nicht mit dir sprechen – wir feiern hier gerade Weinachten. Wo bist du?«

»Im Parkhotel in der Halle.«

Erst nach Dienstschluß, spät am Abend, erschien Erich Vermehren dort, um seine Frau endlich in die Arme zu schließen. Er brachte sie »zu ägyptischen Freunden, die in einem alten türkischen Holzpalast wohnten, direkt am europäischen Ufer des Bosporus. Sie war glücklich – doch sie fühlte sich unwohl, eine Rippenfellreizung machte sich quälend bemerkbar.«

Am folgenden Tag meldete Erich Vermehren dem deutschen Generalkonsul korrekt das Eintreffen seiner Frau und erbat für sie eine vierwöchige Besuchserlaubnis. Da Elisabeth krank war, wurde dies gewährt. Sie wurde – nach der eben erst beendeten Deutschland-Reise erstaunlich genug – bewilligt. Einen Tag später nahm die »Operation Flucht« ihren Anfang. Der ewiggestrige Gerhard Frey hat sie noch 1986 eine »Verratsaffäre« genannt.

In der Tat machte »der Fall Vermehren« zu Beginn des Jahres 1944 als »Verrat« Schlagzeilen. Im Auswärtigen Amt sorgte er für erhebliche Aufregung. »Papen«, so notierte Goebbels am 4. März 1944 in sein Tagebuch, habe in Ankara »genauso wie früher in Berlin ein Sammelsurium von zweifelhaften Figuren um sich versammelt.« Papen selbst war überhaupt nicht in Erich Vermehrens Pläne eingeweiht, doch dessen Flucht bot Goebbels Anlaß, sich mißtrauisch über den deutschen Botschafter zu äußern: »Was in der deutschen Politik sich an Halb- und Vierteljuden, an klerikalen und sonstigen anrüchigen Elementen herumtreibt, das wird von Papen wie von einem Magnet angezogen. Dennoch«, so notierte er wichtigtuerisch, habe er »dem Führer dringend (abgeraten), Papen abzuberufen. Papen genießt in Ankara eine große Autorität, ist Hahn im Korbe, und wir können so einen Mann für unsere Diplomatie auf einem so gefährdeten Posten gut gebrauchen.«

Der »Fall Vermehren«, der »Verrat«, zog weite Kreise. In verschiedenen Zeitungen konnte man darüber lesen, daß ein deutscher Diplomat (der keineswegs, wie Frey behauptet, »Geheimnisträger« war) »zum Feind übergelaufen« war. Das mußte zu einem Zeitpunkt, als das »Dritte Reich« bereits in seinen Grundfesten erschüttert war, wie eine Brandbombe wirken, zumal die Umstände dieser Flucht höchst alarmierend waren. Da verschiedentlich falsch oder zumindest ungenau über diesen »Verrat« berichtet wurde, lohnt es sich, Erich Vermehrens Erinnerungen hier in einigen Einzelheiten festzuhalten, um so mehr, als die Folgen der riskanten Unternehmung die *gesamte* Familie Vermehren treffen sollten.

Begonnen hatte die Flucht in dem Moment, als Erich Vermehren in Istanbul in eine Telefonzelle trat, in der Britischen Botschaft anrief und sich mit einem Mitarbeiter des Geheimdienstes verbinden ließ. Diesen bat er um ein vertrauliches Gespräch, das wenig später in einer türkischen Mietskaserne auch stattfand. Vermehren bekannte dort Nicolas Elliot, seinem britischen Gesprächspartner, offen seine Absichten und bat um Unterstützung. Als guter Patriot verweigere er sich jeder Mitarbeit am *allied war effort*, den Krieg müßten die Alliierten schon ohne ihn gewinnen, für eine »Mitwirkung am Frieden« stehe er aber zur Verfügung.

Es wurde nun ein detaillierter Reiseplan für die Fahrt von Istanbul nach England ausgeheckt, der den Anschein eines Menschenraubs erwecken sollte. Der sorgfältig vorbereitete

»Überfall« fand am 27. Januar 1944 auf offener Straße in Istanbul statt. Entscheidend war, daß es den englischen »Entführern« gelang, das Ehepaar vor dem Zugriff des türkischen Geheimdienstes – der mit dem deutschen Geheimdienst eng zusammenarbeitete – zu bewahren und über die türkisch-syrische Grenze in den Einflußbereich der Alliierten zu bringen.

»Nach Verwerfung mancher abenteuerlicher Pläne (Entführung über See oder per Flugzeug) einigten wir uns auf den Landweg. Zweiundsiebzig Stunden in türkischen Zügen von Izmir über den Taurus bis nach Aleppo. Vorher ›Verschleppung‹ (Kidnapping) in Istanbul, dann per Küstendampfer und im Auto nachts nach Izmir. Dort zwei Tage Ruhe im Privathaus einer anglo-türkischen Familie bis zum Eintreffen unserer ›Reisebegleiter‹. Diese lernten wir dann auf dem Abfahrtsperron in Izmir kennen, kurz bevor wir den Zug bestiegen: Es handelte sich um sechs stramme Soldaten von Sabotage-Einheiten, die sich von Kreta oder anderen griechischen Inseln bis in türkische Hoheitsgewässer durchgeschlagen hatten und dann interniert worden waren.« Nach den Regeln der Genfer Konvention konnten sie unbehelligt bis zu ihren eigenen Linien reisen.

Diesen »strammen Soldaten« wurde das Ehepaar, das andere Namen und andere Papiere erhalten hatte, anvertraut. Aus Elisabeth Vermehren war die englische Kinderschwester Eva Maria Paton geworden, die in Italien lebte, aus Erich der englische Leutnant der Reserve Edward Vaneck. »Bei der chiffrierten Übermittlung unserer Daten war ein Fehler passiert, so daß man in Aleppo nicht einen englischen Reserveleutnant erwartete, sondern einen ›Major-General Vaneck, Yougoslavia‹. Alle Hotels waren überbelegt, aber mit Rücksicht auf meinen hohen Rang wurde ein eben erst untergebrachter englischer Oberst wieder ausquartiert und sein Zimmer mir überlassen. Natürlich zog dort ›Miss Paton‹ ein, und ich schlief im Gang, hinter einem Wandschirm. Aber es gab ein Badezimmer!« Am nächsten Tag wurde ihnen ein *body-*

guard, Sergeant Christopher Kininmonth, zugewiesen. Er überbrachte die nötigen Reisepapiere und fuhr mit den beiden im Schlafwagen bis nach Kairo.

Die Reise verlief ohne jeden Zwischenfall. »In Kairo meldete Kininmonth unsere Ankunft und erbat weitere Weisungen. Zu seinem Entsetzen verlud man meine Frau und mich auf einen offenen Militärtransportwagen, der uns nach längerer Fahrt durch staubige Vorstraßen in einem schwer bewachten, von Stacheldraht umzäunten Gebäudekomplex ablieferte. Der Hausherr, ein englischer Oberstleutnant, führte uns in zwei getrennte Zellen mit spärlichster Ausstattung. Da die Türen sich nur von außen öffnen ließen, wußten wir, wo wir waren: im Gefängnis.«

Ganz so sicher – schließlich war im Krieg alles möglich – war man sich in Kairo in der Frage, um was für ein Ehepaar es sich bei den seltsamen Vermehrens handelte, anfänglich wohl nicht. Es liefen vielerlei Drähte des britischen Geheimdienstes heiß, bevor das Mißtrauen beseitigt war und das Paar angemessen behandelt wurde. »Schon am übernächsten Tag besserte sich unsere Lage: Wir wurden in eine Zelle mit zwei Betten verlegt, ein paar weitere Möbel wurden dazugestellt, Bücher gebracht, sogar ein Bad wurde bereitet (in einer viktorianischen Kupferbadewanne, die eine Kette von Kolonialsoldaten mit heißem Wasser aus der Küche füllte). Das Essen wurde uns in einem Salon serviert, dessen Tür im oberen Teil verglast war.« Zwei Offiziere hätten dann zufällig durch die Glastüre gespäht, als das Ehepaar Vermehren gerade sein Tischgebet sprach. Das habe sie davon überzeugt, es nicht mit feindlichen Agenten zu tun zu haben. Der eine Offizier habe triumphierend zu dem anderen gesagt: »Sie beten vor Tisch, obwohl sie keiner beobachtet. Das tun keine Nazispione.«

Einige Tage später wurden die Vermehrens in eine sehr gepflegte Villa mit großem Garten in El-Mahdi, einem Vorort von Kairo, verlegt. Auch Kininmonth war dort eingezogen und nahm an den Verhören teil, die jetzt drei Wochen lang den Alltag bestimmten. Kininmonth muß von Elisabeth Vermehren bezaubert gewesen sein, jedenfalls hat er ein schönes Porträt von ihr gemalt.

»Offiziere kamen und gingen, um uns über Nazi-Deutschland auszufragen. Wir konnten alles freimütig beantworten, da es nie um militärische oder militärisch relevante Dinge ging, wie etwa Standorte von Truppen oder von wichtigen Betrieben. Uns boten diese ›de-briefing sessions‹ wertvolle Gelegenheiten, den Hergang der zunächst völlig legalen Machtergreifung zu schildern, die rasche Demontage aller rechtsstaatlichen Institutionen, den Verlust der persönlichen Freiheiten, die Gleichschaltung aller bestehenden subsidiären Einrichtungen, die totale Meinungskontrolle durch Presse und Rundfunk und die gleichzeitige Verbreitung von Angst durch immer neue Terrormaßnahmen, vor allem gegen die jüdische Bevölkerung. Von all dem wußten die intelligenten englischen Offiziere anscheinend wenig oder gar nichts. Auch von der innerdeutschen Opposition, die bis dahin immerhin viermal versucht hatte, Hitler durch ein Attentat zu beseitigen, wußten sie nichts.«

Trotz der komfortablen Unterbringung – »ein baumlanger, pechschwarzer sudanesischer Diener namens Ibrahim und ein diminutiver *houseboy* sorgten sich umsichtig um das tägliche Wohl der Gäste« – verschlimmerte sich die Rippenfellreizung Elisabeth Vermehrens zusehends. Nach einer Woche mußte ein Arzt gerufen werden. Er diagnostizierte Keuchhusten. Die Weiterreise per Flugzeug nach England sollte daher schnell erfolgen, bei den Zwischenaufenthalten in Marokko und auf Gibraltar sollten – das alles wurde sorgfältig vorbereitet – englische Standortärzte für medizinische Hilfe sorgen. Schließlich verließen die beiden Kairo in Begleitung eines Major McElwee. Die letzte Etappe der »Fahnenflucht« brach an.

Die Ärzte hatten sich von dem Flug eine Besserung erwartet, doch die wollte sich nicht einstellen. »In Gibraltar hatte der örtliche Befehlshaber, Oberst Kirby-Green, in seiner Residenz ein Mittagessen mit seinen engsten Mitarbeitern vorbereitet. Meine Frau überstand es knapp, mußte sich am Tisch festhalten, um nicht ohnmächtig zu werden, und bat nach dem Mokka, sich irgendwo hinlegen zu dürfen. Man fuhr uns ins vornehme King George Hotel und alarmierte den Chefarzt des Tropenhospitals, Dr. Patrick, einen wortkargen Schotten. Er kam gegen sechs Uhr, untersuchte meine schwer atmende Frau und sagte: ›Sie haben Keuchhusten, allright. Dazu eine Lungenentzündung und akute Herzschwäche. Und eine doppelseitige feuchte Rippenfellentzündung. Ein Weiterflug ist ausgeschlossen.‹« Unter vier Augen wurde der Arzt gegenüber Erich Vermehren deutlicher: »Die Krise wird heute Nacht kommen. Wenn Ihre Frau sie übersteht, können wir sie durchbringen. Das wird vier Wochen dauern. So lange muß Ihre Frau hier im Hotel im Bett bleiben.« Die Krise kam wie angekündigt in der folgenden Nacht. Elisabeth Vermehren rechnete mit ihrem Ende. Sie diktierte letzte Nachrichten an ihre Familie. Doch nach einigen bedrohlichen Tagen und Nächten hatte sie das Schlimmste überstanden. Insgesamt mußte sie, wie vorausgesagt, vier Wochen in Gibraltar das Bett hüten. Dann schließlich konnte man den Weiterflug riskieren.

Inzwischen hatte sich die Flucht des Ehepaars unter den Nazi-Behörden in Berlin herumgesprochen. Zehn Tage hatte es gedauert, bis ein in die Fluchtaktion eingeweihter türkischer Offizier den geheimen Plan verriet. Am 7. Februar war der genaue Sachverhalt im Berliner Auswärtigen Amt in allen Einzelheiten bekannt. Am 10. Februar 1944 meldete der bulgarische Dienst des britischen Senders BBC, daß Erich Vermehren, der über »wichtige Berichte bezüglich der deutschen Kriegsabsichten« verfüge, zu den Engländern übergelaufen sei. Die Londoner Zeitung »Daily Mail« gab der Flucht noch eine zusätzliche, spektakuläre Note: Sie verwies darauf, daß die Frau des Flüchtigen eine Verwandte Franz von Papens sei, und überschrieb ihren Bericht mit den Worten

»Cousin of Papen deserts«. Das Auswärtige Amt in Berlin entsandte daraufhin umgehend einen Experten der Gegenspionage nach Istanbul, Botschafter von Papen mußte seinen Skiurlaub abbrechen.

Immer wieder wurde behauptet, Erich Vermehren habe den deutschen Geheimcode »entführt«. Dazu Erich Vermehren: » Ich habe in der Dienststelle in Istanbul (die Deutsche Botschaft befand sich in Ankara, M.W.) nie etwas von diesem Geheimcode gesehen, hätte ihn auch kaum (wie Gerhard Frey noch immer behauptet, M.W.) ›entführen‹ können, da Verschlüsselung und Dechiffrierung nicht in unserer Dienststelle vorgenommen wurden, sondern anderswo.« Das Reichssicherheitshauptamt hingegen verfaßte zwei umfangreiche Berichte über eine »deutsche Verratsquelle in der Türkei« und sprach von schwerwiegendem Geheimnisverrat. Eine Folge hatte die Flucht der Vermehrens in der Tat: Am 13. Februar begaben sich zwei weitere Mitarbeiter des Amtes Ausland/Abwehr in Istanbul unter alliierten Schutz.

Für die Ergreifung Erich Vermehrens – lebendig oder tot – wurde eine hohe Belohnung ausgesetzt. Knapp ein Jahrzehnt später hat Franz von Papen sich unter den geänderten Verhältnissen in seinem 1952 erschienenen Buch mit dem pompösen Titel »Der Wahrheit eine Gasse« zum Fluchthelfer der Vermehrens stilisiert. Er habe »in Berlin durchgesetzt, daß Frau Vermehren ihren Mann in der Türkei aufsuchen durfte«. Daß Elisabeth Vermehren ihren Mann nicht einfach »aufsuchte«, sondern (unter den geschilderten Umständen) mit ihm gemeinsam und zuletzt alleine nach Istanbul reiste, war ihm offenbar entgangen. Voller Selbstmitleid hat Papen noch hinzugefügt: »Meine eigene Stellung in Berlin hatte naturgemäß einen weiteren Stoß erlitten. Wie ich erst später erfuhr, hatte in diesen Tagen die Gestapo beschlossen, ein Flugzeug mit zuverlässigen SS-Männern in Zivil nach Ankara zu schicken, um mich von dort auf dem Luftwege gewaltsam nach Berlin zu überführen. Vermutlich hat Hitler diesem von Ribbentrop genehmigten Plan die Zustimmung verweigert.«

Von den Engländern erhielt Erich Vermehren auf Gibraltar die strenge Auflage, das Hotel niemals zu verlassen: »Jeden Tag kämen mehrere tausend spanische Arbeiter von Franco-Spanien herüber auf den Felsen. Viele seien fanatisch prodeutsch, trotz Spaniens offizieller Neutralität. Zu unserer Sicherheit müßten wir uns als unter Hausarrest stehend betrachten. Wir baten um einen katholischen Geistlichen. Es kam ein Jesuit, Pater John Mills, der gleich einen Meßkoffer mitbrachte. Daraus zauberte er einen kleinen Hausaltar, der auf einer Kommode installiert wurde. Von dem Tag an zelebrierte er jeden Morgen in unserem Hotelzimmer die Heilige Messe.«

Als sich Elisabeths Gesundheitszustand halbwegs gebessert hatte, wurde ein kleiner Truppentransporter angefordert. Darin gab es keine Sitze, dafür aber »längs der Kabinenwände einfache Holzbänke, auf denen etwa zwanzig Soldaten saßen. Die Trage mit meiner Frau wurde, eingerahmt von schweren Soldatenstiefeln, in der Mitte des Gangs festgezurrt. So flogen wir in einem weiten Bogen über den Atlantik nach England.«

Die Maschine überflog Lissabon, wo Erichs Mutter Petra Vermehren wohnte und ihrem Dienst als Korrespondentin der deutschen Presse nachging – mit regelmäßigen Berichten über England. Die Kontakte zwischen ihr und dem Sohn waren unterbrochen, und auch von England aus, das wußte Erich nur allzugut, würde er keine Verbindung zu ihr aufnehmen können – um ihrer Sicherheit willen. Was er nicht wußte war, daß man sie nach Berlin beordert hatte, wo sie – wie der Vater und die beiden Geschwister – verhaftet worden war.

Im März 1944 setzte die Maschine der Vermehrens auf einem Landeplatz der Royal Airforce in der Nähe von London auf. Ein bereits wartendes Ambulanzfahrzeug fuhr die beiden unverzüglich in ein privates Hospital in die Stadt. »Da es ständig Angriffe der deutschen Luftwaffe gab, bat ich, das Zimmer mit meiner Frau teilen zu dürfen. Man schob einen bequemen Sessel hinein und wünschte uns ›good night‹. Wir waren am Ziel.«

Die Flucht war gelungen, doch die Zukunft ungewisser denn je. England ächzte wie Deutschland unter dem Krieg und wurde täglich von deutschen Bomben bedroht. Das Schicksal der Vermehrens lag ganz in den Händen der englischen Regierung. Deren maßgebliche Vertreter im Nahen Osten hatten sich allerdings bisher als überaus hilfsbereit und verständnisvoll erwiesen, so daß es genügend Anlaß zum vorsichtigen Optimismus gab. Ganz in Sicherheit war man nicht, aber man war immerhin in einem Land, mit dem man in Abscheu und Abwehr gegen Nazi-Deutschland verbunden war.

Die Geretteten fühlten sich wie erlöst. Sie erhielten etwas Geld und eine möblierte Wohnung – die vorher Kim Philby, später einer der legendären Spione für die Sowjetunion (er starb 1988 in Moskau), bewohnt hatte. Außerdem gab es Lebensmittel und Kleidermarken. Es wurde ihnen jedoch jeder Kontakt zu Bekannten aus der Vorkriegszeit untersagt. Das Foreign Office behandelte die Ankömmlinge mit Distanz. »Dort hatte schon seit Dezember 1940 für den Umgang mit Vertretern des patriotischen Widerstands in Deutschland die eherne Regel gegolten: *absolute silence,* wenn über Friedensbedingungen geredet werden sollte. Seit Januar 1943 gab es als offizielle Linie nur: *unconditional surrender* ... Es existierte im offiziellen englischen Denken nirgends eine Bresche für Ideen, wie sie die Patrioten des 20. Juli hegten.«

Sir Ivone Kirkpatrick (nach dem Kriege Britischer Hochkommissar in Bonn) besuchte die Vermehrens am 6. Juli 1944. Er bescheinigte dem Ehepaar in einem für seine Dienststelle verfaßten Memorandum vollste Glaubwürdigkeit, bekräftigte aber seine Auffassung, daß eine Unterstützung des deutschen Widerstands (dem sich Erich Vermehren nicht zugehörig fühlte, dem aber seine ganze Sympathie galt) nicht in Frage komme: »Wenn wir sie einen Blick werfen ließen auf unsere Pläne für Nachkriegsdeutschland, könnte dies sie schlimmstenfalls sogar ins Lager der Nazis treiben.« Der Morgenthau-Plan, die Verwandlung Deutschlands in eine reine Agrarlandschaft, warf schon seinen dunklen Schatten auf die Politik der britischen Regierung.

Die Gefangene der Gestapo im Palasthotel zu Potsdam

In jenen Tagen

Der Himmel über Berlin hatte sich zu Beginn des Jahres 1944 weiter verfinstert. Seitdem der britische Luftmarschall Arthur Harris (»Bomber-Harris«) am 3. November 1943 in London die Parole ausgegeben hatte, »Berlin von einem Ende bis zum anderen in Trümmer zu legen«, häuften sich die Angriffe aus der Luft. In den Nächten vom 22. November bis zum 24. November warfen Hunderte von Bombern Spreng- und Brandsätze ab, die große Teile der Innenstadt zerstörten. Es gab Tausende von Toten, Schwerverletzten und Vermißten. Nahezu neuntausend Häuser fielen in Trümmer, fast fünfzigtausend wurden schwer beschädigt. Beinahe eine halbe Million Menschen wurde obdachlos. Nachrichten von einer bevorstehenden Invasion der Alliierten in Frankreich und dem Näherrücken der russischen Truppen sorgten zusätzlich für Angst und Schrecken. Im Februar 1944 wurde der Chef der Abwehr, Wilhelm Canaris, von Hitler abberufen und unter Hausarrest gestellt. Der Glaube der NS-Größen an die Loyalität der Abwehr war erschüttert, und daran waren auch die Ereignisse von Ankara nicht schuldlos.

Isa Vermehren hatte sich nach ihren Tourneen an die Front in ihre Berliner Wohnung, genauer in deren Keller, zurückgezogen. Ihre Wohnräume waren bereits ein Ziel der Brandbomben geworden. Unmittelbar nach Bekanntwerden der Flucht ihres Bruders und ihrer Schwägerin wurde sie von der Gestapo vorgeladen. Man behielt sie da und verhörte sie ausgiebig. Zu ihrem Glück wußte sie aber nichts von den Absichten der Geflohenen. Beharrlich verwies sie auf ihre Zurückhaltung in allem Politischen und auf ihre Verwurzelung im Glauben. Bei der Gestapo hinterließ das erst einmal Ratlosigkeit.

Die Mutter im fernen Lissabon erhielt ein Telegramm ihrer Redaktion, in dem sie nach Berlin gerufen wurde. Was nach einem Routinebesuch in der Redaktion aussehen sollte, war eine Finte, hinter der die Gestapo steckte. Sie wurde auf »sanfte« Weise veranlaßt, die Reise nach Berlin freiwillig und vor allem schnell anzutreten, schließlich gab es keinerlei Möglichkeiten, sie in Lissabon zu verhaften. Da die Mutter die Meldungen des britischen Rundfunks und der englischen Zeitungen verfolgte, war sie bereits darüber informiert, wohin es Sohn und Schwiegertochter verschlagen hatte. Der Gedanke, die Rückkehr zu verweigern oder gar dem Sohn nach England zu folgen, erschien ihr abwegig: Ihre beiden Kinder und ihren Mann konnte sie unter keinen Umständen im Stich lassen. Mit bösen Vorahnungen bestieg sie das nächste Flugzeug nach Berlin, wo sie am Flughafen Tempelhof von der Gestapo erwartet wurde.

Kurt Vermehren, den man aus Hamburg herbeizitiert hatte, wurde bereits in einer Dienststelle des SD am Kurfürstendamm vernommen. Die Verhöre des Ehepaars müssen sich wie ein absurder Theaterdialog angehört haben. Alle Antworten auf die giftigen Fragen der Beamten schienen auf keinerlei erkennbares Interesse zu stoßen.

In der Erinnerung Isa Vermehrens verliefen die Wortwechsel etwa so: »›Warum müssen wir noch hierbleiben, wenn unsere Aussagen Sie nicht interessieren?‹ – ›Ja, gnädige Frau, Sie befinden sich hier in Sippenhaft.‹ – ›Was heißt Sippenhaft? Sie selber bestätigen uns, daß wir direkt nicht beteiligt sind an der Tat meines Sohnes, und dennoch Haft? Soll das heißen, daß wir die Folgen vom Schritt meines Sohnes zu tragen haben werden?‹ – Achselzucken. – Darauf mein Vater: ›Wissen Sie, das interessiert mich als Rechtsanwalt ganz außerordentlich. Ein Gesetz über Sippenhaft gibt es meines Wissens nicht ...‹ – ›Es ist schon angewandt worden.‹ – ›Das mag ja sein, aber das Gesetz gibt es nicht. Das heißt also, daß hier für die Verhaftung die drei notwendigen juristischen Voraussetzungen fehlen: Erstens fehlt es am Täter, denn der Täter ist mein Sohn, der für Sie unerreichbar ist. Zweitens fehlt es an der Tat, denn daß wir am Schritt unseres Sohnes unschuldig sind, haben Sie selbst uns schon zugeben müssen, und drittens fehlt es am Gesetz ...‹«

Natürlich stießen juristische Argumente dieser Art auf taube Ohren. Auf die Familie Vermehren wartete die Haft. Selbst wenn sie an der Flucht des Sohnes unschuldig war, sprach das noch lange nicht für ihre Entlastung. »Die Aktennotizen bei der Gestapo ließen unschwer erkennen, daß wir zu den Feinden und nicht zu den Freunden des Regimes gerechnet werden mußten ... Wieso das beabsichtigte Exempel der ›Sippensühne‹ an uns nicht statuiert worden ist, weder damals noch nach dem 20. Juli, wird ungeklärt bleiben.« Das, was folgte, war Sühne genug.

Michael Vermehren, der vom Verschwinden seines Bruders ebenfalls durch den britischen Rundfunk wußte, wurde von der Chefredaktion der Transozean-Agentur »zu einer Besprechung« nach Berlin zitiert. Natürlich stand auch hinter seiner Benachrichtigung die Gestapo. Die Reise per Eisenbahn durch das umkämpfte Italien – im September 1943 waren US-amerikanische Truppen in Kalabrien gelandet, die italienische Regierung hatte bereits kapituliert, aber Rom war noch von deutschen Truppen besetzt, und Mussolini hatte nach seiner Befreiung durch die SS aus den Abruzzen im norditalienischen Saló eine »Sozialfaschistische Republik Italien« ausgerufen – war nicht ohne Gefahren und zog sich lange hin. Michael fand sich nach zehn Tagen als letztes Mitglied der Familie Vermehren in Berlin und in der Agentur ein. »Der Diensttuende Redakteur übermittelte mir die Anweisung der Gestapo, mich ins Palasthotel von Potsdam zu begeben, und brach in Tränen aus. Das gab mir den richtigen Vorgeschmack.«

Was mit der Familie genau geschehen sollte – darüber schien man sich in Berlin anfänglich noch nicht im klaren zu sein. Man wartete auf höhere Weisungen (die dann von Goebbels auch kamen) und führte die vier Vermehrens erst einmal im Potsdamer Palasthotel zusammen, wo sie unter Hausarrest gestellt wurden. Ihre Unterkunft war keineswegs unbequem, aber die Unsicherheit darüber, was man mit ihnen vorhatte, war belastend, und die Verhöre trugen nicht wenig dazu bei, den feudalen Aufenthaltsort gespenstisch erscheinen zu lassen. Fünf Wochen dauerte dieses unfreiwillige Familientreffen im Hotel.

Der Familie war eine Bewachung zugeteilt, in jedes der beiden Doppelzimmer wurde eine Chaiselongue geschoben, auf der eine Wachperson (ein Mann für die Männer, eine Frau für die Frauen) nächtigte. Immerhin wurde den Internierten einmal – natürlich unter Aufsicht – gestattet, ein Konzert in der Potsdamer Garnisonskirche zu besuchen, bei dem die Matthäus-Passion von Johann Sebastian Bach aufgeführt wurde. Zuvor war den auf so seltsame Art Inhaftierten jedoch streng verboten worden, sich mit Bekannten, die sie dort treffen könnten, zu unterhalten.

»Tagsüber saßen wir in den Gesellschaftsräumen des Hotels beziehungsweise in seinem Restaurant, immer begleitet.« Gelegentlich durften sie im Garten des Hotels spazierengehen. Doch, so erzählt Michael Vermehren, »diese Überwachung lockerte sich nach einer Weile. Wir wurden unsere Mitschläfer los und blieben auch tagsüber häufig allein. Es war eine Falle, wie ich nachträglich glaube, in die wir auch hineinfielen. Denn es stellte sich heraus, daß alle unsere familiären Unterhaltungen abgehört wurden, ganz egal, wo wir uns hinsetzten. Überall waren Mikrofone installiert worden. Einem Freund von mir, der zu meinen Gunsten intervenierte und mich als strammen Patrioten ganz im Sinne des Regimes dar-

Noch ahnen sie nicht, was ihnen bevorsteht: Kurt, Isa, Petra und Michael Vermehren im Potsdamer Palasthotel, Ostern 1944.

stellte, spielte die Gestapo höhnisch Tonbänder unserer abgehörten Gespräche vor.«

Bis zum 15. April 1944 dauerte die gemeinsame Haft, die den von der Außenwelt weitgehend Abgeschnittenen in jeder Sekunde das Gefühl vermittelte, »einer Macht preisgegeben zu sein, die nur noch die Willkür als Prinzip gelten ließ«. In Berlin wurde offenbar zäh darüber beratschlagt, wie es mit der Familie weitergehen sollte. Dann erfolgte unvermittelt die Auflösung der Gemeinschaft. Eines Morgens wurden die Eltern und der Sohn in verschiedene Autos verladen und abtransportiert. »Unter reichlicher Bewachung fuhren die Eltern und mein Bruder mit drei Wagen fort ins Ungewisse.« Zwei Tage später mußte Isa Vermehren »in einen schweren Mercedes« steigen. Ein Kriminalrat und zwei Bewacher fuhren mit ihr »durch die zertrümmerten Straßen Berlins. Das trostlose Bild der schwerverwundeten Stadt war wie eine geniale Inszenierung dieser Fahrt – der Hintergrund für das Wirken mächtiger Willkür hätte nicht besser gewählt sein können. Die bizarren Trümmer der ausgebombten Häuser waren wie die sich immer wiederholende Versinnlichung des waltenden Prinzips: Macht in undemütigen, vermessenen Händen kennt nur die Zerstörung als Akt ihrer Herrschaft.« Die Fahrt ging in Richtung Norden. Das Ziel wurde ihr nicht genannt.

Es habe für sie keinen Platz mehr gegeben, lautete die Antwort auf Isa Vermehrens Frage an die Gestapo, warum ihre Eltern und der Bruder Michael ohne sie abtransportiert worden seien – in das KZ Sachsenhausen nahe Oranienburg. Wohin ihre Reise gehen sollte, wollte oder konnte man ihr erst einen Tag später sagen. So blieb sie eine Nacht länger im Palasthotel, allein und voll dunkler Ahnungen.

Die Fahrt am nächsten Morgen brachte ihr bald die Gewißheit, daß sie nicht dorthin gelangen würde, wo die anderen waren. Der Wagen passierte auf der Straße nach Neustrelitz Oranienburg, fuhr auch an dem am Wege gelegenen Lager vorüber, wo ihre Eltern inzwischen »untergebracht« waren. Er erreichte das weiter im Norden gelegene, sich zwischen malerischen Seen an die Havel schmiegende Fürstenberg. »Ein friedlicher See …, unter das hochgelegene Kirchenschiff drängten sich die roten Ziegeldächer wie Küken unter einer Henne.«

Zu den vielen untilgbaren Folgen des »Dritten Reiches« gehört auch mehr als ein halbes Jahrhundert danach, daß Ortsnamen, deren bloße Nennung über Generationen freundliche Bilder von landschaftlichen oder architektonischen Schönheiten hervorrief, das Stigma teuflischer Verbrechen nie (?) mehr werden abschütteln können: Dachau, Sachsenhausen, Ravensbrück zum Beispiel. Es will einfach nicht gelingen, ihnen ihre Unschuld zurückzugeben. Sobald von ihnen die Rede ist, legen sich die Schatten der Vergangenheit auf unser Gemüt, und wenn wir die Stätten des Grauens (heute Mahn- und Erinnerungsstätten) besuchen, holt uns unsere dunkle Vergangenheit ein. Die Orte sind zu Fanalen des Bösen geworden, sosehr sie sich auch seit 1945 bemüht haben mögen, die Spuren von einst verblassen zu lassen und neue Zeichen zu setzen, die von einer besseren, friedlichen Welt künden.

Als die fünfundzwanzigjährige Isa Vermehren im April 1944 durch die Straßen von Fürstenberg gefahren wurde, einem kleinen Städtchen, das – fernab von Berlin am Rande der Uckermark gelegen – von Bomben verschont geblieben war, fielen ihr die »sehr hübschen Siedlungshäuser mit gepflegten Gartenanlagen« ins Auge. Doch neben und vor den blanken Fassaden, auf und zwischen den beschaulichen Sträßchen konnte sie im Vorüberfahren Gestalten erkennen, die ihr in solcher Massierung bis dahin nicht begegnet waren: Frauen in Häftlingskleidung oder den schwarzen Stiefeln der SS, Männer mit ausdruckslosen Zügen in schwarzen Uniformen mit Gewehr und Revolver. »Ich fühlte mich im Schoße dieses NS-Staates gelandet, und mir war entsprechend übel.«

Als der Wagen vor dem Kommandanturgebäude des Konzentrationslagers Ravensbrück hielt – die Gefangene konnte am Eingang das Namensschild erspähen –, hatte er das Tor zu einem Inferno passiert. Was sich hinter diesem Tor tat, davon sollte man draußen nichts erfahren. Aber alles blieb eben doch nicht verborgen, und man erzählte sich in der Nachbarschaft so dieses und jenes. Isa Vermehren hat, als sie im November 1945 ihren Bericht über das, was sie hinter den KZ-Mauern erlebt hatte, niederschrieb, beklagt, »daß es immer noch so erschreckend viele Menschen gibt, die nicht glauben können und wollen, daß hinter den glorreichen Kulissen der Nazi-Propaganda wirklich Ströme von unschuldig vergossenem Blut geflossen sind«.

Die unendliche Geschichte von »Vergangenheitsbewältigung« und »Wiedergutmachung« – seit 1945 hat sie in Wellenbewegungen von wechselnder Intensität zu rühmlichem (Selbst-)Forschungs- und Erkenntnisdrang, zu tiefen analytischen und psychologischen, biographischen und politischen Aufschlüssen über das Böse in uns, aber auch über die »Unfähigkeit zu trauern« (Alexander und Margarete Mitscherlich) geführt. Wir meinen inzwischen, so viel darüber zu wissen, daß sich die alten Verdrängungsmechanismen wieder melden und selbstgefällige Intellektuelle, die noch die Uniform des Hitler-Staates getragen haben, die Last der »Moralkeule« abwerfen möchten. Dabei zeigt jede einzelne Opfergeschichte nur immer wieder aufs neue, wie unermeßlich vielseitig, wie einzigartig jedes biographische Schicksal ist. Das »Wissen« der Nachgeborenen um die KZ-Wirklichkeit ist auch im 21. Jahrhundert nur rudimentär, weil es sich der persönlichen Erfahrung entzieht und die Dimensionen der Barbarei unsere Vorstellungskraft übersteigen, mögen uns noch so viele Filme und Bücher davon erzählen. In den insgesamt zwölf von der SS verwalteten Lagern (Auschwitz, Buchenwald, Dachau, Flossenbürg, Groß-Rosen, Mauthausen, Mittelbau, Monowitz, Natzweiler, Neuengamme, Ravensbrück und Sachsenhausen) wurden am Ende des Krieges von den Befreiern 487 290 männliche und 156 000 weibliche Häftlinge angetroffen.

In den beiden Lagern von Ravensbrück allein waren es 7848 männliche und 46 070 weibliche Häftlinge. Das größte Frauenkonzentrationslager im Reichsgebiet, das 1941 um ein Männerlager erweitert wurde, war seit 1938 von Häftlingen des bereits bestehenden Konzentrationslagers Sachsenhausen gebaut worden, wo Petra, Kurt und Michael Vermehren eingeliefert woren waren. Wie die anderen Lager »vermietete« auch das KZ Ravensbrück seine Häftlinge als billige Arbeitskräfte an die umliegende Industrie, wo sie (insbesondere beim Näherrücken der Front) vor allem bei der Herstellung und Reparatur von Kriegswaffen eingesetzt wurden. Bis zum

Ende des Krieges waren allein beim Ravensbrücker Werk von Siemens & Halske etwa zweitausendvierhundert weibliche Häftlinge »beschäftigt«. Viermal am Tag mußten sie, ausgezehrt und ausgehungert, die zwei Kilometer lange Strecke zwischen dem Lager und den Fabrikhallen zu Fuß zurücklegen. Erst im Dezember 1944 wurde in unmittelbarer Nähe des Werkes ein Lager errichtet, in dem es aber kaum besser war als in den alten Baracken: Für die zweitausendvierhundert Frauen gab es gerade einmal zweiunddreißig Waschbecken.

Bei der Einlieferung in das Lager Ravensbrück wurden die Neuankömmlinge durch Nummern und farbige Symbole, die an der Häftlingskleidung angebracht wurden, gekennzeichnet: rot für »politische« Häftlinge, schwarz für »asoziale«, grün für »kriminelle«, lila für »Bibelforscher«, blau für »Ausweisehäftlinge«, rosa für Homosexuelle. Neben den jüdischen Häftlingen wurden auch die ausländischen zusätzlich durch einen Buchstaben gekennzeichnet: P für Pole, N für Niederländer, F für Franzose und so weiter und so fort. Dazu gab es rot und gelb über Kreuz für »nichtarisch« und »Rassenschande«.

Die Farbe Lila hatten die Nazis für die »Internationale Vereinigung Ernster Bibelforscher« gewählt, die am Ende des 19. Jahrhunderts aus den USA nach Europa vorgedrungene Sekte der Zeugen Jehovas, die unmittelbar nach der »Machtergreifung« verboten wurde, weil deren Mitglieder sich jeder staatlichen Unterordnung widersetzten und den Wehrdienst verweigerten. Rudolf Höß, Lagerkommandant von Auschwitz, der von 1939 bis 1940 »Schutzhaftlagerführer« in Sachsenhausen war, hat in seinen Erinnerungen, die er während der Untersuchungshaft in Warschau niederschrieb, bevor er im April 1947 hingerichtet wurde, die Bibelforscher als »fleißige, zuverlässige Arbeiter« gelobt, »die man auch ohne Posten hätte rausschicken können, ... willig nahmen sie alle Unzuträglichkeiten (was für ein Wort für die Zustände in den KZ!

M. W.) auf sich. Rührend waren sie in geschwisterlicher Nächstenliebe umeinander besorgt.« Die »Zeugen Jehovas« wurden von 1941 an von der SS (deren deutschtümelnde Wohnhäuser bis heute den Besucher von Ravensbrück daran erinnern, welch Geistes Kinder hier ihrer Arbeit nachgingen) bevorzugt als Hausmädchen und Putzfrauen im privaten Bereich eingesetzt, denn diese Häftlinge galten auf Grund ihrer religiösen Festigkeit als besonders zuverlässig und ordentlich. Es war ihnen sogar gestattet, das Lager ohne Bewachung zu verlassen: Flucht kam für sie nicht in Frage. »In ihrer Pflichttreue, Arbeitsamkeit, absoluten Ehrlichkeit und in der strengsten Befolgung aller SS-Befehle konnte sich die Lagerobrigkeit keine idealeren Sklaven denken« (Margarete Buber-Neumann).

Bei weitem in der Überzahl waren in Ravensbrück die »politischen« Häftlinge (83 Prozent der Männer und 54 Prozent der Frauen). Im Dezember 1943 waren im KZ Ravensbrück 17 300 Frauen in elf großen Holzbaracken und zwanzig mittelgroßen Baracken interniert.

Die in Ravensbrück internierte Französin Germaine Tillion hat in dem mittlerweile zu den Standardwerken der KZ-Literatur zählenden Buch »Das Frauenkonzentrationslager Ravensbrück« dieses so beschrieben: »Gerade Lagerstraßen trennten die Holzbaracken voneinander, und jede Baracke umfaßte zwei gleich eingerichtete Hälften mit einem Schlafsaal, wo die Betten in drei Etagen übereinander standen, und einem kleinen Aufenthaltsraum, in dem eine einzige Suppe pro Tag und ein Kanten Brot ausgegeben wurden. In einem noch kleineren Nebenraum floß aus Hähnen ein nicht zum Trinken geeignetes Wasser in einen langen Trog … In den Schlafsälen standen dreietagige Bettgerüste mit Mulden, die jeweils 0,65 m breit und 1,80 m lang waren und in denen die Häftlinge einen mit Sägemehl bedeckten Strohsack liegen hatten. Im Jahr 1944 teilten wir uns in Block 27 zu dritt eine Bettstelle, mit einer einzigen kleinen baumwollenen Zudecke für alle drei. Ende 1944 lagen in einigen Blocks schon vier Häftlinge auf einer Bettstelle.«

Zwölf Stunden am Tag mußte jeder Häftling von Ravensbrück von 1944 an arbeiten, viermal pro Tag hatte er zu Zählappellen anzutreten, die oft Stunden dauerten. Mehrmals im Monat sei ein Lastwagen »mit einer bestimmten Kategorie von Kranken, die als geistesgestört eingestuft waren«, abgefahren »nach Oberösterreich, wo sie, hauptsächlich durch Gas, ermordet wurden«. Während des ganzen Jahres wurden Hinrichtungen vorgenommen. Zur Zeit von Isa Vermehrens Einlieferung begann »die methodisch und öffentlich durchgeführte Massentötung ... Heute wissen wir durch die gerichtlichen Aussagen der SS-Leute, daß an dem Standort, wo Tag und Nacht die beiden Verbrennungsöfen des Krematoriums brannten, Ende 1944 eine Gaskammer für reichlich 150 Opfer eingerichtet worden ist. Warum für 150 und nicht 50 oder für 300? Wurde die Größe der Gaskammer auf die Kapazität der Verbrennungsöfen abgestimmt? Auf jeden Fall steht fest, daß die Gaskammer von dem Augenblick an, in dem sie in Betrieb gesetzt wurde, auch ununterbrochen in Funktion war, während gleichzeitig auf andere Weise weitergemordet wurde, Tötungen ›am Fließband‹ erfolgten und grauenvolle Vieraugen-Begegnungen der Mörder und ihrer Opfer stattfanden, denn Ausdrücke wie ›sauberer Mord‹ und ›saubere Folter‹ können nur Hirngespinste eines Wahnsinnigen sein.«

In einer detaillierten Studie über katholische und protestantische Frauen in Ravensbrück meint Johanna Schmid, das Lager habe »nicht über eigene Gaskammern verfügt«, man habe die Todgeweihten zumeist in das ehemalige Jugendlager Uckermark transportiert und dort entweder vergast oder erschossen. Im Dezember 1944 habe man damit begonnen, kranke und arbeitsunfähige Frauen systematisch auszusondern. »Bei der morgendlichen Visite im Revier ließ sich die Krankenschwester von der Blockältesten (Blockowa) über Krankheit, Nationalität, zuletzt geleistete Arbeit und Dauer der Krankheit informieren und setzte dann, oder auch nicht, das gefürchtete Kreuz hinter den Namen. Dabei waren die Frauen, die an Tuberkulose, Durchfall, Ödemen oder psychischen Störungen litten, am meisten gefährdet. Die so gekennzeichneten Frauen wurden meist am Nachmittag von einem Lastwagen weggebracht. Konnte sich eine Frau noch durch Flucht retten, nahm man an ihrer Stelle eine andere Gefangene, um die erforderliche Zahl zu haben. Pro Nachmittag wurden etwa 120 Häftlinge zum Vergasen abtransportiert ... Manchmal wurden auch öffentliche Hinrichtungen vollzogen, z. B. wenn ein Häftling wegen Sabotage gehängt wurde, wobei entweder alle Häftlinge anwesend sein ... oder nach vollzogener Hinrichtung an den Leichen vorbeimarschieren mußten.«

Jack G. Morrison berichtet in seinem vorzüglichen Standardwerk über das KZ Ravensbrück: »Es steht zweifelsfrei fest, daß es in Ravensbrück eine Gaskammer gab und daß sie eingesetzt wurde. Dennoch bleiben einige Unklarheiten. In den letzten Kriegstagen zerstörte die SS die Gaskammer und löschte die Häftlinge, die im Krematorium und in der Gaskammer arbeiteten, im wahrsten Sinne des Wortes aus.« Etwa zwei Monate lang sei die Gaskammer in Betrieb gewesen, vermutlich wurden etwa fünftausend Frauen darin umgebracht. Noch heute kann man das Krematorium und auch den unmittelbar daneben, zwischen engstehenden Mauern gelegenen »Erschießungsgang« auf dem Lagergelände besichtigen.

Ein besonderes Kapitel von Ravensbrück, über das auch Eugen Kogon in seinem Buch »Der SS-Staat« berichtet, waren die medizinischen Experimente an Häftlingen: »Der Reichsarzt SS Dr. Grawitz, der mit fast sämtlichen Menschenexperimenten der SS zu tun hatte, ordnete 1942 die Infizierung weiblicher Häftlinge des KZ Ravensbrück mit Staphylokokken, Gasbrandbazillen und Erreger-Mischkulturen an, um die Heilwirkung von Sulfonamiden festzustellen ... Mehrmals wurden den Versuchspersonen außer den Bakterienkulturen noch Holzteilchen oder Holzsplitter und Glasscherben in die Wunden eingelegt. Rasch vereiterten die Beine der Patienten. Die rein zur Beobachtung des Krankheitsfortschrittes nicht weiterbehandelten Opfer starben unter gräßlichen Schmerzen; aber auch von den übrigen überlebte nur ein geringer Teil.«

In diese Hölle geriet die junge Sängerin, ein paar Habseligkeiten unter dem Arm, im März 1944. Ihr Vergehen bestand darin, die Schwester eines Mannes zu sein, der sich mit seiner Frau nach England abgesetzt hatte. Was seine Flucht für die zurückgelassene Familie bedeuten würde, hatte Erich Vermehren bei deren Antritt nicht ermessen können, denn das Mittel der »Sippenhaft« setzten die Nazis bis zum 20. Juli 1944 kaum ein. Erst nach dem Attentat auf Hitler sollte sich das grundsätzlich ändern.

Unmittelbar nach der Rückkehr ins zerstörte Hamburg hat Isa Vermehren ihre Erinnerungen und Eindrücke von der Inhaftierung in einem für die Eltern verfaßten Manuskript zu Papier gebracht. Ohne jeden Anflug von Selbstmitleid, mit bewundernswerter analytischer Schärfe, souveräner Distanz und – nicht zuletzt – erstaunlicher stilistischer Könnerschaft hat sie eine der allerersten Chroniken vorgelegt, durch die ein weitgehend verstörtes deutsches Publikum über die Innenwelt der Konzentrationslager aus erster Hand informiert wurde. Bescheiden sprach Isa Vermehren noch im Vorwort zu einer 1979 bewußt unverändert aufgelegten Neuausgabe ihres erstmals 1946 auf braunem, holzhaltigem Papier gedruckten (und wiederholt nachgedruckten) Buches davon, daß es »seine literarischen Schwächen« habe. Dafür aber, so meinte sie, »verdichtet sich dieser Bericht stellenweise zu einer bohrenden Untersuchung, die vielleicht auch heute noch dem einen oder anderen helfen kann, sich tiefer in das komplexe Gefüge von Schuld und Unschuld hineinzudenken, in das wir alle verstrickt waren, in das unergründliche Zusammenspiel von propagiertem Größenwahn und individuellem Kleinstformat, von persönlichem Irrtum und gemeinsamer Lüge, von nihilistischem Zerstörungswillen und geheimer Sehnsucht nach Vollendung.«

Das war mehr als bescheiden. Ihre »Reise durch den letzten Akt« gehört zu den herausragenden Zeugnissen deutscher »Vergangenheitsbewältigung«, und zur Ehre der Deutschen darf gesagt werden, daß dieses Buch zu einem Bestseller der unmittelbaren Nachkriegsjahre wurde. In der Zwischenzeit sind viele bewegende, auch literarisch gewichtige Schilderungen der KZ-Wirklichkeit erschienen. Isa Vermehrens großartiges Buch geriet darüber zeitweilig in Vergessenheit. Nach dem Anfangserfolg, als das Buch von Hand zu Hand ging, war es viele Jahre vom Buchmarkt verschwunden. Die Bundesbürger wollten sich dem Wiederaufbau hingeben und von den Verbrechen der Vergangenheit nichts mehr hören. Seit 1979 erfreut es sich wieder einer beständigen Nachfrage. Berücksichtigt man, daß das Buch unmittelbar nach der Heimkehr aus KZ-Gefangenschaft geschrieben wurde und die Autorin sich bis dahin noch nie als Erzählerin versucht hatte, so ist diese Leistung Isa Vermehrens um so höher zu bewerten. Bis heute hat das Buch nichts von seiner Lebendigkeit und Präzision eingebüßt.

Isa Vermehren konnte sich das Erlebte wohl auch deswegen so nüchtern und nachdenklich von der Seele schreiben, weil sich ihre Haftbedingungen in Ravensbrück erheblich von denen der meisten anderen Gefangenen unterschieden. *Jedes* Häftlingsdasein hinter Schloß und Riegel eines Konzentrationslagers war ein grausiges Martyrium, das galt für Isa Vermehren wie für jede und jeden anderen. Doch zählte sie insofern zu den »Bevorzugten«, als »Sippenhäftlinge« selten in den noch weit schaurigeren Massenquartieren der einzelnen Blocks untergebracht und nicht als Arbeitskraft eingesetzt wurden. Vieles von dem, was sie später berichtete, hat sie aus unmittelbarer Nähe mit ansehen, aber nicht selbst erleiden müssen. Doch auch das genügte, um eine junge Frau in entsetzliche Angst und Verzweiflung zu stürzen.

Als sie in das Gebäude der Kommandantur geführt wurde, um die Formalitäten der Anmeldung über sich ergehen zu lassen, »betraten wir ein Zimmer, in dem hinter dichtgestellten Tischen, von einer Aufseherin bewacht, Häftlinge vor endlosen Karteikästen saßen. Bei unserem Eintritt schauten alle auf, musterten mich lange und mit neugierig abschätzenden Blicken, woher und wieso ich wohl da sei, was für einen Häftling ich wohl abgeben würde, freundlich oder feindlich, kameradschaftlich oder gefährlich.« Schon daß sie allein kam, war ein Privileg, denn üblicherweise wurden die Häftlinge in großen Trupps ins Lager gebracht und sofort in die Blocks eingewiesen. Aus einem Radiogerät erklang »Telemannsche Tafelmusik. Diese Musik steigerte den ungeheuerlichen ersten Eindruck dieser KZ-Atmosphäre bis ins Gespenstische: diese lichten Töne eines geordneten Daseinsbewußtseins, dazu das strahlende Sonnenlicht eines blühenden Frühlingssonntags, der den weichen Duft seiner ersten Blüten und Blätter im sanften Zugwind durchs geöffnete Fenster trieb, und dagegen diese Atmosphäre zitternder Angst, böser Willkür und kalter Herzlosigkeit.«

Isas »Begleiter« ließen sich eine Quittung dafür ausstellen, daß sie »ordnungsgemäß« ihre »Fracht« abgeliefert hatten. Danach wurde sie von SS-Männern hinter die Mauer des Lagers geführt, wo sie zum ersten Mal sah, was nun zu ihrem Alltag gehören sollte: »Endlose Reihen von Häftlingen standen weit die große breite Lagerstraße hinauf vor dem Eingang des Gebäudes und warteten auf den Essensempfang. Wir gingen zu schnell an dieser Szene vorüber, als daß ich mehr als einen flüchtigen Eindruck bekommen konnte: viele geschorene Köpfe, zerlumpte Kleider, verstaubte Gesichter ..., die meisten standen stumm beieinander wie eine erschreckte Herde Vieh und betrachteten voll dumpfer Neugier unsere kleine Karawane. In allen Augen lag der gleiche Ausdruck von

Stumpfheit und Müdigkeit, hinter dem ebenso Gutes wie Böses verborgen sein konnte.« Sie mußte sich nicht in diese traurigen Reihen einordnen und wurde auch nicht in einen Block geführt, sondern in den Zellenbau, das von den Blocks isolierte Gefängnis des Lagers. Eine Aufseherin forderte sie auf, ihr zu folgen. »Mit etwas schweren Hüften und müde schlacksigen Schritten schob sie vor mir her die Treppe hinunter ins Souterrain, wo sie die Tür der Zelle 65 hinter mir verriegelte.«

Nun war sie wirklich gefangen, in Einzelhaft. Man mag sich kaum vorstellen, wie der jungen Frau zumute gewesen sein muß. Dagegen war ihre bisherige Unterkunft in Potsdam im wahrsten Sinne des Wortes ein Palast gewesen. Modrige Luft, eine Pritsche mit Strohsack, Waschtisch und Klosett, ein Klapptisch aus Fichtenholz und ein Hocker, ganz oben an der Außenwand ein undurchsichtiger, vergitterter Fensterschlitz – das war ihr neues Zuhause. »Irgendwann öffnete sich mit knallendem Geräusch die Essensklappe in der Tür, und von einer dicken, sehr gutmütig aussehenden Frau in einem gestreiften Kleid mit einem lila Winkel wurde mir ein Zinngeschirr hereingereicht. Dabei flüsterte sie etwas Freundliches, etwa, daß ich mich schon eingewöhnen würde oder so, woraufhin ich sie fragte, wie lange sie denn schon da sei. – ›Sieben Jahre‹, gab sie mit ermunterndem Lächeln zur Antwort.« Das, was da im Zinnteller schwamm, verdiente den Namen Nahrung nicht und war ungenießbar. »Die grau-grün-violette Farbe der Suppe war ungewöhnlich ekelerregend.«

Der tiefe Glaube, die seit der Begegnung mit Elisabeth von Plettenberg gewonnene Religiosität sollten sich nun als Isas rettender Halt erweisen. Sie betete von jetzt an so oft und so inbrünstig wie nie zuvor. In ihrem Bericht hat sie nur andeutungsweise über den Trost gesprochen, den sie aus ihren Gebeten bezogen und der ihr das Überleben im KZ in Würde und – relativer – Gelassenheit ermöglicht hat. Aber im hohen Alter hat sie gegenüber der Germanistin und Theologin Chri-

Zellenbau in Ravensbrück, Südseite

stiane Boeck geäußert: »Ich habe nie im Leben so viel gebetet wie dort, entweder frei aus dem Herzen oder Rosenkranz ohne Zahl; ich habe jeden Tag meine Heilige Messe gebetet, das dauerte mindestens anderthalb Stunden. Eigentlich alles, was ich erlebte, habe ich mit hineingenommen ... Es hat irgendwann einmal so einen Moment gegeben, als ich sah, wie draußen wieder jemand zusammengeschlagen wurde, da ist mir eingefallen: Genau dieses hat Jesus Christus sich gefallen lassen, genau das! Bespuckt worden ist er, geschlagen, geprügelt, gegeißelt – und die Tatsache, daß der Heiland sich des Menschen angenommen hat, der so etwas tut, zu dessen Lebensgefühl das offenbar gehört, das ist mir eine große Lektion für den Glauben gewesen.« Das ihrem Bericht vorangestellte Motto lautet denn auch: »Und vergib uns unsere Schuld, wie auch wir vergeben unseren Schuldigern.« An anderer Stelle verweist sie auf »diese schöne jüdische Geschichte: Ein Mensch, von Leid getroffen, tritt vor Gott hin: Warum das mir? Warum muß mir das geschehen? Da hört er eine Stimme vom Himmel: Warum nicht dir? Wer bist du, daß es dir nicht passieren soll? – Das war an sich eine gute Erfahrung, ich möchte keinen Tag aus dieser Zeit missen, eine ungeheuer reiche Zeit, schwer auch, aber sie ist so richtig in den Bodensatz hineingegangen.«

Während der ersten Nacht in ihrer feuchten, dunklen Zelle findet die Gefangene keinen Schlaf. »Irgendwo im Bau stöhnte jemand, ich konnte nicht unterscheiden, ob es ein Mann war oder eine Frau. Ein hoher, klagender Ton, immer wiederkehrend mit der Regelmäßigkeit erschöpfter Atemzüge, und von draußen herein klang das Kläffen vieler Hunde ... Zwischen Stöhnen, Bellen und knallenden Schritten eisenbeschlagener Soldatenstiefel vor der Türe mischten sich für eine kurze Stunde noch verschiedene Stimmen, die ganz deutlich vorm Fenster zu hören waren, aber ich war zu erschöpft, um ihrer Unterhaltung folgen zu können. Das letzte Geräusch des Tages war der nächtliche Kontrollgang um zehn Uhr: drei harte Schritte von einer Zelle zur anderen, das leise Klick-Klack beim An- und Ausknipsen des Lichtes und das knallende Geräusch des vorspringenden zweiten Riegels, wieder drei Schritte, Klick-Klack und Peng und so etwa siebzigmal ...« Eine Woche später »feierte« Isa Vermehren ihren sechsundzwanzigsten Geburtstag. Sie zog eine frische Bluse an (das Tragen der Häftlingskleidung blieb ihr erspart) und setzte sich auf das harte Zellenbett.

Nach einiger Zeit gelang es ihr, Sprechkontakt herzustellen, wenn sie Stimmen vor ihrem Fenster hörte. Mit Hilfe ihres Taschenspiegels konnte sie die Gesprächspartner sogar sehen, die im Stockwerk über ihr inhaftiert waren. Auf diese Weise und bei den täglichen Spaziergängen lernte sie die anderen Zellenbewohner allmählich kennen. Zwischen ihnen entwickelte sich ein trickreiches Nachrichtensystem über Flüsterparolen und hin und her wandernde Zettel. Wie privilegiert die Häftlinge des Zellenbaus waren, läßt sich daran ermessen, daß ihnen anfänglich sogar erlaubt war, Zeitungen zu abonnieren. Doch nach dem 20. Juli war es damit vorbei, und die Haftbedingungen verschärften sich erheblich.

Stets achtete die Lagerleitung darauf, daß zwischen den Insassen der Blocks und denen des Zellenbaus kein Kontakt zustande kam. Da der Zellenbau jedoch auch als Strafgefängnis für Blockinsassen diente, die sich etwas hatten »zuschulden« kommen lassen, konnte Isa selbst mit einigen von diesen Bekanntschaft schließen. Dabei offenbarte sich ihr das ganze Ausmaß der Grausamkeiten im Lager. Sie hörte, wie Häftlinge bei den Verhören gequält und gefoltert wurden, sie mußte aus nächster Nähe miterleben, wenn die zum Tode Bestimmten aus ihren Zellen gerissen wurden. Eine polnische Pianistin, die einen Sohn hatte zurücklassen müssen, war unter den Todgeweihten: »Wir hörten, wie abends etwa gegen halb zehn, zu einer ungewöhnlichen Tageszeit also, ihre Zelle aufgeriegelt wurde und die Aufseherin sagte: ›Machen Sie sich fertig, Sie sollen nach vorne kommen ... Nein, Ihre Sachen können Sie hierlassen ... Los, ein bißchen voran, die warten schon.‹ Und dann folgte dem eisernen Stiefelschritt der Aufseherin das unsichere Klappern der Holzpantoffeln. Etwa eine Viertelstunde später vernahmen wir hinter der Lagermauer (aus dem »Erschießungsgang«, M. W.) Schritte und gedämpfte Stimmen, dann ein merkwürdiges Knacken, das sich in Abständen wiederholte. Plötzlich zerriß ein todwunder Schrei die gespannte Stille – wieder ein kurzes Knacken, und alles war ruhig wie zuvor. Dann wieder Schritte, Knacken, Stille ... Schritte, Knacken, Stille ... Am ganzen nächsten Tag stieg dunkler, stinkender Qualm aus dem Schornstein hinter der Mauer.« Die Polin und weitere sieben Frauen waren erschossen worden. »Wenige Tage später passierte das gleiche – wir zählten 21 Genickschüsse der schallgedämpften Pistole. An 21 Polinnen war ›das Urteil vollstreckt worden‹ ... Diese

Exekutionen setzten sich fort durch einige Tage und Wochen, und langsam geriet der ganze Zellenbau aus den Fugen vor Entsetzen, ... und wirklich zitternd vor Angst verfolgten wir die Vorgänge im Bau zwischen halb zehn und zehn, ob wieder eine Türe sich öffnen würde.«

Isa Vermehren sah täglich stundenlang aus ihrem Fenster, und was sich ihr darbot, verfolgte sie bis in den Schlaf: Häftlinge mußten sich zum «Strafestehen» einfinden. Zwölf Stunden mußten die Frauen in glühender Sonne ausharren, ohne sich auch nur einen Augenblick hinsetzen zu dürfen. »Wen wird es wundern, daß spätestens jeden dritten Tag wenigstens eines dieser armen Geschöpfe, zu Tode ermattet, in Ohnmacht fiel. Darauf geschah dann auch nichts weiter, man ließ sie liegen.«

Isa wurde täglich Zeugin barbarischer Brüllereien und Schlägereien der SS, Tag und Nacht hörte sie die Schreie der Gequälten in der »Prügelkammer«, einem Kellerraum, in dem Häftlinge ihre Leidensgenossen mit Peitschenhieben traktieren mußten. Immer wieder, ganz besonders nach dem 20. Juli, begegnete sie Häftlingen, die sie aus alten Tagen persönlich kannte oder von denen sie über den Bekanntenkreis ihrer Eltern wußte: dem ehemaligen Polizeipräsidenten Wolf-Heinrich Graf von Helldorff, einem der Hauptakteure der Verschwörung gegen Hitler, der die Nächte in einer hell erleuchteten Zelle verbringen mußte und am 15. August 1944 erhängt wurde. Den ehemaligen Chef des Stabes, Generaloberst Halder, der gemeinsam mit seiner Frau nach dem 20. Juli eingeliefert wurde, »ein vollendeter Typ der alten Offiziersgeneration, der seinen Homer so gut kennt wie die Heilige Schrift und in der klassischen Musik so gut Bescheid weiß wie in der Weimarer Literatur, sehr unauffällig, sehr liebenswürdig, sehr bescheiden«. Halder entging der Hinrichtung nur knapp und hat – wie seine Frau – das KZ überlebt. Helmuth James Graf von Moltke, den Isa Vermehren schon in Berlin kennengelernt hatte, war bereits im Februar 1944 eingeliefert worden. Er hatte auf seinem Gut in Kreisau Treffen des Widerstands abgehalten und Fäden zu anderen Zentren der Opposition geknüpft, sich aber nicht an den Attentatsplänen beteiligt. Für seine Verhaftung war ausschlaggebend, daß er einen Freund gewarnt hatte, der bespitzelt wurde. Sie mußte zusehen, wie er eines Nachts gefesselt aus dem Haus zu Verhören abtransportiert wurde. Am 23. Januar 1945 wurde Moltke in Plötzensee gehängt. Hjalmar Schacht, der prominente Finanzexperte des «Dritten Reiches» und ehemalige Reichbankpräsident, der sich anfänglich zum Steigbügelhalter Hitlers gegenüber der Industrie gemacht hatte, wurde im Juli eingeliefert. Er habe »wie immer den Eindruck wahrhaft lederner Zähigkeit und Unverletzlichkeit um sich verbreitet, immer in Begleitung des hohen Kragens. Für die Dauer eines kurzen Zwischenspiels lief er ohne diesen und blau-weiß gestreift herum.«

Als Isa Vermehren eines Tages Julius Leber im Lager traf, war dieser bereits ein gebrochener Mann: »Er sah grau aus und alt, wie immer lag dieser trotzige, entschlossene Zug um seinen Mund, und der Ausdruck seiner Augen war voll resignierter Traurigkeit. Er sagte gleich, daß für ihn nichts zu hoffen sei, fand aber, an der Größe des Unternehmens gemessen, den Einsatz des eigenen Lebens nur entsprechend und bat mich, auch seiner Frau in diesem Sinne Grüße zu sagen.« Ebenso »trug er mir Grüße auf an die Lübecker Arbeiterschaft, sie sollten treu bleiben und nie die gute, gemeinsame Sache verraten«. Am 20. Oktober 1944 wurde Julius Leber vom Volksgerichtshof wegen Hochverrats zum Tode verurteilt und am 5. Januar 1945 in der Haftanstalt Plötzensee gehängt. Noch manchen anderen prominenten Häftlingen ist Isa Vermehren im Lager begegnet, und immer berichtet sie von ihnen mit Bewunderung und Anteilnahme, ganz gleich, in welchem Maße sie in den Machtapparat Hitlers verwickelt gewesen waren.

Besonders anrührend fallen Isa Vermehrens Schilderungen eines kommunistischen Mithäftlings (»Sepp«) aus, den sie bald zum Freund gewann. »Immer wieder hat er mich beeindruckt durch die Fülle der ihm zur Verfügung stehenden Kenntnisse aus der politischen, wirtschaftlichen, sozialistischen Sphäre unseres Daseins ... Neben aller gebotenen Vorsicht entfaltete er eine fast brüderliche Teilnahme für seine Mitgefangenen: Er gab und verschenkte an Bedürftigere, was immer er von seinen Rationen entbehren konnte.« Unermüdlich half er, steckte er auf jedem seiner Spaziergänge einer alten Parteigenossin etwas zu, die als Agentin mit dem Fallschirm hinter den deutschen Linien abgesprungen war – und eines Abends dafür erschossen wurde.

Etwa Mitte August traf Isa Vermehren im Lager die ebenfalls als Sippenhäftling eingelieferte Schwester ihrer Schwägerin, Gisela Gräfin Plettenberg. Überraschung und Freude waren auf beiden Seiten groß. Die Gräfin wußte, daß ihr Vater im Konzentrationslager Dachau einsaß und daß Elisabeth unversehrt nach England gelangt war. Das war wenig, aber auch Isa konnte nicht mehr über das Ergehen ihrer Eltern und ihres Bruders im KZ Sachsenhausen bei Oranienburg berichten.

Das nur fünfunddreißig Kilometer vom Zentrum Berlins entfernte, 1936 in der Form eines gleichseitigen Dreiecks errichtete KZ Sachsenhausen galt der SS als »Modellager«. Stolz wurde es Gruppen der Wehrmacht, der Polizei und der Wirtschaft, aber auch Besuchern aus verbündeten oder neutralen Staaten präsentiert. Mit Propagandafotos sollte der Eindruck erweckt werden, es handle sich um eine gut ausgestattete Krankenstation – ein perfides Täuschungsmanöver. Schon von 1939 an wurden im Männerlager Exekutionen durchgeführt, waren Erschießungen im KZ Sachsenhausen an der Tagesordnung. 1940 wurde dafür ein Graben mit Kugelfang angelegt. Allein im Herbst 1941 hat die SS (wie Wilfried Meyer 1998 in seiner Dokumentation über das Lager dargelegt hat) in Sachsenhausen mindestens sechseinhalbtausend sowjetische Kriegsgefangene mit Hilfe einer vorerst provisorisch installierten Genickschußanlage ermordet. Im Frühjahr 1942 wurde das Provisorium durch »ein Krematorium mit vier eingemauerten Verbrennungsöfen, eine Genickschußanlage sowie eine nachträglich installierte Gaskammer« in einem extra dafür errichteten Mauerwerksbau ersetzt. Nach dem 20. Juli galt Sachsenhausen vor allem als Straflager für die Verschwörer gegen Hitler, aber auch die sogenannten Sippenhäftlinge wurden hier interniert. Zwanzigtausend Gefangene dienten unter nicht weniger schaurigen Bedingungen als in Ravensbrück als Arbeitssklaven für die umliegende Industrie.

Isas Eltern und ihr Bruder Michael – nicht aber dessen Ehefrau, die man wegen des kurz zuvor geborenen Kindes verschont hatte – waren am 15. April 1944 im Zellenbau von Sachsenhausen inhaftiert worden, blieben also wie Isa vom Schicksal der anonymen Masse in den Blocks verschont. Offenbar auf ausdrückliche Weisung Himmlers wurde das Ehepaar Vermehren in einer Zelle untergebracht. Der damals ebenfalls in Sachsenhausen internierte Offizier des Britischen Geheimdienstes Sigismund Payne Best berichtete in seinen Erinnerungen von der Überraschung, als er Petra Vermehrens zum ersten Mal ansichtig wurde: »Eines Tages im September bemerkte ich merkwürdige runde Spuren ..., die ich mir zunächst gar nicht erklären konnte. Dann dämmerte es mir, daß es sich nur um die Abdrücke hochhackiger Damenschuhe handeln konnte, aber wie um alles in der Welt konnte eine Frau in unser exklusives Männerheim geraten sein? Als mir einige Tage später gerade die Tür zum Rundgang im Garten aufgesperrt wurde, bemerkte ich dort einen Herrn und eine Dame, bevor ich abrupt zurückgerissen und die Tür geschlossen wurde. Es dauerte nicht lange, bis ich herausfand, daß sie die Zelle Nr. 80 bewohnten und daß sie ein Herr Dr. Vermehren und seine Frau waren.« Petra Vermehren, die einzige Frau in dieser grausigen Umgebung, war auf engstem Raum eingeschlossen mit ihrem Ehemann, was ein guter

Freund der Vermehrens, der Hamburger Buchhändler Felix Jud, später etwas sarkastisch als »strafverschärfend« bezeichnete.

Kurt und Petra Vermehren, die längst verschiedene Wege gingen, hatte das Schicksal gewaltsam wieder zusammengeführt. Sie trugen es mit bewundernswerter Würde. Kurt Vermehren durfte mit seiner Sekretärin in Hamburg korrespondieren, aber die Post wurde zensiert. Die Haft sei für ihre Eltern, meinte Isa Vermehren, »furchtbar langweilig« gewesen. Gelegentlich gab es für Petra Vermehren jedoch eine kleine Abwechslung: Wenn Jimmy, ein englischer Fliegerleutnant und Mithäftling, leise unter dem Zellenfenster pfiff, »dann gab es einen Plausch auf Englisch, an dem sich beide ungeheuerlich gefreut haben«. Noch immer war die Journalistin eine »wilde Zeitungsleserin, und was sich so an Zeitungen im Zellenbau sammelte, das wanderte alles in ihre Zelle. Die Leute, die den Dienst machten, konnte man ja gewinnen, die waren alle bestechlich bis dort hinaus. Meine Mutter hatte großes Talent, sich solche Leute gefügig zu machen.«

Michael Vermehren hauste in einer Nachbarzelle, die sich von der seiner Eltern – und der seiner Schwester in Ravensbrück – wenig unterschied: »Dreieinhalb Schritte in der Länge, anderthalb in der Breite, zwischen Tür und Fensterluke hoch in der Außenwand ein Feldbett mit Strohsack, ein Eimer in der Ecke, ein Spind, ein schmales Tischchen mit einem Hocker davor.« Jenseits von Michaels Zellenwand saß ein Häftling mit prominentem Namen ein: der Neffe des sowjetischen Politikers Wjatscheslaw Michailowitsch Molotow. Von Zeit zu Zeit ließ er seine weithin vernehmbare Stimme erschallen, indem er verzweifelt nach »Machorka« rief.

Er habe seinen Bruder, so erinnerte Michael sich später schmunzelnd, nur einmal wirklich verflucht für all das, was dessen Flucht ihm eingebracht habe, nämlich als er sich beim Zahnarzt des Lagers zu einer langwierigen Wurzelbehandlung einfinden mußte, die ohne Narkose erfolgte. Zwei SS-

Männern oblag es, den Patienten gewaltsam in den Behandlungsstuhl zu drücken. Die Verpflegung entsprach nur anfangs der von Ravensbrück. Nach einigen Wochen besserte sie sich »erheblich ... und war, bis zum Tage unserer Entlassung, nicht schlechter als das Essen, das sich ein freier Zivilist damals organisieren konnte. Wir erhielten, so sagte man mir, die Grundverpflegung der Wachmannschaften.«

Noch einen Vorteil bot die Unterkunft in den Zellen von Sachsenhausen: Die Gefangenen durften Post versenden und empfangen, sogar Lebensmittelpakete, die auch – anders als in Ravensbrück – ihre Empfänger erreichten und nicht in den Besitz der Wachmannschaften wanderten. Michael Vermehren durfte sogar seine Reiseschreibmaschine benutzen, und so habe sich schließlich, wie er bescheiden berichtete, »ein Lebensrhythmus ergeben, der fast erträglich war«. Er freundete sich mit anderen Häftlingen an, insbesondere mit drei Zeugen Jehovas, »KZ-Insassen seit vielen Jahren, wahre Heilige voller Hilfsbereitschaft und unerschütterlicher Glaubensstärke«. Wenn sie beim Missionieren erwischt wurden, »wurden sie auf einen Bock geschnallt und ausgepeitscht«.

Das tägliche Morden entging weder den Eltern noch dem Sohn. »Immer wieder verschwanden Gestalten aus der Runde, mit der ich morgens den Galgen auf dem Hof beim Spaziergang umkreisen mußte.« Der Abtransport »ohne Sachen!« sei das Todesurteil gewesen. »Wer Befehl erhielt, beim Abtransport seine persönlichen Besitztümer zurückzulassen – häufig nicht mehr als eine Zahnbürste –, der wußte, er würde sie nie mehr benötigen. Man führte ihn direkt zur Hinrichtung.« Einmal stand auch der Name Michael Vermehren auf einer solchen Transportliste. Er schrieb einen Abschiedsbrief, »dann wartete ich, mit dem Ohr an der Zellentür, auf die Unruhe, die halblauten Kommandos, die den Abtransporten vorausgingen. Ich hörte, wie meine eigene Zellennummer aufgerufen wurde. Also war es soweit! Aber nein! Es gab einen Wortwechsel, einen unterdrückten Fluch und alsbald eine andere, ähnliche Nummer. Also nicht ich war heute der Todeskandidat, sondern ein anderer.« Viele andere sollten es weniger gut haben. Die Dokumentation Winfried Meyers beschreibt ihre Leidensgeschichte in allen Einzelheiten.

Isa Vermehren in Ravensbrück wurde nach einigen Wochen in eine Zelle im oberen Stockwerk des Zellenbaus verlegt. Das war eine kleine Verbesserung, denn sie befand sich nun auf der von den Häftlingen »Sanatoriumsseite« genannten Südseite und konnte von ihrem schmalen Fenster aus auf die von Kiefern, Knicks und Wäldern übersäte Landschaft der Mecklenburgischen Seenplatte hinaussehen. Nach dem 20. Juli wurde sie wieder auf die Nordseite strafverlegt: »Hier war es vor allem ganz dunkel, die Zellen waren viel schlechter gehalten als auf der anderen Seite, der Kalk an den Wänden war rissig, voller Schmutz und Flecken und Bleistiftschmierereien ..., und auch an den wärmsten Sommertagen blieb die Temperatur feucht und kalt.« Was sie täglich beim Blick aus dem Fenster gewahr wurde, war »ein Schauspiel, das nicht von Menschen gespielt wird, und es hat eine lange Zeit gedauert, bis das, was ich sah, den Zugang zu meinem Herzen fand, so sehr wollte sich dieses davor verschließen, das, was da draußen geschah, wirklich zu begreifen ... In der natürlichen Abwehr gegen die furchtbaren, von draußen hereindringenden Eindrücke tauchte immer wieder die Versuchung auf, sich einfach abzuwenden, das Fenster zuzumachen und ein Buch zu lesen. Das wäre der erste Schritt zu jener Stumpfheit gewesen, die gleichzeitig auch zur Dummheit führt: Das, was ich nicht sehen will, werde ich auch nie begreifen können.«

Es sollte noch schlimmer kommen. Eines Tages wurden Isa Vermehren und Gisela Plettenberg aus ihren Zellen abgeholt und in das Massenlager verlegt. Dort wurden sie zuerst ins Bad geführt, mußten sich entkleiden und nach Läusen durchsuchen lassen und schließlich Häftlingskleidung anziehen, die inzwischen schon nicht mehr aus den blauweiß gestreiften Anzügen bestand (die waren ausgegangen), sondern aus zusammengestohlenen »Effekten«. Die unhygienische Kleidung war so unvorstellbar abstoßend wie die von Ungeziefer verseuchten Lagerstätten. Die beiden Frauen mußten das Lager jedoch nicht frühmorgens mit den Arbeitstrupps verlassen, die abends bei der Heimkehr regelmäßig Verluste zu melden hatten. Diejenigen, die fehlten, »waren gestorben oder bei Luftangriffen umgekommen. Und unter den Überlebenden waren mehr als einmal Frauen, die den Verstand verloren hatten durch die Angst bei den Luftangriffen, denen sie völlig schutzlos preisgegeben waren.«

Schon um vier Uhr morgens läutete die Sirene zum Wecken, »dann mußten wir in großer Hast aus den Betten springen, sofern man das Bedürfnis danach empfand, sich im Waschraum ein Becken zu erobern und einen Platz auf der Toilette«. Dann folgten endlose Appelle und der Auszug der Arbeitssklaven.

Wenigstens die schwere Arbeit ist dem Sippenhäftling Isa Vermehren erspart geblieben, und sie hat später in äußerster Bescheidenheit Wert auf die Feststellung gelegt, daß ihre Erfahrungen mit den Qualen fast aller Mitgefangenen nicht vergleichbar gewesen seien: »Ich war Zeuge der Unmenschlichkeit, aber nicht eine wirklich Betroffene, Verwundete, an Leib und Leben Gezeichnete, ... ich bin nie geprügelt worden, ich bin nie geschlagen worden, mir ist nie der Kopf rasiert worden, mir ist keine Nummer tätowiert worden, ich habe nie an einem Arbeitseinsatz teilnehmen müssen, sondern wir (Gisela Plettenberg und sie, M.W.) blieben einfach von morgens bis abends im Block sitzen.«

Die Verlegung in die Blocks erwies sich Wochen später als »Irrtum«. Die beiden Sippenhäftlinge wurden wieder in den Zellenbau gebracht, aber sie hatten den innersten Kreis des Höllenfeuers kennengelernt. Als Isa Vermehren 1945 ihre Erlebnisse zu Papier brachte, hat sie nicht nur die äußeren Umstände des Lagerlebens, sondern gerade auch seine psychische Innenwelt messerscharf analysiert. Sie hat »das bestimmende psychologische Moment« der unentwegten Angst an Hand vieler Beispiele beschrieben: »Angst vor Kälte und Hunger, vor Strafe und Schmerz ..., vor dem Verkannt-, Verachtet-, Verratenwerden, vor der Ausweglosigkeit der eigenen Situation, Angst vor der eigenen und fremden Not, Angst vor der Verzweiflung, Angst vor dem Bösen in mir und rund um mich herum, Angst vor dem leiblichen und seelischen Tode«, und zugleich hat sie derer, die diese Angst – sei es durch Charakterfestigkeit oder weil sie unerschütterlich in ihrem Glauben waren – zu bekämpfen wußten, voller Hochachtung gedacht, etwa der Polinnen, denen die Küche anvertraut war oder die der SS als Führerinnen von Arbeitskommandos dienen mußten: »Das geistige und kulturelle Niveau dieser Polinnen ist im Lager von keiner anderen Nation, außer der französischen, erreicht, geschweige denn überboten worden.«

Sehr eingehend hat sich Isa Vermehren mit den Beweggründen, dem physischen und psychischen Erscheinungsbild der Aufseherinnen befaßt. Obgleich sie – wie in einem KZ nicht anders zu erwarten – wahrlich mörderische Exemplare unter ihnen antraf, obgleich sie doch nichts anderes als Feindinnnen, ja oft wahre Monster waren, die an den ihnen Anvertrauten ihre zynische Überheblichkeit, ihre kaltherzige und seelenlose Grausamkeit ausließen, hat sie auch in ihnen eine Schöpfung Gottes gesehen und stets versucht, ihnen gerecht zu werden und die Hintergründe für ihr grausames Verhalten zu verstehen. Gewiß, die meisten von ihnen glichen Ausgeburten der Hölle, trugen »›Visagen‹ im schlimmsten Sinne« zur Schau, »in denen sämtliche Bosheit, Dummheit, Frechheit, Brutalität« häßliche Spuren eingekerbt hatten. Doch die verzeihende Christin fügte sogleich hinzu, daß »in keinem Verteidigungsplädoyer für diese irregeleiteten Geschöpfe« fehlen dürfe, »daß sie für diesen Beruf geworben wurden mit falschen Ködern: Kameradinnen der SS würden sie sein, freie Wohnung, gute Verpflegung und eine Uniform würden sie bekommen, dazu ein unverhältnismäßig hohes Gehalt und einen leichten Dienst.«

Als alles vorüber, Isa Vermehren der Hölle entronnen war, hat sie es sich nicht nehmen lassen, einigen Prozessen gegen die Irregeleiteten beizuwohnen. Eine der Peinigerinnen hat sie sogar im Gefängnis besucht, um voll Anteilnahme mit ihr über die Schuld zu sprechen, die sie auf sich geladen hatte. Das war wahrlich ein Akt christlicher Nächstenliebe. Die Uniform als Eintrittsbillett in die Barbarei, als willkommenes Alibi für die Freisetzung der Bestie Mensch: Der Sippenhäftling Isa Vermehren bemühte sich noch im Fegefeuer darum zu ergründen, wie es zu dieser schrecklichen Verrohung hatte kommen können, und die junge Autorin versuchte, dem Haß mit Nachdenklichkeit und Umsicht zu Leibe zu rücken.

»Die Uniform ersetzt – unter dem moralischen Deckmantel des ›blinden Gehorsams‹ – das Gewissen. Nicht mehr ich bin verantwortlich für das, was ich tue, sondern jener, der mir den Befehl gab; nicht ich gab den Befehl, sondern der Dienst an der Sache erforderte ihn ... Die Uniform dispensierte sie von jeder Herzensbindung.« Dieser Dispens galt mitunter auch für die Häftlinge selbst, die in ihrer uniformen Lagerkleidung allmählich – ohne es selbst zu registrieren – sich selbst und ihre bisherige Individualität verrieten: »Menschsein gibt es nur in der Form des ich- und selbstbewußten Personseins, wo dieses ausgelöscht wird, hört jenes auf. Mit dem Anlegen der Häftlingskleidung verändert also der Mensch nicht nur das Bild seiner äußeren Erscheinung, sondern vor allem wird er innerlich hinüber in die Wirklichkeit des Nichtmehr-Personseins gezwungen, und im verzerrten Spiegelbilde seiner aufgezwungenen neuen Nichts-Würdigkeit entstellten sich langsam seine Züge.«

Das waren die Erfahrungen einer erst sechsundzwanzigjährigen Frau. Sie war seit ihrer Konversion auf dem Weg zu einer Existenz jenseits des Materiellen und Profanen, und diese neue Existenz war die Quelle für ihre Kraft, ihre geistige

Unantastbarkeit, ihre Zuversicht in scheinbar auswegloser Lage. So konnte sie sich auch ihren Blick für die kleinen, versteckten Zeichen der Hoffnung bewahren, die für Augenblicke sogar noch hinter den entstellten Mienen der Aufseherinnen zu entdecken waren. Als sich eine von diesen in eine Liebesaffäre mit einem SS-Mann verstrickte, beobachtete Isa Vermehren, wie »ein harmloses Kindergesicht durch die dicke Schicht zähflüssiger Faulheit« schimmerte. Das kurze Glück habe der sonst so abstoßenden Gestalt »eigentlich reizend zu Gesicht« gestanden, sie habe sogar für einige Wochen das »Unverständnis für alle Abnormitäten innerhalb dieser hohen Lagermauern« geteilt. Doch kaum war die Liebe verflogen, gewannen die dunklen Seiten in ihr schnell wieder die Oberhand, und sie reihte sich erneut ein in die bewußtlos prügelnde und zeternde Meute ihrer Kumpaninnen, deren Gesichter sich bei der Ausübung von Gewalt verzerrten, bis sie »klirrenden Scherbenhaufen« glichen.

Einmal, an einem Sonntagnachmittag, wurde aus dem Häftling Isa Vermehren doch wieder die Sängerin. Bei einem Konzert im Tagesraum, »wo eine kleine Russin sehr begabt ihre Nationaltänze tanzte, wozu eine Polin auf einer Gitarre die Begleitmusik spielte«, sang sie »ohne Begleitung natürlich«, ein Largo von Händel »O Hoffnung, süße Hoffnung« und das Lied »Bist du bei mir …« von Bach. »Ich liebte die Häftlinge in diesem Augenblick und wollte, daß sie mit mir liebten.« Zum Abschluß sang der Lagerchor »Die Gedanken sind frei«. Die von Isa Vermehren geschilderte Szene einer für Minuten wirksamen emotionalen Befreiung, der nur Augenblicke später der Katzenjammer folgte, könnte von einem Dichter nicht ergreifender erfunden worden sein.

Während die Familie Vermehren die grauenvolle Wirklichkeit der Konzentrationslager erdulden mußte, hatte der letzte Akt des deutschen Vernichtungs- und Größenwahns längst begonnen. Die Jahreswende 1944/45 hatte unter unendlichen Opfern auf beiden Seiten den Fall Ostpreußens gebracht, an allen Frontabschnitten brach die Verteidigung zusammen. »Das tausendjährige Reich« versank unter den Luftangriffen der Alliierten in Trümmern. Am 27. Januar wurden die letzten noch zurückgelassenen fünftausend Häftlinge des Konzentrationslagers Auschwitz von sowjetischen Truppen befreit, und auch die Tage der Lager in Ravensbrück und Oranienburg waren gezählt.

Gemeinsam mit anderen Gefangenen wurden Isa Vermehren und die Schwester ihrer Schwägerin am 3. Februar in einer »grünen Minna«, »ein recht unbequemes Vehikel, ... verteufelt eng und hart«, in Richtung Berlin verfrachtet. Durch den engen Sehschlitz konnten die Insassen erspähen, was sich außerhalb ihres Lagers inzwischen zugetragen hatte. Alles befand sich in Auflösung. Wer selbst Erinnerungen an diese letzten Monate des »Dritten Reiches« bewahrt hat, muß sich bei Isa Vermehrens knapper, aber genauer Beschreibung dieses Zustands zurückversetzt fühlen in jene makabre Endphase, in der sich die Verteilung von Ordnung und Auflösung, Macht und Ohnmacht, Glück und Unglück langsam umkehrten, in der aus Siegern allmählich Gejagte und aus Gejagten (sofern sie noch über ausreichende Kräfte verfügten) Sieger wurden. Doch noch brannten die deutschen Städte, noch war das jahrelang vorbereitete Werk der Selbstzerstörung nicht vollendet, als der Gefangenentransport von einem Ort des Schreckens zum nächsten rumpelte.

»Glut und Flammen, Rauch und Qualm – aus allen Fenstern und Türen, allen Gassen und Straßen brach das Feuer in seiner tausendfachen Gestalt – Berlin hatte seinen schwersten, dreistündigen Tagesangriff hinter sich, als wir schließlich gegen fünf an die Stadtgrenze kamen, und, um es nur gleich vorwegzunehmen, es kostete weitere vier Stunden, bis wir vor unserem Ziel, der Prinz-Albrecht-Straße, zum Halten kamen ... Vorsichtig tastete sich unser schwerbeladener Polizeiwagen durch die zerstörten Straßen der lodernden Stadt, beißender Qualm drang in unsere kleinen Zellen (die enge Klause Isa Vermehrens in ihrem Transportfahrzeug ließ nicht die geringste Bewegungsfreiheit zu, M.W.), und heiß wurde es. Mit dem Stöhnen und Ächzen der brennenden Balken, dem Klirren zerspringender Fenster, dem Krachen zusammenbrechender Mauern vermischte sich das Schreien und Rufen zahlloser Menschen, die das Feuer aus ihren letzten Höhlen verjagt hatte und die nun suchend durch die Straßen irrten.«

Eine Frau und ihr Kind baten den Fahrer der »grünen Minna«, vergeblich, mitgenommen zu werden. Dieser absurde Vorgang verriet, daß nicht nur die Mächtigen, sondern auch die Chargen des Systems noch immer an eine Rollenverteilung glaubten, die längst auf den Kopf gestellt war. Die letzten vagen Grenzen zwischen Recht und Anarchie hatten sich aufgelöst. Der Wagen mit seiner gequälten Fracht fuhr »durch die brennenden Schächte dieser flammenden Unterwelt, hin und wieder sich gefährlich zur Seite neigend, wenn ein Bombentrichter die Straße vor ihm aufgerissen hatte«. Als er in die Prinz-Albrecht-Straße einbog, offenbarte sich schlagartig, daß kein Gebäude die Gefangenen mehr aufnehmen konnte. Trümmer und Zerstörung, so weit das Auge reichte.

Der Wagen mußte weiterfahren. Man lud seine Fracht schließlich vor dem Polizeigefängnis in Potsdam ab. Die Insassen fanden es dort geradezu »erholsam«, denn es »wehte gute, alte Gefängnisluft im Gegensatz zum scharfen Zugwind eines modernen KZs«. Hier blieben Isa Vermehren und Gisela Plettenberg für eine Woche, vornehmlich unter gedemütigten Elendsgestalten aus Rußland, kaum älter als sechzehn Jahre, »mager und entsetzlich verprügelt«.

Des Nachts erbebte das Gebäude vom »Luftdruck explodierender Bomben«, am Tage saßen die Frauen »auf den weichen Sesseln des Kasinos und hörten im Einvernehmen mit den Ordonnanzen die BBC ... Wir haben nicht herausfinden können, auf wessen Befehl diese seltsame Art der Gefangenschaft zurückzuführen war ... Was wir trieben und taten tagsüber«, war den Aufsehern »vollkommen gleichgültig, da der Kontakt mit Berlin so gut wie nicht mehr bestand, Besuch von dort war nicht mehr zu fürchten, da die wichtigsten Herren schon nicht mehr dort residierten, Befehle von Berlin kamen nur noch einmal wöchentlich, und man konnte so tun, als wären sie nie gekommen.« Im deutschen Rundfunk erklang täglich das Lied »Es geht alles vorüber, es geht alles vorbei ...«

Nach Potsdam brachten Freunde Isa Vermehren die geliebte Ziehharmonika, und von da an blieb sie (bis heute) bei ihr. Sie hatte ihr zärtlich den Namen »Agathe« gegeben – die schneeweißen Knöpfe erinnerten sie irgendwie an ihre Kinderzeit und die strahlend weiße Schürze des gleichnamigen Hausmädchens. Am 26. März war auch dieser Aufenthalt beendet. Isa Vermehren und Gisela Plettenberg wurden erneut mit zwei bewaffneten Begleitern in ein Auto verfrachtet. Es ging zum Bahnhof und von dort mit dem Zug ins KZ Buchenwald. Wieder sahen sie unterwegs »schwarz verkohlte Steinhaufen anstelle ehemals blühender Städte und graue, zerfurchte Masken mit zwei trüben Scherben anstelle ehemals belebter Gesichter und lebendig leuchtender Augen«. Gelegentlich kam der Zug zum Stehen, weil Fliegerangriffe eine Weiterfahrt unmöglich machten. In Weimar gab es keine Verbindung mehr nach Buchenwald, also mußte sich der Troß zu Fuß auf den Weg machen. Zwölf Kilometer waren bergauf zurückzulegen – »wir haben es beinahe gerne getan«. Die Ziehharmonika war immer dabei, sie machte das Steigen nicht leichter.

In Buchenwald hatte man die Sippenhäftlinge aus ganz Deutschland zusammengezogen. »Stauffenbergs waren allein mit zehn Namensträgern vertreten – und dabei fehlte noch die Frau des Attentäters, Gräfin Nina, die eine Zeitlang mit uns in Ravensbrück gewesen war, wo sie uns alle bezaubert hatte durch die anmutige Würde ihrer Haltung.« Sie lag in diesen Tagen in einem Krankenhaus in Potsdam und brachte dort ihr fünftes Kind zur Welt. Wieder begegnete Isa Vermehren prominenten Häftlingen: dem Unternehmer Fritz Thyssen etwa, der Hitler und den Nationalsozialismus in den frühen Jahren unterstützt und bis 1939 an ihn geglaubt hatte, sich dann aber nach Frankreich abgesetzt hatte, wo er und seine Frau 1941 von den Deutschen verhaftet worden waren; Frau und Kinder des am 2. Februar 1945 in Plötzensee hingerichteten Carl Friedrich Goerdeler waren unter den Sippenhäftlingen, ebenso Frau von Hammerstein, die Witwe des von Hitler wegen seiner Gegnerschaft zum Nationalsozialismus als Oberbefehlshaber entlassenen Kurt Freiherr von Hammerstein-Equord. Es waren etwa fünfzig Häftlinge, die in einem Sonderbau des Lagers zusammengepfercht wurden. Sie alle einte die Sinn- und Grundlosigkeit dieser Haft – und ihre Tapferkeit.

Aber auch Buchenwald sollte nicht Isa Vermehrens letzte Bekanntschaft mit einem Konzentrationslager sein. Am 3. April kam der Befehl, sich erneut reisefertig zu machen. In einem Konvoi aus Lastwagen ging es in Richtung Süden. Diesmal fuhren Isa Vermehren und ihre Schwippschwägerin nicht in der »grünen Minna«, die sich dem Konvoi anschloß. In ihr saß unter anderen Dietrich Bonhoeffer, der evangelische

Seelsorger und heldenhafte Märtyrer, der wenige Tage später im KZ Flossenbürg hingerichtet wurde. Über Schönberg im Bayerischen Wald, wo die etwa fünfzig »Reisenden« in Ermangelung eines Gefängnisses für zwei Wochen in einen Gasthof einquartiert wurden, schleppte sich der Troß südwärts. Ohne daß auch nur der geringste Kontakt zur Bevölkerung zugelassen wurde, erreichte er schließlich sein Ziel: das Konzentrationslager Dachau.

»Gegen halb zwei Uhr morgens landeten wir vor dem Eingang des Konzentrationslagers Dachau. Der Mond warf sein Licht auf das große eiserne Gittertor, und leise pfeifend zog der Wind durch die tödlichen Drähte über der Lagermauer. Das abgründige Schweigen über diesem Platz war wie ein hohles Gefäß um das dumpfe Brummen feindlicher Flieger, und hin und wieder erbebte die Luft vom Druck explodierender Bomben.«

Was die Ankömmlinge erwartete, war das, was sie aus Ravensbrück und Buchenwald kannten. Doch um die gewaltsame Ordnung stand es schlechter, überall zeigten sich Auflösungserscheinungen, »alle Vernunft hatte endgültig kapituliert vor der wilden Gier des Wahnsinns«. Die Front rückte näher und näher, lange würde dieser Aufenthalt nicht mehr währen, und dann winkte die Freiheit...

Noch einmal kam es zu einem Wiedersehen. In Dachau war auch Graf Plettenberg, der Vater von Elisabeth und Gisela, interniert. Für seine Frau, die aus gesundheitlichen Gründen verschont worden war, hatte man Gisela in Haft genommen. Graf Plettenberg wurde in derselben Baracke untergebracht wie seine Tochter – ein Zeichen dafür, daß sich jetzt, kurz vor dem Ende, Menschlichkeit unter den Schergen zu rühren begann? Diese hatten sich rein äußerlich inzwischen ziemlich verändert, sie »wurden alt und grau in diesen Tagen, sie erschienen zu ihrem Dienst nur noch sporadisch und waren so tief und sichtbar in ihre eigenen Sorgen verstrickt, daß es sich kaum lohnte, sie mit irgendeiner Frage zu belästigen ... Das gehetzte Herumjagen aller SS-Leute erinnerte lebhaft an die verzweifelten Fluchtversuche eines gefangenen Tieres.« Mußte man deswegen Mitleid mit ihnen haben?

Nach drei Wochen im Konzentrationslager Dachau – es war bereits 1933 errichtet worden und beherbergte zweihundertausend Häftlinge aus vierundzwanzig Ländern Europas, von denen mindestens vierunddreißigtausend ihr Leben verloren – lautete der Befehl abermals: »›Packen, in einer Stunde Abmarsch‹ ... Tatsächlich konnte man jede Minute mit dem Eintreffen des feindlichen Freundes, des freundlichen Feindes, kurz, unseres amerikanischen Befreiers rechnen ... Das ganze Lager war in Marschordnung vor den Blocks angetreten, und schon seit über einer Stunde ergoß sich der Strom der blauweiß gestreiften Gefangenen aus dem offenen Tor in den ungewissen Ausgang dieses wahnsinnigen Evakuierungsbefehls. Diese Evakuierungsbefehle des KZs muten an, wie die zu späte Maßnahme eines Kranken: Im Augenblick, wo er sein Leben bedroht fühlt, sticht er die Beule auf, und der Eiter quillt heraus, aber es ist zu spät, denn längst schon hat das Geschwür sein Inneres total zerfressen.«

Die in den letzten Tagen des Krieges in die Freiheit entlassenen, ausgemergelten, mit totem Blick nach irgend etwas Eßbarem Ausschau haltenden Dachauer Sträflingsscharen in den blauweißen Anzügen, welche die rauhe Witterung nicht abhielten, haben sich auch dem (damals acht Jahre alten und in einem Dorf bei München in der Nähe untergebrachten) Autor dieser Zeilen traumatisch eingeprägt. Sie tauchten überall auf, plünderten in ihrer Not Warenlager und verbreiteten Furcht und Schrecken, weil ihnen nach keinerlei Kontaktaufnahme zu der rat- und fassungslosen Bevölkerung zumute war und erst recht nicht zu denjenigen, die, kaltherzig und nur um das eigene Wohlergehen bemüht, durch sie hindurchzusehen versuchten. Auf diese Konfrontation war niemand vorbereitet. Wer wußte denn schon, was wirklich hinter diesen bedauernswerten Gestalten lag – und wer fragte, erhielt ungenaue Antworten.

Isa Vermehren hat später noch oft zurückgeblickt auf ihre KZ-Erfahrung und in Gesprächen und Interviews immer wieder ihre wichtigsten Erkenntnisse daraus formuliert. 1993 hielt sie in Ravensbrück (!) einen Vortrag, in dem sie die Frage nach der Lehre aus diesem tiefen Einblick in die psychologischen Strukturen einer menschlichen Hölle beantwortet hat: »Wir können diese metaphysische Botschaft auf die Kurzformel bringen: *Handle nach deinem Gewissen!* Aber ihr muß vorgeschaltet werden die Frage: *Woran* sollen wir es bilden? Haben wir es gebildet, wurde es *damals* gebildet? Woran wird Gewissen *heute* gebildet? Hat Gewissen überhaupt noch die Kraft, seine eigentliche Funktion auszuüben, uns zum *Gutes-Tun* zu bestimmen und vor dem *Unrecht-Tun* zu bewahren? Oder haben unsere komplizierten soziologischen und psychologischen Reflexionen Feiglinge aus uns allen gemacht, so daß wir wie fühlerlose Insekten orientierungslos durch unser Leben torkeln – immer im Schlepptau der gerade herrschenden Meinung? *Gewissen bindet uns an moralische Werte*. Eine Gesellschaft ohne einen gewissen Wertekonsens hinsichtlich dessen, was sittlich gewollt und vom einzelnen gefordert werden muß, ist dem Untergang geweiht. Der von den Nationalsozialisten aufgestellte Wertekanon ... *war ein verführerischer Unwertekanon,* wobei man nur jeden bedauern kann, der darauf reingefallen ist, der dafür sein Leben gegeben hat.«

Als sie hinter die Pforten der Qualen geführt wurde, als sich ihr Schicksal für einige Zeit mit den Verbannten dieser Erde vereinigte und sie der fürchterlichsten Seite des Menschlichen tagtäglich ins Auge blicken mußte, befand sie sich bereits auf dem Weg zu einem anderen Ziel. Ihren Aufenthalt in den Konzentrationslagern hat das zumindest erträglicher gemacht – und ihren Entschluß, sich trotz der Absagen vor dem Krieg einmal ganz dem Orden Sacré Cœur zu verschreiben, nur noch befördert. Fast erscheint im nachhinein die Haft als so etwas wie die Einübung in Selbstdisziplin.

»Nach meiner Erfahrung, die nachgerade einen sehr bewegten Abschnitt unserer eigenen Geschichte umfaßt, in dem die Ideale, denen man dienen wollte, fast alle zehn Jahre ausgewechselt wurden, und auch auf Grund meiner katholischen Glaubensüberzeugung können moralische Qualitäten nur in enger Bindung an den Gott der Offenbarung gewonnen werden.«

Isa Vermehren hat Ernst mit dieser Gewißheit gemacht. So endet denn ihr Bericht über ihre »Reise durch den letzten Akt« auch mit einem Gebet: »Vergib uns Herr, was wir einander Entsetzliches angetan haben, daß wir so furchtbar dein Bild im anderen angegriffen und zerstört haben, daß wir die Würde geschändet und die Seele getötet haben; vergib uns, wie auch wir denen vergeben wollen, die im Vollzuge des Bösen sich so grausam an uns und unseren Brüdern und Schwestern versündigt haben, und bewahre du uns vor dem vergangenen, dem gegenwärtigen, dem zukünftigen Übel.«

Noch war Isa Vermehren nicht in Freiheit. Noch war der Krieg nicht beendet. Noch hatte Deutschland nicht kapituliert. Am 27. April erreichte ihr Transport auf seiner ziellosen Flucht nach Süden Innsbruck. Auch dort wartete ein Barackenlager hinter Stacheldraht. Die erschöpften Gefangenen wurden abgeladen und trafen zu ihrer Freude auf Leidensgefährten, die bereits in den Baracken untergebracht worden waren. Hundertfünfzig Häftlinge aus einundzwanzig Nationen warteten in Innsbruck darauf, daß vor dem Drama ihres Leidens endlich der Vorhang fiel. Hjalmar Schacht, Pastor Niemöller, Kurt Schuschnigg, der ehemalige österreichische Bundeskanzler mit seiner Frau und einer kleinen Tochter, Molotows Neffe Kokorin, der gesamte griechische Generalstab, »lauter Herren über achtzig, mit grauen Bärten und grauen Haaren in voller Uniform mit sämtlichen Orden und alle unter eins sechzig groß«, waren darunter. Der englische Leutnant aus Sachsenhausen konnte Isa Vermehren vom Ergehen ihrer Eltern berichten: daß sie unversehrt und wohlauf waren und bereits die Heimreise angetreten hatten. Die Bekanntschaft mit ihnen sei der einzige Lichtblick seiner Internierungszeit gewesen, »er habe bei einem Spaziergang immer Gelegenheit gefunden, einen Gruß in den Fensterkasten des elterlichen Zellenfensters zu werfen ... Zu Weihnachten hätten sie sich die herzlichen Grüße in den Schnee geschrieben, und der Nachrichtenaustausch zwischen ihm und meinen Eltern und meinem Bruder sei ebenso vielgestaltig wie regelmäßig gewesen.«

Michael Vermehren hat seiner Schwester später von den letzten Augenblicken erzählt, die er und seine Eltern in Sachsenhausen verbracht haben. Er habe eines Morgens in seiner Zelle gesessen und die laute Stimme eines SS-Führers vernommen, der ins Telefon gebrüllt habe: »Was? Wie? Einfach so? Ohne Bewachung? Freilassen? Wann? Morgen? Nee.« Und nach einer Pause: »Ach! ... Na! ... Heil Hitler!« Dann sei der SS-Mann hastig in die Zelle der Eltern gestürmt und habe gerufen: »Sie können morgen nach Hause gehen, Sie sind ab morgen frei!« Der korrekte Jurist Kurt Vermehren habe die Nachricht erfreut, aber gelassen zur Kenntnis genommen, habe seine Frau und seinen Sohn informiert und dann erwidert: »Herr Obersturmbannführer, darf ich Sie bitten, mir ein Kursbuch zu bringen!« Daß der Fahrplan der Reichsbahn in Anbetracht der täglichen und nächtlichen Bombenangriffe längst außer Kraft gesetzt war, hatte er in seiner »Oase« fernab der kriegerischen Normalität gar nicht zur Kenntnis genommen.

Per S-Bahn ging es zunächst nach Berlin, und weil es einige Zeit dauerte, bis ein Zug in Richtung Hamburg fuhr, tafelten die drei Befreiten erst einmal im Hotel Adlon. Ihre Essensmarken waren zwar verjährt, aber der Ober, der den Rechtsanwalt Kurt Vermehren aus besseren Tagen kannte, lud sie auf Kosten des Hauses ein. Der Zug in Richtung Nordwesten mußte mehrfach anhalten, weil Tieffliegerangriffe die Weiterfahrt unmöglich machten. Dann stürzten die Fahrgäste in die nächsten Gräben, wo sie vor den Bomben Schutz suchten. Am 17. April um halb sieben Uhr abends erreichten sie Lübeck, wo sie Petra Vermehrens Mutter aufsuchten. Wenig später ging es weiter nach Hamburg. Kurt Vermehren war endlich wieder zu Hause, seine Frau und sein Sohn immerhin an einem wohlvertrauten Ort – und in Freiheit.

Isa verbrachte die letzten Kriegstage in den Bergen Südtirols. Dorthin hatten SS-Truppen den bunt gemischten Häftlingshaufen aus verschiedenen Konzentrationslagern transportiert. Den vormaligen ungarischen Ministerpräsident von Kallay und seinen Innenminister von Schell hatte man hierhergebracht, ebenso den französischen Präsidenten Léon Blum mit seiner Frau und den holländischen Minister van Dyk, aber auch viele andere englische, russische, französische, polnische, tschechische, griechische, jugoslawische, dänische, norwegische, schwedische, schweizerische, lettische, italienische, ungarische und österreichische Häftlinge. Offenbar gab es noch so kurz vor dem Zusammenbruch Pläne, einige der Häftlinge zu ermorden. Doch dazu kam es gottlob nicht mehr. Die Angst der Verschleppten vor den Bewachern »schmolz wie Schnee in der Sonne; gefährlich waren sie nur noch, soweit sie schießen konnten, das aber brauchte man nicht zu provozieren«.

Die Häftlinge fuhren in Omnibussen von Innsbruck weiter zur italienischen Grenze. Isa Vermehrens Ziehharmonika kam erstmals wieder zum Einsatz: »Die Gruppe sang ohne Unterbrechung. Auf dem Brennerpaß erreichten die allgemeinen musikalischen Darbietungen ihren Höhepunkt mit dem Schlager: *The boulevard of broken dreams* ...« Die SS-Männer hinderten die Sänger nicht. Zuweilen stiegen sie aus, um sich in einem Gasthof verköstigen zu lassen. Währenddessen »wurde es auch in unserem Wagen still, und in ruhiger gespannter Aufmerksamkeit hielten wir unsere fünf Sinne beisammen, um auch das Unvorhergesehene anständig parieren zu können«.

Bei Tageslicht erreichte die Kolonne die Gegend von Niederdorf im Pustertal, ein Hauptquartier italienischer Partisanen. Die SS-Männer begaben sich auf Quartiersuche und ließen den Bus, in dem Isa Vermehren und die Plettenbergs saßen, einfach auf freiem Feld zurück. Nach einiger Zeit ungeduldigen Wartens machten sich die Insassen zu Fuß auf den Weg ins Dorf und trafen dort ihre Bewacher, wie »erwartet mit einem reich gesegneten Frühstückstisch und keineswegs mit der Sorge für unsere Unterbringung und Ernährung beschäftigt. Zwar sprangen sie entsetzt auf, als sie uns kommen sahen, aber zu spät. So eine Dorfstraße ist ein guter Schlupfwinkel. Fast die Hälfte der Gruppe war in wenigen Minuten in den Hauseingängen verschwunden ..., das Dorf öffnete uns die Türen wie seinen liebsten Gästen.«

Mit Hilfe der örtlichen Widerstandsbewegung und Angehörigen der Wehrmacht gelang es, die SS endgültig »abzuschütteln«. Die Gruppe wurde im Hotel Pragser Wildsee einquartiert. Der örtliche Gauleiter hatte sich bereits aus dem Staub gemacht. Sein Stellvertreter dagegen zog es vor, die Häftlinge als »Gäste des Landes Tirol« zu begrüßen. Am nächsten Morgen versammelten sich diese um neun Uhr in der Kapelle des Dorfes zur Feier der Heiligen Messe, die von einem der ehemaligen Häftlinge, einem Bischof aus Frankreich, zelebriert wurde.

»Zu den tiefsten Eindrücken dieser ganzen Reise gehört diese Stunde vollkommener Erlösung ..., hier kam die Gleichheit der Menschen als Kinder ein und desselben Gottes in überzeugender Weise zum Ausdruck, und mit ihr kam der Friede ... Als ich am Freitag, dem 4. Mai, morgens um halb neun Uhr aus der kleinen Kapelle kam, hatte sich das Bild unseres bis dahin so friedlich-verlassenen Hotelgeländes von Grund auf verändert. Eine unzählige Menge von kleinen und großen Militärwagen war auf dem Hof zusammengefahren, alle grün gestrichen und alle mit dem Stern der alliierten Streitkräfte versehen. Im Eingang des Hotels und in der Halle wimmelte es von Soldaten – eine amerikanische Voraustruppe von der Fünften Armee war vor wenigen Minuten eingetroffen.«

Die deutschen Soldaten wurden entwaffnet. Überall brach Jubel aus beim Erscheinen der Amerikaner. »Die Amerikaner waren hier die Sieger, nicht aber die Okkupanten.« Ein amerikanischer General hielt vor den Befreiten eine Rede und informierte sie darüber, daß sie, um Fragen zu beantworten, nach Neapel gebracht würden. Ein Konvoi von vierzig Lastwagen setzte sich in Richtung Süden in Bewegung. In Verona stiegen die Insassen in fünf bereitstehende Flugzeuge, die sie nach Neapel brachten. Nach einer Übernachtung ging es, wiederum per Lastwagen, zum Hafen und von dort aus per Schiff nach Capri.

Ein krasserer Gegensatz zwischen der Welt, aus der die unter so absurden Umständen befreiten Häftlinge kamen, und der, in die sie jetzt eintauchten, läßt sich kaum vorstellen. Aus dem KZ Dachau waren sie auf eine der schönsten Inseln im Mittelmeer verschlagen worden, statt Elend und Kälte umfing sie nun die südliche Sonne – es kann kein Zufall gewesen sein, daß Isa Vermehrens Hotel den Namen »Paradiso« trug.

»Wie überwältigend schön war dieses Capri! Die Lichtfülle der italienischen Frühlingssonne ergoß sich in ein Meer von Farben, Blüten und Blumen. Die ganze Insel stand in voller Pracht. Es duftete nach Rosen und Jasmin, nach Lilien und Gardenien, die Zweige der Obstbäume hingen schwer herunter von der Fülle ihrer Blüten und Früchte. Ein weicher Wind trieb die Düfte der Pflanzen über das ganze Eiland, und immer wieder schlossen wir die Augen, überwältigt von so viel leuchtender Schönheit und üppigem Reichtum ..., wie in einem schweren Rausch verbrachten wir die ersten zwei Tage.«

Und doch spürten sie, daß die wirkliche Freiheit noch längst nicht erreicht war. Die ehemaligen Häftlinge durften das Hotelgelände nur zum morgendlichen Kirchgang in Begleitung eines amerikanischen Offiziers verlassen. Zwar fehlte es ihnen an nichts – es gab täglich zwei Mahlzeiten »an weiß gedeckten, blumengeschmückten Tischen« –, doch »das Gift der Schlange der Unzufriedenheit« begann sich allmählich auszubreiten. Die Hotelbewohner wollten nicht umsorgt, sie wollten endlich frei sein, wollten auf eigene Faust über die Insel schwärmen oder, noch lieber, nach Hause zu ihren Angehörigen fahren. Nach einer Woche der Kasernierung wurden die Zügel immerhin gelockert. Das Baden war nun gestattet, und einigen Prominenten gewährte man darüber hinaus spezielle Privilegien: »Familie Schuschnigg hatte in Anacapri eine Villa bezogen, und in dem anderen, größeren Hotel dieses Ortes lebten die Skandinavier und die Balkanesen bis auf den griechischen Generalstab, der irgendwo verlorengegangen war.«

Alles stand aber weiterhin unter der Kontrolle der stets freundlichen Amerikaner. Das italienische Personal des Hotels war offensichtlich sehr bemüht, den Gästen den Aufenthalt so schön wie möglich zu machen, verteilte Zigaretten – »ich habe viel geraucht damals« – und versprühte südlichen Charme. »Ich glaube, es gab keinen unter uns, der nicht zu irgendeinem Italiener ein zartes Verhältnis gehabt hat. Ich hatte gleich zu zweien eine zarte Beziehung, zu Vittorio und zu Luigi, deren beider Freundlichkeit mir mehr als einmal zu einem Genuß reiner Capreser Provenienz verholfen hat.« Auf Vittorios Terrasse unterhalb des Hauses von Axel Munthe genoß die Befreite den Blick auf das Meer und den Sonnenuntergang. Als einmal »die Hülle der nächtlichen Ruhe von der klaren Stimme eines Tenors durchbrochen wurde«, habe sie unweigerlich an »die Ähnlichkeit zwischen ihr und jener Klage aus dem Zug in Buchenwald und der Klage aus dem russischen Lied aus dem Männer-KZ« denken müssen, »das uns der Wind zum Zellenbau hinübertrug«.

Das grausige Gestern warf noch lange Schatten, zu unwirklich, zu abrupt war der Wechsel von den Orten des Grauens auf dieses glückliche Eiland, wo man von all dem, was sie gesehen und erlebt hatte, nichts wußte. Am 12. Juni durften sie dann endlich aufbrechen. Über Neapel ging es per Flugzeug nach Paris und von dort, drei Tage später, zurück nach Deutschland. Zwei Wochen danach klingelte Isa Vermehren an der Tür ihres Vaters – die beschwerliche »Reise durch den letzten Akt« war an ihr Ende gekommen.

Die ersten Tage nach Isa Vermehrens Heimkehr waren angefüllt mit Erzählen, Erzählen, Erzählen. Isa wohnte beim Vater in der Klopstockstraße, die Mutter und Michael in zwei Zimmern, die ihnen die englischen Besatzungsbehörden am Harvestehuder Weg zugewiesen hatten. Sie alle hatten die Internierung als gespenstischen Alptraum erlebt, aber im Vergleich zu Isas wechselhaften, makabren Abenteuern nahmen sich die Hafterfahrungen der anderen geradezu eintönig aus. So lauschten sie Isas Bericht denn auch einigermaßen atemlos. Insbesondere der Vater drängte sie, das Erlebte aufzuschreiben. Diesen Wunsch erfüllte sie ihm zum Geburtstag: Auf neunzig engzeilig mit der Reiseschreibmaschine betippten Seiten hatte sie alles festgehalten und damit zugleich offenbart, daß sie Talent zum Schreiben hatte und in ihr eine prägnante, anschaulich erzählende und reflektierende Schriftstellerin steckte.

Die Klopstockstraße (die einige Jahre später in Warburgstraße umbenannt wurde) war von Zerstörungen verschont geblieben. Hier wohnten neben Kurt Vermehren noch andere Opfer des Nationalsozialismus, etwa der Kaufmann (und spätere Politiker) Erik Blumenfeld oder der Verleger Christian Wegner. Letzterer war wegen »Wehrkraftzersetzung« von einem Kriegsgericht zu einer Gefängnisstrafe verurteilt und am Ende noch als »Kanonenfutter« an die Ostfront geschickt worden. Aufgrund dieser Haftstrafe gehörte er zu den ersten Verlegern, die unmittelbar nach Kriegsende eine Lizenz zum

Büchermachen erhielten. Des Abends trafen sich der Verleger, der Buchhändler Felix Jud – auch er hatte KZ-Erfahrung – und der Antiquar Ernst Hauswedell oft bei Alice Haas, der Besitzerin der traditionsreichen »Hamburger Kinderstube« am Jungfernstieg. Alice Haas bewohnte eines jener kleinen verwunschenen Häuser am oberen Ende der Klopstockstraße, in der »Kleinen Fontenay«, einer schmalen Allee (heute stehen dort gesichtslose Bürobauten).

Auch Vermehrens verkehrten in diesem Kreis von Gleichgesinnten, und so kam es, daß Kurt Vermehren den Verleger Wegner bat, einmal das Manuskript seiner Tochter zu lesen und zu prüfen, ob es nicht das Zeug zu einem Buch habe. Wegner las es und beschloß umgehend seine Veröffentlichung. Es gelang, Papier aus der französischen Zone und Druckerschwärze aus Norddeutschland aufzutreiben, was in den ersten Monaten nach dem Krieg alles andere als einfach war. Michael Vermehren, der zu dieser Zeit als Übersetzer für die englischen Truppen in einem Gefangenenlager bei Haffkrug eingesetzt war, stellte der Schwester vorübergehend sein Domizil zur Verfügung, so daß sie sich ungestört der Ausarbeitung ihres Buches widmen konnte. Es entstand in engem Kontakt mit dem Verleger und erschien Anfang 1946 in einer Auflage von zehntausend Exemplaren. Eine zweite und dritte Auflage folgten bald. Isa Vermehrens »Reise durch den letzten Akt« war nach dem Krieg eines der ersten Bücher, die den Deutschen genaue Einzelheiten über die grausige KZ-Wirklichkeit mit nüchterner Deutlichkeit vor Augen führten. Bis heute gehört es zu den wichtigsten Dokumenten der persönlichen KZ-Aufarbeitung.

Isas Anliegen war es, denen, die nicht glauben wollten, welche Greuel sich hinter den KZ-Mauern ereignet hatten, zu schildern, »was ich gesehen und gedacht habe«. Es sei ihr dringendes Anliegen gewesen, diese »Ungläubigen endlich zu widerlegen«. Wie vieler solcher Unternehmungen es noch bedurfte, um den Schleier der Lüge und Verdummung endgültig zu zerreißen, mochte oder konnte sich damals wohl niemand vorstellen.

Aber die junge Frau bewog noch etwas anderes zur Niederschrift ihres Buches: Es sei »an der Zeit, sich endgültig loszumachen von dem harmlos optimistischen Bilde des natürlicherweise ›guten‹ Menschen«, die zurückliegenden Jahre hätten »diese oberflächliche Ansicht zu grausam ad absurdum geführt«. Der Mensch sei nun einmal »das Kostbarste, was es auf der Welt gibt«, ihr Bericht wolle beitragen »zur Aufklärung des betrogenen Volkes« und »mit der Sonde verzeihender Liebe das Unrecht bekämpfen, um nicht neues auf sich zu laden«. Das dem Buch vorangestellte Zitat: »Und vergib uns unsere Schuld, wie auch wir vergeben unseren Schuldigern« läßt von Anfang an keinen Zweifel daran, daß es Isa Vermehren nicht um Anklage und Selbstmitleid, nicht um Stolz auf das Geleistete und Erlittene, sondern um nichts anderes als um Erkenntnis und Läuterung, Selbstbefragung und »Erlösung von dem Übel« ging.

Im Vorwort zur 1979 erstmals erschienenen Taschenbuchausgabe hat sie betont, daß sie »vor allem jüngere Menschen« anregen wolle zu einem »selbständigen Urteil über den Menschen und alles, was zu ihm gehört: nicht nur seine sichtbare, mit ihren faszinierenden Möglichkeiten, auch die unsichtbare Welt, seine letzte, alles durchdringende Wirklichkeit«.

Diese Sätze formulierte die mit ihren pädagogischen Aufgaben befaßte Ordensschwester. Als das Buch entstand, lag der Eintritt in den Orden noch in weiter Ferne, aber die Gedanken der Autorin umkreisten immer wieder dieses Ziel. Die KZ-Zeit hatte tiefe Spuren hinterlassen, und die Niederschrift stellte die Frage nach dem richtigen Weg zu einem ganz anderen, sinnvolleren Leben stets aufs neue.

Zunächst galt es aber auch, wieder Tritt zu fassen in einer Nachkriegswelt, in der Not, Verzicht und Versuche der »Wiedergutmachung« das Leben bestimmten. Man mußte Geld verdienen, um sich eine neue Existenz aufzubauen. Was lag da für Isa näher, als alte Kontakte aus ihrer Zeit als Künstlerin wieder zu beleben? Ihr Name war noch immer präsent, man erinnerte sich der fröhlichen Stimme und bat sie um den einen oder anderen Auftritt.

In dem Haus in der Klopstockstraße, wo sie bei ihrem Vater untergekommen war, wohnte nach dem Kriege auch der Filmregisseur Helmut Käutner. Eines Tages trafen die beiden auf der Treppe zusammen, und es entwickelte sich ein heiteres Gespräch über die Berliner Jahre. Am Ende unterbreitete Käutner Isa das Angebot, in dem Film mitzuwirken, den er gerade vorbereitete. Es sollte sein erster Film nach dem Zusammenbruch des »Dritten Reiches« werden. Das Drehbuch, das er gemeinsam mit seinem Freund Ernst Schnabel verfaßt hatte, war bereits fertiggestellt, die Aufnahmen sollten in Hamburg stattfinden. Der Titel des Films lautete »In jenen Tagen«, und Isa konnte sich unschwer vorstellen, welche Tage da gemeint waren. Sie las das Drehbuch und willigte ein. Käutner hatte ihr eine Rolle zugedacht, die sie endlich einmal nicht als »Sängerin mit der Knautschkommode« und schon gar nicht als amüsante Entertainerin zeigen würde – ein schönerer beruflicher Neubeginn ließ sich kaum denken.

Deutschland lag am Boden. Auch die Filmstudios und ihre Infrastruktur waren weitgehend zerstört. Bis unmittelbar vor der Kapitulation hatten, angetrieben von Goebbels' bösartiger Propaganda, mehr oder weniger belanglose Filmchen für »gute Laune« sorgen und vor allem die Realität leugnen müssen. Aber es gab auch einige weniger willfährige Streifen, dazu gehörten Helmut Käutners »Romanze in Moll« von 1943, »Große Freiheit Nr. 7« von 1944 und »Unter den Brücken«, der noch in den letzten Kriegstagen in Berlin entstand. Man hat Käutner später gelegentlich die »Flucht ins Private«, den Verzicht auf deutliches politisches Engagement vorgeworfen, aber er war nun einmal ein Liebhaber der leisen und knappen, poetisch eingefärbten Töne, dazu mit einem hintersinnigen Humor gesegnet, dem er in seiner Zeit als Kabarettist (»Die vier Nachrichter«) freizügig die Zügel schießen ließ.

Mit »Unter den Brücken«, einer elegischen Dreiecksgeschichte über das kleine Glück der Freundschaft abseits von bürgerlicher Konvention und Unterwerfung, war ihm ein kleines Meisterwerk gelungen. Daran sollte der neue Film anknüpfen. Sehr persönliche, kleine Erlebnisse der Unterdrückung sollten einen ersten, vorsichtigen filmischen Blick auf die Zeit der Barbarei werfen. Vorsicht war schon deshalb geboten, weil das soeben überstandene Grauen, der Schock der vernichtenden Niederlage, das Bewußtsein von Schuld und Schande und die armseligen Lebensbedingungen zwischen den Ruinen eine breiter angelegte, analytische Auseinandersetzung mit der jüngsten Vergangenheit noch vermessen erscheinen ließen. Dafür waren die Wunden noch zu frisch.

Die Geringschätzung der »Trümmerfilme«, die ja tatsächlich zwischen Ruinen und unter den denkbar dürftigsten technischen Bedingungen entstanden, ist ziemlich wohlfeil. Das Filmpublikum konnte oder wollte unmittelbar nach 1945 noch keine gründlichen Abrechnungen ertragen, vielmehr mußten die Filme darauf Rücksicht nehmen, daß die Deutschen noch mit unsicheren Schritten die tiefen neurotischen Verstörungen und unbewältigten Verletzungen einzuordnen versuchten. Da diesen Werken unterstellt wurde, sie setzten die Verklärung der Wirklichkeit fort, die die Leinwand zwölf Jahre lang beherrscht hatte, erhielt das Wort »Trümmerfilm« einen verächtlichen Beigeschmack. Die Filmhistorie hat diese Kritik oft geteilt und dazu beigetragen, daß eines der spannendsten Kapitel des deutschen Films in den Hintergrund trat. Dabei trifft man in diesen Streifen – trotz der Bescheidenheit der Mittel – auf eine verblüffend zarte und kunstvolle Behandlung der Themen, ganz abgesehen von den zum Teil großartigen schauspielerischen Leistungen.

Eine Reichsmark kostete damals ein Kinobesuch. Gegen

die Hunderte von Mark, die man für Lebensmittel aufwenden mußte, war das ein wahrlich kostengünstiges Vergnügen. Dementsprechend voll waren die Kinos – wozu in den ersten Jahren überdies die Wohnungsmisere einiges beitrug. Daß die Filme nicht mehr in einer verführerischen Glitzerwelt, sondern gewissermaßen auf den Trümmern nebenan gedreht wurden, nahm man in Kauf, denn auch diese Filme luden zum Träumen ein – und sei es zum Traum von der eigenen Unschuld.

»In jenen Tagen« war ein Episodenfilm, der zwischen August 1946 und April 1947 in und um Hamburg unter freiem Himmel produziert wurde und am 13. Juni 1947 im Hamburger Waterloo-Kino Premiere hatte. Käutner und Schnabel erzählen darin – der Einfall ist originell genug – die Lebensgeschichte eines Autowracks, genauer der kläglichen Überbleibsel einer, wie es im Drehbuch heißt, »serienmäßig hergestellten Cabrio-Limousine mit Rolldach, Baujahr etwa 1933«. Zwischen den insgesamt sieben voneinander unabhängigen Geschichten, die von den einzelnen Besitzern dieses Wagens berichten, kommt das Wrack ohne Räder und Reifen, ohne Motorhaube und Sitze, in dem zwei Männer in zerschlissener Kleidung nach Verwertbarem suchen und auf Dinge stoßen, die von den ehemaligen Besitzern erzählen, gelegentlich zu Wort. Es ist Käutner selbst, der dem Auto seine Stimme leiht und sich an den Betrachter wendet: »Lassen Sie mich Ihnen ein paar Geschichten erzählen, auf meine Art, die nicht Menschenart ist. Lassen Sie mich sachlich, vorurteilsfrei oder herzlos berichten, wie es einem toten Gegenstand zukommt ..., denn mein Leben liegt wirklich hinter mir.«

Das Publikum verstand die Anspielungen, und der Film mußte und konnte sich darauf beschränken, alle Verweise auf Geschehnisse der braunen Epoche mit minimalistischen Bildern und Szenen anzudeuten. Die einzelnen Episoden erzählen in äußerst knappen Dialogen von einigen ganz priva-

Margarete Haagen und Isa Vermehren »In jenen Tagen«

ten, schicksalhaften Augenblicken aus »jenen Tagen«: Da ist ein Liebespaar, das in einen tiefen Konflikt gerät, weil der Mann überstürzt emigrieren muß (1), ein gefeierter Musiker, der nun als »entartet« gilt und seinen Beruf nicht mehr ausüben darf (2), ein Ehepaar, dessen Geschäft zertrümmert wird, weil die Frau Jüdin ist, und das danach gemeinsam Selbstmord begeht (3), ein Mann zwischen zwei Frauen, der von den Nazis auf der Flucht erschossen wird (4), und da sind Soldaten, die an der eisigen russischen Front in einen Hinterhalt geraten (5), hieß es in der Ankündigung.

In den ersten fünf Episoden und den kurzen Zwischenstücken wirken, von Käutner außerordentlich behutsam und eindringlich geführt, so großartige Schauspieler wie Erich Schellow, Werner Hinz, Karl John (als Parteigänger der Nazis), Franz Schafheitlin, Hans Nielsen, Willy Maertens, Hermann Schomberg und Hans Mahnke mit neben Schauspielerinnen wie (besser als in allen späteren Filmen) Winnie Markus, Alice Treff und Ida Ehre. In der vorletzten, der sechsten Episode geht es um eine junge Gehilfin Erna, die eine adlige Dame, die Mutter eines Widerstandskämpfers, in Sicherheit zu bringen versucht und sich dabei selbst der Mitwisserschaft überführt. Das junge Mädchen wird von Isa Vermehren gespielt, die Mutter des Widerstandskämpfers von Margarete Haagen. Daneben wirkt als Monteur Schmitt der ebenfalls aus dem Konzentrationslager zurückgekehrte Erwin Geschonnek mit.

Von der ersten Einstellung an verfolgt die Kamera das ernsthafte, scheinbar naive, in Wahrheit aber wissende und nachdenkliche Gesicht der Schauspielerin Isa Vermehren. Sie verkörpert eine einfache, aber warmherzige Seele. Nur äußerlich steht sie im Kontrast zu der vornehmen Dame, denn es ist unschwer zu erkennen, daß ihrer beider Sanftmut und Lauterkeit sie verbindet, daß sie beide auf ihre Weise das »bessere Deutschland« abbilden. Die Episode gehört zu den beklemmendsten des Films, und man meint Isa Vermehren anzusehen, daß sie das, wovon erzählt wird, aus eigener, leidvoller Erfahrung kennt. Die Natürlichkeit und Strahlkraft, die die junge Isa Vermehren in ihrer kleinen Rolle verströmt, prägt sich unauslöschlich ein. In keinem ihrer vorherigen Filme konnte sie auch nur annähernd so viel Talent und Reinheit unter Beweis stellen. Isa Vermehren spricht noch heute mit besonderer Vorliebe von ihrer Arbeit mit Helmut Käutner. Man kann sich gut vorstellen, daß ihr damals eine beachtliche Karriere als Charakterschauspielerin offenstand. Doch »In jenen Tagen« blieb Isa Vermehrens letzter Film. Ihr Interesse an der Schauspielerei und den Filmen, die in den folgenden Jahren in Deutschland entstanden, hielt sich dann doch in engen Grenzen.

Um ihre Lust an Auftritten auf der Kabarettbühne war es anfangs noch anders bestellt, und es kam auch noch einmal zu einem Engagement. Im Juni 1948 eröffnete Werner Finck,

Isa Vermehren 1947, fotografiert von Fritz Eschen

der Mentor aus alten Berliner Tagen, in Stuttgart sein neues Kabarett-Theater »Die Mausefalle« mit dem Programm »Wir sind wieder soweit«. Elsie Attenhofer, Max Werner Lenz, Trudi Schoop und Herta Worell gehörten zu den Mitwirkenden, und als Finck die Sängerin mit der Knautschkommode um Mitwirkung bat, trat diese im Juli desselben Jahres dem Ensemble bei. Das kleine Theater in der Tübinger Straße 17b bevorzugte längere Sketche, bald wurden auch kleinere satirische Stücke, ja sogar Operetten aufgeführt. Das Stuttgarter Haus wandelte sich schließlich zu einem echten Theater, das sogar Carl Zuckmayers »Der fröhliche Weinberg« unter der Regie von Peter Beauvais zur Aufführung brachte. Bis 1963 blieb Werner Finck Gesellschafter, aber da war Isa Vermehren längst nicht mehr dabei.

Sie war dreißig Jahre alt, als Finck sie nach Stuttgart rief, und alles andere als die freche Göre von damals, die so unbekümmert drauflossingen und auf zwei Fingern pfeifen konnte. Der Verblüffungseffekt fehlte ebenso wie die knisternde Gefahr. All das, was Isa Vermehren inzwischen erfahren hatte, ließ sich nur noch schwer mit der Amüsierlust der Nachkriegsgesellschaft verbinden. Zudem hatte sie längst einen ganz anderen Weg eingeschlagen. Die Zeit, da sie sich auf den Brettern des Kabaretts wohl fühlte, waren ein für allemal vorbei. Ihre Pläne waren jetzt andere.

Die Frau unter dem Schleier

Die Vermehrens seien immer für eine Überraschung gut gewesen, hat Peter von Zahn einmal gesagt. Tatsächlich zeugen die Lebenskurven *aller* Mitglieder dieser Familie (auch die der nachfolgenden Generation) von verblüffender Eigenwilligkeit und Unkonventionalität.

Nach dem Krieg trafen vier von ihnen in Hamburg wieder zusammen, und man kann sich nur schwer vorstellen, was in den vier ehemaligen KZ-Insassen vorgegangen sein muß, die ein Martyrium zu erleiden hatten, weil das jüngste Mitglied der Familie sich zur Flucht entschlossen hatte. Sie kannten dessen Beweggründe, die Einzelheiten der gefährlichen Flucht und den Hintergrund des Entschlusses damals nicht. Erst vor kurzem hatten sie erfahren, daß die Flucht gelungen war, und nach dem Krieg dauerte es noch einige Zeit, bis sie Kontakt zu dem Fahnenflüchtigen aufnehmen konnten. Da Erich Vermehren deutschen Boden vorläufig nicht betreten wollte, traf sich die Familie im Herbst 1945 an der Schweizer Grenze in Konstanz.

Alle drei Geschwister betonen heute, daß kein Familienmitglied Erich jemals Vorwürfe gemacht habe, daß er geflohen sei und damit soviel Leid über die anderen gebracht habe. Mag auch der Mantel der Liebe über manchen Schmerz gebreitet sein, wer die inzwischen bejahrten Geschwister erlebt, wie sie miteinander umgehen, lachen und diskutieren, wer sie über ihr Wiedersehen nach dem Kriege befragt, findet keinen Anlaß, ihren großherzigen Auskünften zu mißtrauen. Die Geschwister bilden noch immer eine spürbare, untrennbare Einheit. Sie beherrschen einer wie der andere die Regeln respektvoller Zuwendung, herzlicher Verständnisbereitschaft und, das vor allem, übermütiger und liebevoller Ironie. Man gewinnt in ihrer Gegenwart den Eindruck, daß die gemeinsamen Kindertage bis heute einen Zauber auf sie ausüben und sie verbunden haben über all die Jahre hinweg, in denen das Leben sie auf getrennten Wegen führte.

Erich und Elisabeth Vermehren, geb. Gräfin Plettenberg, hatten sich nach ihrer Ankunft in England trotz anfänglicher Unterstützung durch die Regierung schnell um ihr eigenes Auskommen bemühen müssen, was für Fremde aus einem feindlichen Land alles andere als leicht war. Zunächst half ihnen ihre Umsicht weiter, denn sie hatten gleich nach der Ankunft in London gebeten, man möge ihre in Istanbul zurückgelassene Habe, ihr Fluchtgepäck, vor der Nachsendung »gegen alle Gefahren« versichern. Die Prämie verschlang fast ihre gesamte Barschaft, erwies sich aber als kluge Investition: Als der Transport in England anlangte, waren die Koffer aufgebrochen und manches entwendet. Die Versicherer regelten den Schaden großzügig, wobei nach Erichs Ansicht »eine Rolle gespielt haben mag, daß der Schadenssachverständige Elisabeth Vermehren als ›Royalty‹ betrachtete, nachdem er auf einem Silberlöffel das Plettenbergsche Familienwappen gesehen (und sorgfältig kopiert) hatte«. Die Mittellosen erhielten eine Entschädigung von dreihundertzwanzig Pfund, immerhin ein kleines Startkapital.

Als *enemy aliens* bewarben sie sich nun hartnäckig auf dem Londoner Arbeitsmarkt, und es gelang Erich Vermehren schließlich, vorübergehend eine Anstellung als *assistant foreign language teacher* im Benediktiner-Internat von Worth Priory zu erhalten. Seine Frau betätigte sich zunächst in verschiedenen Wohlfahrtsorganisationen, besorgte deutsche Bücher für Kriegsgefangenenlager in den USA und folgte schließlich ihrem Mann als Lehrerin für Englisch (!), Latein, Mathematik und Kunsthandwerk nach Worth Priory. Wie es ihren Familien in Deutschland erging, wußten die beiden bis zum Ende des Krieges nicht.

Nach dem Krieg riefen sie eine »Agency for Intellectual Relief in Germany« ins Leben mit dem Ziel, »die Folgen der geistigen Isolation, in der Deutschland seit 1933 gelebt hatte, ein wenig zu lindern. Mit Hilfe von Freunden ließen sie eine Liste von etwa tausend wichtigen Büchern aus englischen und amerikanischen Verlagen drucken, die nach 1933 erschienen, aber aufgrund der Nazi-Zensur in Deutschland unbekannt geblieben waren«. Sie warben bei bekannten englischen Persönlichkeiten und konnten über die »Agency« im Verlauf von sechs Jahren ingesamt nahezu zwanzigtausend ausgewählte Bücher an deutsche Bibliotheken in der britischen Besatzungszone liefern. (Die Bundesregierung hat diese Initiative, die später von der englischen Besatzungsmacht als »Brücke« weitergeführt wurde, in einem eindrucksvollen Dankesbrief an den ehrenamtlichen Generalsekretär Erich Vermehren ausdrücklich gewürdigt.)

Nach der kurzen Phase als Hilfslehrer in Worth Priory gründete Erich Vermehren im Herbst 1945 eine Firma namens »Picadilly Parcels«, die vom britischen Ernährungsministerium die Erlaubnis zum Bezug streng rationierter Lebensmittel erhielt, mit der Auflage, diese nur gegen Auszahlung von Devisen auszuliefern. Erich und Elisabeth »organisierten in den USA, Kanada und Südafrika den Verkauf dieser Waren in Form von Geschenkpaketen, die sie in einer leeren Fabrikhalle postfertig packen ließen«. Aber mit dem Abbau der Rationierung erlahmte das Interesse an diesen Paketen. Den Gewinn der ersten Jahre investierte Erich nun in eine kleine Fabrik für Herrensocken, die jedoch Verluste machte, so daß er 1952 wieder ohne Mittel dastand.

Wieder studierte er tagtäglich die Stellenanzeigen in englischen Zeitungen, schrieb mehr als fünfzig Bewerbungen –

alles ohne Erfolg. Als er schon drauf und dran war, seine fruchtlosen Bemühungen aufzugeben, las er in der »Times« von einer Ausschreibung: »Eine Londoner Firma von Versicherungsmaklern suchte für ihre Schweizer Tochtergesellschaft mit Sitz in Zürich einen neuen Geschäftsführer.« Er bewarb sich. Nach einigen Wochen des Wartens erhielt er schließlich eine Einladung zum Gespräch und wenig später ein Angebot. Er wurde ein halbes Jahr lang im Londoner Stammhaus ausgebildet, dann konnten er und seine Frau nach Zürich übersiedeln.

Die weltweit tätige Maklerfirma »Interbroke Ltd.« hatte als erste Firma dieser Art in der Schweiz eine Konzession von Lloyds erhalten. »Sie hatte einen guten Ruf, aber wenige Kunden.« Nach schweren Anfängen verhalfen Erichs Geschick und ein »unerhörter Boom für große Bauprojekte in Entwicklungsländern« der Firma zu raschem Wachstum. Die Vermehrens bezogen ein hübsches Haus in Luzern, das Büro blieb jedoch in Zürich. Die Firma wechselte verschiedentlich den Eigentümer, und Erich Vermehren ging 1965 als Generalbevollmächtigter der britischen Muttergesellschaft für ganz Europa nach Paris. Um die erworbenen Anrechte auf die Schweizer Staatsbürgerschaft nicht zu verlieren, kehrten die Vermehrens aber nach einiger Zeit in die Schweiz zurück, wo sie sich in Montreux niederließen. Die eidgenössischen Pässe, die sie schließlich erhielten, waren ausgestellt auf Vermeeren de Saventhem. Diesen Namen hatten sie sich schon in England nach einem Ursprungsort von Erichs niederländischer Stammfamilie zugelegt.

Michael Vermehren hatte seine Dolmetschertätigkeit für die britische Besatzungsmacht bald wieder aufgegeben und sich nach Wien auf den Weg gemacht, um endlich seine Frau und den kleinen Sohn wiederzusehen, dessen Geburt 1944 der Mutter das Konzentrationslager erspart hatte. In Salzburg erlebte er indes eine böse Überraschung: Da er auf der Reise durch Deutschland nach Österreich von einem französischen

Offizier einen Passierschein erhalten hatte, hielten US-Offiziere (alles exilierte Deutsche in amerikanischer Uniform) ihn – die politischen Verhältnisse im Nachkriegseuropa waren ja verwirrend genug – für einen französischen Spion und inhaftierten ihn für drei Wochen.

In Wien hätte Michael sich dann beinahe noch einmal hinter Gefängnismauern wiedergefunden: Bei einem Spaziergang passierte er mit Isas altem Verehrer Willo von Moltke, der nach Europa gekommen war, um der Witwe seines nach dem 20. Juli 1944 hingerichteten Bruders beizustehen, einen Torbogen, über dem eine russische Fahne wehte. Sofort wurden die beiden von sowjetischen Soldaten festgenommen, was nichts Gutes verhieß, zumal für den Zivilisten Michael Vermehren. Von Moltke bestand allerdings darauf, daß der amerikanische Oberbefehlshaber benachrichtigt werde, und dieser drohte damit, die Regierung in Washington einzuschalten. Nach sechs Stunden konnten die beiden endlich die russische Wachstube wieder verlassen.

Michael Vermehren reichte es. Er hatte genug von den unwirtlichen Verhältnissen in Deutschland und faßte den Entschluß, Europa zu verlassen. Bald sollte sich ein Weg finden: Sein Schwager, der in Kolumbien lebte, lud ihn, seine Familie und die gemeinsame Schwiegermutter ein, dorthin zu übersiedeln. Europa, meinte auch er, sei ohne jede Perspektive. Michael und seine Frau nahmen die Einladung gerne an und machten sich nach Bogotá auf. Der Schwager plante eine deutsche Buchhandlung, die zum Verkauf stand, zu erwerben, um Michael und den Seinen den Start in der neuen Welt zu ermöglichen. Doch im letzten Augenblick erhielt ein anderer Interessent den Zuschlag. Michael, der davon erst bei der Ankunft in Kolumbien erfuhr, war zutiefst enttäuscht.

Vielleicht war es sein Glück, daß sich dieser Plan zerschlug, denn man kann sich den abenteuerlustigen Journalisten nur schwer als kleinen Buchhändler in der Innenstadt von Bogotá vorstellen. Um Geld zu verdienen, trat er erst einmal in ein Büro der Firma Price-Waterhouse ein, der Wirtschaftsprüfer-Gesellschaft, für die er schon in England tätig gewesen war. Aber seinen Job und die quirlige Hauptstadt empfand er bald als unerträglich. Als ihm ein befreundeter Deutscher anbot, mit ihm gemeinsam eine Plantage zu betreiben und dort Reis anzubauen, willigte er ein. Bald aber habe sich herausgestellt, daß das Interesse des Landsmanns mehr der Elisabeth Vermehren als dem Reisanbau gegolten habe, und so kam es zur Trennung der Partner.

Aber Michael Vermehren wollte auf dem Land bleiben. Ein anderer neu gewonnener Freund, Viehzüchter im heißesten Tiefland von Kolumbien, ermunterte ihn, einen kleinen Besitz in der Nachbarschaft zu kaufen. Michaels Einwand, dazu fehle es ihm an Geld, wurde entkräftet mit der Devise: »Erst einmal kaufen und besitzen.« Die Gelegenheit war äußerst günstig: Der Eigentümer des Anwesens wurde wegen Mordes gesucht, konnte also auf seinen Grund und Boden nicht zurückkehren und ließ sich gerne mit einem Zahlungsversprechen auf spätere Zeiten vertrösten.

Michael Vermehren ergriff die Gelegenheit. Wenn er nun nach Bogotá kam, um seine Familie zu besuchen, schwärmte er seinen Freunden von der Fruchtbarkeit des Bodens vor, den Wassermengen der Flüsse und den niedrigen Bodenpreisen in dem einige Flugstunden entfernten Landstrich und weckte damit ihre Investitionsbereitschaft. Sie ermächtigten ihn, gemeinsam mit dem erfahrenen Viehzüchter weiteres Land zu kaufen, und so erwarb er innerhalb von sechs Wochen fünfhundert Hektar Weideland. Dabei sollte es nicht bleiben. Bald war ein Farmbetrieb von mehr als zehntausend Hektar entstanden, zu dem fünftausend Rinder, ein Flugplatz und eine Zufahrtsstraße gehörten. Michael Vermehren war nur einer der Partner des Unternehmens, aber »Resident President«, das heißt, er leitete die Farm an Ort und Stelle, während die Partner in Bogotá blieben.

Die neue Freiheit, das Leben in rauher Natur, die Selbständigkeit, das alles genoß Michael zwei Jahre lang. Er war ein begeisterter Landwirt und Farmer, aber allmählich wirkte sich die Einsamkeit bedrückend aus, und er entschloß sich, seinem Leben abermals eine Wende zu geben: Er kehrte nach Deutschland zurück.

In Hamburg stieß er bald wieder auf Peter von Zahn, den Freund aus alten Tagen, der es inzwischen zu einem vielbeachteten Fernsehjournalisten gebracht hatte. Von Zahn unterbreitete Michael Vermehren ein verlockendes Angebot: Er solle als Korrespondent vom südamerikanischen Kontinent berichten, schließlich verfüge er doch über ausreichende journalistische Erfahrungen, und den Umgang mit dem Medium Fernsehen werde er bald beherrschen. Also machte Michael Vermehren sich erneut auf den Weg nach Kolumbien und lieferte von dort bald längere Filmberichte nach Deutschland. Endlich hatte er die berufliche Rolle seines Lebens gefunden.

Als Fernsehjournalist war er sehr erfolgreich. Beispielsweise war er der erste Korrespondent, der nach dem Desaster in der kubanischen Schweinebucht – die in den Vereinigten Staaten trainierte Invasionstruppe aus Exilkubanern scheiterte bei dem Versuch, Kuba »zu befreien«, kläglich, was den ohnehin ständig bedrohlicher werdenden Kalten Krieg zwischen Ost und West weiter anheizte – einen Film auf Kuba drehen und außer Landes bringen konnte.

Nach drei Jahren der Zusammenarbeit mit dem journalistischen Lehrmeister Peter von Zahn wechselte Michael Vermehren zum Zweiten Deutschen Fernsehen. In dessen Auftrag baute er in Brasilien ein Studio auf. Allmählich wurde er in allen Ländern Südamerikas als Korrespondent akkreditiert, so daß sein Arbeitsfeld von der Südspitze Argentiniens bis an die Grenze der USA reichte. Fünf aufregende Jahre verbrachte er in Rio, bis ihn – anfänglich zu seinem Leidwesen – das ZDF als Korrespondent nach Madrid versetzte. Er sollte

Kurt Vermehren, Jurist und Lebenskünstler, in den fünfziger Jahren

von nun an über die sich anbahnenden politischen Veränderungen in Spanien und Portugal, aber auch über Nordafrika berichten. Die Ablösung der Diktatoren stand bevor.

Der Wechsel erwies sich bald als Glücksfall. Michael Vermehren und seine Familie wurden in Spanien heimisch. Es gelang dem Korrespondenten, das Vertrauen des jungen Infanten und späteren Königs Juan Carlos zu gewinnen, so daß er den Übergang Spaniens in die Demokratie aus nächster Nähe beobachten und beschreiben konnte. Ebenso begleitete er die »Nelken-Revolution« in Portugal mit ausführlichen, überaus kundigen Reportagen. Auch hier verfügte er bald über gute Kontakte zu den neuen demokratischen Machthabern. Michael Vermehrens Beiträge und Filme fanden viel Anerkennung, sein markanter Kopf tauchte regelmäßig auf den Bildschirmen auf – zur Freude seiner Schwester Isa, die auf diese Weise ihren Bruder gelegentlich zu Gesicht bekam.

Wenn Michael Vermehren heute von den Jahren in Brasilien erzählt, vergißt er nicht, auf seine enge Freundschaft zu dem Franziskanerpater und späteren Bischof Boaventura Kloppenburg zu sprechen zu kommen. Dieser hielt an der Universität von Rio Vorträge über Glaubensfragen und habe darüber hinaus das erstaunliche Kunststück beherrscht, in seinem Kloster vor großem Publikum einen Tisch in die Lüfte steigen zu lassen. Einmal habe er, Michael Vermehren, eine solche Tischerhebung mit der Fernsehkamera festhalten lassen, und, siehe da, der Tisch habe sich auch unter deren unbestechlichem Auge in die Lüfte erhoben. Michael Vermehren legt allerdings Wert auf die Feststellung, daß seine Konversion zum Katholizismus – alle drei Kinder von Kurt und Petra Vermehren sind zum katholischen Glauben übergetreten – nicht auf dieses Mirakel zurückzuführen ist.

Kurt und Petra Vermehren haben nach dem Kriege nie wieder in einem Haushalt zusammengelebt. Ihrer beider Vorlieben und Interessen waren zu gegensätzlich. Der Anteil der gemeinsamen Zellenhaft an dieser Trennung muß Spekulation bleiben. Der lebenslustige Rechtsanwalt baute sich in Hamburg eine neue Praxis auf. Seine Frau zog es nach ihrer anfänglichen Tätigkeit für das Rote Kreuz wieder zum Journalismus. Erst 1948 wurde der einstigen Mitarbeiterin der Zei-

Petra Vermehren, Journalistin im diplomatischen Dienst, in San Francisco, fünfziger Jahre

tung »Das Reich« und späteren KZ-Insassin gestattet, wieder für die Presse zu arbeiten. Sie baute sich eine kleine Nachrichtenagentur in Hamburg auf, knüpfte bald Kontakte zur Regierung in Bonn – und wurde 1953 als Pressereferentin an das deutsche Generalkonsulat in San Francisco entsandt. Sechs Jahre hat sie dort gelebt und gearbeitet.

Von ihrem Mann war Petra Vermehren inzwischen geschieden. Dieser fand 1953 eine neue Lebenspartnerin, die er wenig später heiratete. Er wurde noch einmal Vater einer Tochter. Für Petra Vermehren (man kann getrost hinzufügen: und die Tochter Isa) muß die Scheidung trotz aller Entfremdung »ein Schock« gewesen sein. Dennoch – das geht aus den erhaltenen Briefen hervor – lag ihr das Wohl Kurt Vermehrens und auch das seiner neuen Familie bis zuletzt am Herzen. Ihre Ehe war zerbrochen und das Alleinsein oft schmerzhaft, aber die Erinnerung an die lichten Seiten der gemeinsamen Vergangenheit in rauhen Zeiten konnte ihr niemand nehmen. Von nun an lebte sie allein, und es gab Augenblicke, in denen sie das schmerzhaft empfand. Traurig meinte Isa Vermehren einmal über den Wunsch des Vaters nach einer Scheidung: »Hätte er mehr Enkel gehabt, wäre das nie passiert.«

»Ich bin kein Gottsucher, ich bin eine, die ihn gefunden hat. Für mich ist Christus die alleinige und einzige und wirklich göttliche Wahrheit, alle anderen profitieren von seinem Licht ... Es ist ja nicht ein formelhaft festgeklopfter Glaube, sondern ein ganz lebendiger. Deshalb fühle ich mich gar nicht unfrei, im Gegenteil, ich fühle mich gut aufgehoben, gelassen und vergnügt.«

Gelassen, vergnügt, frei und fest in ihrem Glauben aufgehoben – niemand, der Isa Vermehren begegnet, wird an diesem ihrem Lebensgefühl zweifeln. Als die einstige Sängerin fröhlich-frecher Lieder, die früh schon vom Katholizismus, vom Sohn Gottes und seiner Lehre in den Bann geschlagene Konvertitin und KZ-Gefangene nach dem Kriege im Orden des Sacré Cœur um Aufnahme ersuchte, hatte sie bereits einen langen Prozeß des Grübelns und Sich-Befragens hinter sich. Der Krieg hatte alle ihre zaghaften Pläne, dem weltlichen Leben zu entsagen und sich ganz in den Dienst des Glaubens und, mehr noch, des Gehorsams zu stellen, zunichte gemacht. Kaum der Haft und dem Krieg entronnen, flammte ihr sehnlicher Wunsch, in den Orden einzutreten, wieder auf.

Zunächst galt es für Isa jedoch, sich der Last der Erinnerung durch eine detaillierte Niederschrift zu entledigen und dadurch erst einmal die Voraussetzungen für ein »Zurück zur Normalität« zu schaffen. Als das vollbracht war, konnte sie den entscheidenden Schritt tun. Es bedurfte nur noch einer Übereinkunft mit dem Orden, aber die war alles andere als leicht zu erringen. Schon einmal hatte er abgewunken, und sie hatte immer noch nicht mehr zu bieten als einen unbändigen Willen und die Gewißheit, daß sie sich – erst recht unter dem Eindruck der KZ-Haft – gründlich geprüft hatte. Von nichts und niemandem würde sie sich von ihrem Wunsch abbringen lassen.

1947 zog Isa Vermehren nach Bonn. Sie wollte dort Theologie studieren »in der irrigen Meinung, daß das meine religiösen Lebenserwartungen befriedigen würde«. Aber »da ich nicht wußte, wie man studiert, und ich mich auch fürs richtige Lernen ganz unbegabt fühlte, wurde aus dem Studium nichts«. Aber sie verfolgte mit dem Wechsel nach Bonn noch ein anderes Ziel: Die Expedition in ein anderes, »richtiges Leben« hatte begonnen. Noch im selben Jahr erkundigte sie sich im Herz-Jesu-Kloster Pützchen bei Bonn nach den Bedingungen für eine Aufnahme. Die Skepsis gegenüber einer Konvertitin, die zudem für den Eintritt ins Kloster inzwischen schon recht alt war, ließ die Antwort sehr reserviert ausfallen. Isa war jetzt neunundzwanzig Jahre alt und hatte einem Orden, der sich an den – nicht zuletzt auch akademischen – Anforderungen der Gründerin Sophie Barat ausrichtete, tatsächlich nichts zu bieten außer ihrer ungewöhnlichen Lebenserfahrung.

Die »finster« Entschlossene ließ sich nicht abweisen. Als sie über ihre in London lebende Schwägerin Elisabeth eine Einladung zu einem Meeting katholischer und evangelischer *Churchwomen* nach England erhielt, nutzte sie diese Gelegenheit zu einem Vorstellungsgespräch bei einer dortigen Sacré-Cœur-Niederlassung. Zu ihrer Freude zeigte sich, daß man ihr dort keinerlei Schwierigkeiten in den Weg legen würde. Solchermaßen gestärkt, reiste sie nach Deutschland zurück. Das Interesse der englischen Ordensfrauen sprach sich schnell bis nach Pützchen herum, und siehe da, die Oberin Mutter Tiefenbacher sah das Ersuchen der engagierten jungen Frau jetzt mit anderen Augen. Wer so hartnäckig an-

Von Isa selbst zum Geburtstag des Vaters modellierte Gipsbüste, 1947

klopfte, war vielleicht doch aus dem Holz, das den Idealen des Ordens entsprach. Allerdings, so machte die Oberin der Zugang Suchenden unmißverständlich deutlich: Vor einer endgültigen Aufnahme müsse ein Studium stehen. Daß sie »Autofahren, Ziehharmonika spielen, singen, Schuhe putzen« könne, sei wenig hilfreich. »Lernen Sie erst mal etwas, machen Sie ein anständiges Staatsexamen«, habe die Provinz- und Hausoberin erklärt. »Wir brauchen tüchtige Lehrerinnen!«

Isa Vermehren fühlte sich nicht gerade zur Lehrerin berufen, dennoch willigte sie sofort ein. Der Vater erklärte sich bereit, das Studium zu bezahlen. Sie wollte nur die allernötigsten Mittel dafür beanspruchen. Bescheidenheit und Anspruchslosigkeit hatte sie gelernt. An materieller Bequemlichkeit war ihr nicht gelegen, ihr ging es jetzt um etwas ganz anderes: um die unwiderrufliche Integration in einen Orden, der seinen Schwestern ein Äußerstes an Gehorsam und Hingabe abverlangte.

Man habe ihre Entschlossenheit in Pützchen nach allen Regeln der Kunst auf die Probe gestellt. »Sie sind doch so musikalisch, und wir singen hier ein so fürchterliches ›Offizium‹ – gehen Sie doch zu den Benediktinerinnen, die singen ein herrliches Offizium, das macht Ihnen mehr Freude.« Aber sie habe sich um nichts in der Welt davon abbringen lassen, daß sie nur diesem und keinem anderen Orden angehören wolle, der Glaube und Unterwerfung so unvergleichbar mit höchsten Ansprüchen an das intellektuelle Durchdringen und Vermitteln von keineswegs nur theologischem Wissen verband. »Ich wollte in diesen Herz-Jesu-Orden eintreten, die Sache war mir so in die Nase gestiegen wie ein unglaublich schöner, süßer Duft …, das ist so eine Wahl, die trifft man nicht, sondern man wird getroffen. Dieses Sich-für-den-Orden-berufen-Fühlen, das macht man nicht, das findet man plötzlich vor.«

Auf die Frage, ob nicht doch auch Zweifel und Verzagtheiten über sie gekommen seien, hat Isa Vermehren immer mit einem entschiedenen *Nein* geantwortet. Unsicher sei sie eher gewesen, ob sie ihren eigenen Anforderungen genügen könne und »ob der Orden meinte, ich würde genügen, ich würde passen und ich würde es schaffen«. Nie aber hätten sie Zweifel geplagt an ihrem Entschluß: »Ich soll es, und ich will es!« Die freilich sollten sie – es wäre ein Wunder, wenn es anders gekommen wäre – später doch noch befallen. Aber ihrem Entschluß haben sie nichts anhaben können. Sie fühlte sich berufen.

Die Oberin erlaubte ihr, während der Ausbildung im Herz-Jesu-Kloster von Pützchen zu wohnen. Man wies ihr ein winziges Zimmer zu. Sie nahm sich vor, das Studium in den

Fächern Englisch und Deutsch, das sie zur Übernahme des Lehramts an höheren Schulen befähigen würde, so schnell wie möglich hinter sich zu bringen. Mit den Auftritten als Sängerin sollte es ebenso vorbei sein wie mit der Annahme von Filmrollen – es sei denn, der zeitliche Aufwand war gering und das Honorar, das sie dringend benötigte, war verlockend. Das enorme Arbeitspensum ließ solche Pläne freilich bald in den Hintergrund treten, und so holte Isa Vermehren ihre »Knautschkommode« für öffentliche Auftritte kaum noch hervor. 1951 gab sie zwei Soloabende im Hamburger Zimmertheater Helmut Gmelins, um ihre Schulden zu bezahlen. Es war ihr letzter Auftritt. Von nun an gab es die in der Öffentlichkeit auftretende Sängerin Isa Vermehren nicht mehr.

Das Gebäude des Klosters, in dem sie nun wohnte, hatte ein Arzt 1911 als Sanatorium inmitten einer ausgedehnten Parklandschaft errichten lassen. Aber die anfänglich sehr frequentierte Anstalt hatte bald nach dem Ende des Ersten Weltkriegs schließen müssen, weil die Patienten aus dem Ausland ausblieben. Im Februar 1920 hatte der Orden, der nach Aufhebung des Bismarckschen Kulturkampfdekrets von Österreich aus Räumlichkeiten für eine neue Niederlassung suchte, das Grundstück mit den dazugehörenden Gebäuden erworben. Noch im selben Jahr waren eine »Nähschule« für Dorfkinder und ein Internat mit anfänglich vierundzwanzig Schülerinnen für die Klassen bis zur Sekunda eröffnet worden. Ein Jahr später folgte ein Kindergarten, ein weiteres Jahr später begann das Schuljahr bereits mit achtundsechzig (Internats-)Schülerinnen. Die Zahl wuchs schnell weiter an. 1925 – es war das Jahr, in dem Sophie Barat in Rom heiliggesprochen wurde – errichtete man einen Neubau und übergab das zu eng gewordene alte Haupthaus, die »Marienburg«, an die Karmeliterinnen. 1928 besuchten schon hundert Schülerinnen das Internat. 1929 wurde mit der Eröffnung der Obersekunda das Oberlyzeum eingerichtet. 1932 nahm die Oberschulrätin aus Koblenz zum ersten Mal die Abiturprüfung ab, die vierzehn Schülerinnen bestanden.

1936 verfügte die inzwischen nationalsozialistisch geprägte Schulbehörde den Abbau der Sexta. Nach Ausbruch des Krieges wurde die Schule auf sechzig Schülerinnen verkleinert und Teile in ein Lazarett verwandelt. 1940 ließen die Nazis das Lyzeum und das Internat schließen. Die Ordensschwestern mußten jetzt im Feldlazarett (das am Ende des Krieges achthundert Betten bereitstellte) als Krankenschwestern und in der Küche arbeiten. Im November 1944 kamen die Oberin und eine Schwester bei einem Bombenangriff ums Leben.

Ostern 1945 wurde das Haus von amerikanischen Truppen befreit und das Lazarett zum zivilen Krankenhaus umgebaut. Noch im selben Jahr wuchs neues Leben aus den Ruinen, begann im alten Haupthaus wieder der Unterricht. Die Militärregierung machte zur Bedingung, daß die Schule von nun an auch externe Schülerinnen aufnahm. Im Laufe der Jahre überstieg deren Zahl dann die der Internatsschülerinnen. Seit 1947 durfte in Pützchen wieder das Abitur abgelegt werden.

»Das Studium habe ich vom ersten Tag an als eine mich fast vernichtende Herausforderung empfunden, verfolgt von der Angst, daß ich dieser intellektuellen und moralischen Bewährungsprobe nicht gewachsen sei. Mein Innenleben gleicht in diesen Jahren einem riesigen Rangierbahnhof, wo ständig Züge ankommen und andere abfahren – Züge mit Altlasten aus der Vergangenheit, die irgendwie gelöscht werden müssen, gleichzeitig werden neue Gleise angelegt in Richtung Zukunft, mit anderer Spurweite.«

Was sich im nachhinein so beherrscht und stringent anhört, muß ein sisyphushafter Prozeß disziplinärer Unterwerfung unter die harten Anforderungen des Glaubens *und* Lernens gewesen sein. Isas fester Wille, sich von nichts und niemandem von ihrer Entschlossenheit abbringen zu lassen,

Kloster Pützchen, ein ehemaliges Sanatorium

muß förmlich Berge versetzt haben. »Ständig ist ein lebhafter Tauschhandel im Gang: mit Verzichten hofft man Gewinne einzutreiben, mit dem Einsatz von Großmut Hindernisse zu überwinden« – das klingt abgewogen und kontrolliert, aber im Inneren der jungen Frau müssen damals einige Stürme um die Selbstbeherrschung getobt haben.

Es waren ja auch alles andere als »normale« Zeiten, in denen sich Isa Vermehren von morgens bis in die Nächte im Eiltempo durch das Studium »grub«. Um sie herum schickte sich die kleine, bis dahin so beschauliche Stadt Bonn am Rhein an, die (west)deutsche Politik zu prägen. Im Juni 1948 sorgte die Währungsreform dafür, daß förmlich über Nacht die Weichen für einen neuen Wohlstand und für eine neue Republik gestellt wurden. Die Blockade West-Berlins durch die Sowjetunion sorgte gleichzeitig für neue Angst und neuen Schrecken. Der Osten forderte eine gesamtdeutsche Regierung. Die USA, Großbritannien, Frankreich und die Beneluxstaaten unterzeichneten in London ein Kommuniqué, das die Voraussetzungen für einen provisorischen westdeutschen Teilstaat schaffen sollte. Im August traf sich in Herrenchiemsee ein Ausschuß der westlichen Landtage, um die Ausarbeitung einer Verfassung durch einen Parlamentarischen Rat vorzubereiten. Am 1. September wurde in der Pädagogischen Akademie Bonn Konrad Adenauer zum Vorsitzenden gewählt. In Ost-Berlin legte der sowjetzonale Volksrat einen Entwurf zur Verfassung einer »Deutschen Demokratischen Republik« vor – die Zeichen standen auf Sturm, Spaltung und Feindseligkeit. Am 23. Mai 1949 wird in Bonn das Grundgesetz der Bundesrepublik Deutschland verkündet, wenige Tage später in Ost-Berlin die Verfassung der Deutschen Demokratischen Republik verabschiedet.

Während die Kirchen im westdeutschen Teilstaat wieder an Macht und Einfluß gewannen, versuchten die kommunistischen Regierungen des Ostens, den Katholizismus zurückzudrängen, nicht zuletzt durch Schauprozesse gegen seine Anhänger. Am 25. Juni 1950 rückten die nordkoreanischen Truppen in Richtung Süden aus, ein Krieg begann, der die Welt erneut einem Abgrund entgegentrieb. Abermals ging in Europa die Angst vor der Atombombe um. Ein unheimlicher, kalter Krieg bestimmte nun das zwischen Angst und einem durch den wachsenden Wohlstand hervorgerufenen Zukunftsoptimismus hin und her schwankende Klima der Bundesrepublik, in dem noch überall die Spuren kriegerischen Irrsinns zu finden waren.

Das alles muß wenig Eindruck auf die junge Studentin gemacht haben, die sich mit Energie zwischen Universität und Klostermauern auf ihr neues Leben vorbereitete. Sie wußte:

»Im Kloster war es tabu, überhaupt von sich selbst, von seiner Vergangenheit, von seiner Familie zu sprechen, auch das Thema Politik war ausgeklammert. Da liefen die Gespräche so über andere Spulen, da kam einem die Frage nach der politischen Einstellung gar nicht mehr. Das wurde erst später wieder erheblich, als ich durch den Unterricht mit Kindern und Eltern ins Gespräch kam ...«

Wie sie damals in Berlin, im Studentinnenheim des Sacré Cœur, den strikten Ausschluß von jeglicher Politik als wohltuend und heilsam empfunden hatte, genoß sie jetzt die Konzentration auf ihren Glauben und die Wegbereitung Sophie Barats, die schließlich in kaum weniger stürmischen Zeiten beharrlich ihren Orden gegründet, für ihn gelebt und ihn über Europa ausgebreitet hatte. Isa Vermehren empfand ihn als einzig schlüssige Antwort auf den Ruf Gottes, den sie – zum ersten Mal an sie herangetragen in der denkwürdigen Begegnung mit Elisabeth Plettenberg in der Berliner Fasanenstraße – so unüberhörbar immer wieder vernommen hatte.

Was für Sophie Barat zuerst der ältere Bruder gewesen war, der, wie Isa Vermehren es in ihrer biographischen Skizze über die Ordensgründerin festhielt, »ihre überdurchschnittliche Begabung und Aufgeschlossenheit und außergewöhnliche Bereitschaft, sich formen und führen zu lassen«, zum Anlaß nahm, die Schwester in alle Tiefen des Glaubens und des humanistischen wie naturwissenschaftlichen Wissens einzuführen, das war für die Sängerin aus Lübeck Elisabeth Plettenberg gewesen. Was für Sophie Barat später der Pater Varin wurde, der ihr »den Weg in ihre apostolische Berufung« wies, wurden für Isa Vermehren die Provinzialoberin Maria Tiefenbacher, die Novizenmeisterin Mathilde Wieman (eine Cousine des Schauspielers Mathias Wieman) und einige Laienschwestern. Die Kommunität war – wie bei fast allen apostolischen Orden – damals noch in zwei Stände gegliedert: die Chorfrauen und die Laienschwestern. Erstere verantworteten Erziehung, Unterricht und höhere Ämter, letztere versorgten

Haus und Hof. Es habe, meint Isa Vermehren, bezaubernde Vorbilder in beiden Gruppen gegeben – und solche, die sich weniger als Vorbild eigneten.

Liest man Isa Vermehrens eindringliche Studie über Sophie Barat mit dem Blick auf ihre eigene Lebensentwicklung, ist die Empfindung der Seelen- und Glaubensverwandtschaft unübersehbar. Anderthalb Jahrhunderte lagen zwischen der Gründung des Ordens und Isa Vermehrens Eintritt, das waren hundertfünfzig Jahre, in denen ein fruchtbarer Keim weltweit tiefe Wurzeln geschlagen hatte. Glaube und Hingabe an das Herz-Jesu-Studium und seine Lehre – wie viele andere Frauen hatte der apostolische Auftrag auch Isa entflammt. Sie lebte nur noch auf den Tag hin, an dem sie endlich ein vollgültiges Mitglied des Sacré Cœur sein würde.

Im Juni 1951 legte sie ihr Examen an der Universität Bonn ab, keineswegs, wie sie vergnügt anmerkte, mit überdurchschnittlichen Leistungen, aber doch zur Zufriedenheit ihrer gestrengen Prüfer. Die Eltern waren nach Bonn geeilt, denn das Examen bedeutete den Abschied vom weltlichen Leben ihrer Tochter. Sie standen dem radikalen Schritt voller Skepsis gegenüber, aber sie hatten sich längst gefügt, da sie erkannt hatten, daß keine Kräfte der Welt sie noch von ihrem Entschluß abbringen konnten. Dem Examen eine Doktorarbeit anzufügen, hätte bedeutet, den Klostereintritt zu verschieben. Die Ungeduld und die Sorge, dem vollkommenen Gehorsam nur auszuweichen, waren bei Isa aber so stark, daß sie solche Pläne schnell wieder verwarf. Dabei wäre sie – ihre vielen klugen Veröffentlichungen zeigen es – zur Promotion leicht in der Lage gewesen.

Ein letztes Mal begaben sich Mutter und Tochter nach der erfolgreichen Abschlußprüfung »in Zivil« auf eine gemeinsame Reise. In einem gemieteten Auto fuhren sie in Richtung Süden und verbrachten die letzten unbeschwerten Tage der Ungebundenheit in vertrauter Gemeinsamkeit am Bodensee.

Dann kam der 15. September 1951. Eine eucharistische Segensandacht im Kloster markierte die Zäsur. Danach geleitete die Novizenmeisterin Isa zum ersten Mal durch die geheimnisvolle Türe zum abgeschlossenen, nur für die Nonnen erreichbaren Bereich des Klosters, der Klausur. Als Isa dort vor Maria Tiefenbacher stand, habe diese lächelnd gefragt: »Na, wie fühlen Sie sich jetzt?« Ihr sei »ziemlich ernst zumute«, habe sie geantwortet.

Als Isa Vermehren in das Herz-Jesu-Kloster von Pützchen eintrat, gehörten nahezu siebzig Ordensfrauen zur Kommunität des großen Hauses, das daneben Platz bot für mehr als hundert Internatsschülerinnen, etwa zwanzig »Hauskinder« (junge Mädchen aus der ländlichen Umgebung, die von den Schwestern in die Haushaltsführung eingewiesen wurden) und zwölf Angestellte aus verschiedenen Berufen. Der Klosterbetrieb war nahezu autark; er bot seinen Bewohnern Geborgenheit. Nach den entbehrungsreichen Kriegsjahren hatte die wiedergewonnene Freiheit die Ordensfrauen mit einem Schwung erfüllt, der die neu Angekommene mitriß.

Ein halbes Jahr dauerte das Postulat, die Zeit bis zur Einkleidung, bei der ihr erst einmal das Ordenskleid mit dem für Novizinnen vorgesehenen weißen Schleier angelegt wurde. »Die Frage ist, ob man bleibt, bleiben darf, bleiben kann, bleiben muß, will, wird ..., das entscheidet sich während dieser langen Zeit der Heranbildung. Das Postulat dauert ein halbes Jahr, und dann wird neu entschieden ... Man stellt ja vielleicht manchmal fest, daß eine Schwester total unbegabt ist für das Gemeinschaftsleben: die kann und kann sich nicht fügen. Oft ist es auch so, daß die Gesundheit nicht mehr durchgehalten hat. Da sieht man dann: Da fehlt es an der Substanz, das trägt nicht genug. Dafür ist die lange Zeit da.«

Das Noviziat war die Zeit strenger Prüfung. Was sie sich dabei abverlangte, war hart, aber sie war ja darauf vorbereitet gewesen. »Wir durften keinen Schritt auf die Straße setzen. Zur Universität durfte man gehen – in Begleitung, und zum

Zahnarzt durfte man gehen: auch in Begleitung! Um die Gesundheit war man besorgt, aber das bedeutete nicht, daß nun jeder losspazieren konnte zu irgendeinem Arzt! Nein, das wurde alles von oben entschieden.«

Um fünf Uhr dreißig hieß es aufstehen, dann folgte von sechs bis sieben Uhr eine stille Betrachtung. Zwischen sieben und Viertel nach sieben wurden die Laudes gebetet, ein Wechselgesang in Psalmen. Es folgte die Heilige Messe, die bis acht Uhr dauerte. Danach ein kurzes Frühstück, bei dem geschwiegen wurde. Nun nahmen die Schwestern die häusliche Arbeit auf, »man raste in den Garten oder in die Küche«, half unter Anleitung einer älteren Schwester beim Kochen oder der Wäsche, eilte zum Unterricht in Französisch oder Kirchengeschichte. Während des schweigend eingenommenen Mittagessens wurden Abschnitte aus Biographien von Heiligen vorgelesen. Danach ging es in die Spülküche zum Abwaschen. Auch hier war freies Sprechen untersagt. Danach wieder Gartenarbeit, Obstpflücken oder Unkrautjäten. Nachmittags lauschte man der Lesung von Schriften eines theologischen Autors, danach folgte eine halbe Stunde Anbetung vor dem Tabernakel. Ein Vespergebet in der Kapelle vor dem Abendessen um halb sieben läutete den Abend ein. Erst jetzt gab es eine halbe Stunde Freizeit. Um neun Uhr folgte das Abendgebet. Um neun Uhr vierzig mußten die Lichter gelöscht werden. Klingelzeichen zeigten jeden der immer gleichen Schritte des Tagesablaufs an, der sich nach dem sogenannten *coutumier*, dem Gebräuchebuch des Ordens, richtete.

Als Sophie Barat ihre Gesellschaft gründete, hatte die Herz-Jesu-Verehrung weite Kreise der Gläubigen erfaßt, worauf die ersten Paragraphen der Ordensregeln Bezug nehmen. »Gott, dessen Vorsehung zum Wohle seiner Kirche alles weise lenkt, hat ihr zu allen Zeiten die notwendige Hilfe gegeben, aber er hat ihr vor allem in diesem Jahrhundert seine Güte und Freigebigkeit erwiesen, indem er ihr die unermeßlichen Gnadenschätze seines Sohnes offenbarte«, heißt es in

Paragraph 1, und im nächsten Paragraphen: »Die Herz-Jesu-Verehrung trägt Züge, die den Finger Gottes klar erkennen lassen: ihre schnelle Verbreitung in der ganzen Christenheit.«

Jeden Tag wurden die Novizinnen mit den einzelnen Satzungen der Ordensregeln vertraut gemacht. Dabei sei es, so berichtet Isa Vermehren, nicht um das »Befolgen«, sondern um das eigene Verstehen und Betrachten der Ordensgemeinschaft gegangen. Es sei darum gegangen, durch die bewußte Befolgung der Regeln jene Tugenden freizulegen, die seit der Gründung den Orden bestimmten. In Paragraph 8 wird aufgeführt, mit welchen Mitteln der Orden vor allem in die Welt hineinwirken möchte: »Erziehung junger Mädchen in Internaten, unentgeltlicher Schulunterricht armer Kinder, Exerzitienkurse für Menschen in der Welt, notwendiger Verkehr mit Auswärtigen.« Nun wird die genaue Abfolge der Ausbildung beschrieben: Auf das sechsmonatige Postulat (Probezeit) folgt das zweijährige Noviziat, das mit der Ablegung der drei Gelübde – Armut, Keuschheit und Gehorsam – und der Einkleidung mit der schwarzen Nonnentracht seinen Abschluß findet. Daran schließt sich die Zeit als Aspirantin an, die fünf Jahre dauert und (nach einer nochmaligen Probezeit von drei Monaten) mit den ewigen Gelübden endet, »die nur vom Heiligen Stuhl gelöst werden können«.

Das Besitzrecht über eigenes Vermögen bleibt erhalten, die Verfügungsgewalt darüber nicht. In weiteren »Konstitutionen« (von 1815) werden Antworten auf Fragen des geistigen und tätigen Zusammenlebens erörtert. Dabei wird besonders auf Fragen des Gehorsams eingegangen. Was diesen beträfe, sollten die Ordensschwestern »erwägen, wie sehr das Herz Jesu diese Tugend geliebt hat. Er ist zu den Menschen gekommen, um zu dienen, nicht, um bedient zu werden, und er wurde gehorsam bis zum Tod am Kreuz.« Darauf gründen sich »die Merkmale des wahren Gehorsams, durch den der Mensch sich seinem Gott vollständig unterwirft«. Die Schwestern sollen lernen,»in allem unverzüglich, freudig und mit Liebe zu gehorchen und ihre Neigungen, ihren Widerstand, ihren Willen und ihr Urteil ständig aufzugeben«. Helga Böse, eine Weggefährtin Isa Vermehrens über viele Jahre, selbst Dienerin der Kirche, Lehrerin, später Schuldirektorin und heute mit dem Aufbau eines Nonnenordens beschäftigt, weist darauf hin, daß unter»Abtötung« nicht eine Zerstörung der menschlichen Natur verstanden werden dürfe, sondern die Überhöhung von Körper und Seele zu einer neuen Ganzheit.

»In der äußeren Haltung sollen Bescheidenheit, Sanftmut und Frieden die Herzensreinheit der Schwestern zum Ausdruck bringen. Diese Herzensreinheit verlangt von ihnen, nie zu vergessen, daß sie – nachdem sie Vater, Mutter, Brüder, Schwestern und alles, was ihnen in der Welt am liebsten war, verlassen haben, um Jesu anzuhängen – frei von jeder Anhänglichkeit an Fleisch und Blut sein sollen und für alles, was sie natürlicherweise geliebt haben, fortan eine reine Liebe nach dem Beispiel des Herzens Jesu haben sollen.« Auf vielen Seiten werden die Regeln der Gemeinschaft bis ins kleinste Detail ausgebreitet. Später wurden sie in dem Bemühen neu gefaßt, sie dem veränderten Zeitgeist anzupassen. Für den Orden ist diese Anpassung, wie sich zeigen sollte, nicht ohne Auswirkungen geblieben.

Isa Vermehren hat ihre natürliche Heiterkeit nie verloren. Gerne erzählt sie davon, wie oft sie gemeinsam mit ihren Mitschwestern gelacht habe, und wer ihr heute begegnet, vermag sich das auch nicht anders vorzustellen. Bevor sie ihre Lehrtätigkeit an der Klosterschule aufnehmen durfte, gab es aber noch viel zu lernen und zu arbeiten – vor allem an sich selbst. Von 1952 bis 1954 dauerte das Noviziat, an dessen Ende die zeitlichen Gelübde standen. Es war eine harte Lehrzeit, bis sie in die apostolische Gemeinschaft aufgenommen wurde. Zunächst hatte die Novizin unter Anleitung der Novizenmeisterin die – wie es in den Konstitutionen heißt –»Gnade ihrer Berufung« zu entdecken:»das Leben aus Liebe zu verschenken ..., Arbeit, Muße und Gebet, ihre Beziehungen zu den anderen und Entspannung in Einklang zu bringen«.

Ein alter Grundsatz laute, meinte Isa Vermehren einmal, eine Novizin müsse bei aller Härte der Unterwerfung und Hingabe »gut essen, gut schlafen und gerne lachen«. Dahinter verbirgt sich die tradierte Erfahrung, daß eine Novizin, die nicht gesund essen, schlafen und lachen kann, auch nicht in der Lage ist, die von ihr geforderte Einübung in das klösterliche Leben unbeschadet zu bestehen. Es ist eine Zeit der Prüfung, die den ganzen Menschen auf eine einzigartige Probe stellt und »eine verantwortete Entscheidung ermöglicht«. Gegenseitige Unterstützung der Novizinnen auf diesem Weg ist ein ebenso selbstverständliches Gebot wie die kundige und selbstlose Unterweisung durch erfahrene Ordensfrauen, »sich selber besser kennenzulernen und anzunehmen, die Formen und den Rhythmus ihres Betens zu finden, über den Einklang von Leben und Tun nachzudenken und immer mehr in die Ordensgemeinschaft hineinzuwachsen«.

Auch nach dem Eintritt in den Orden vom Sacré Cœur setzte Isa Vermehren ihre bereits seit dem fünfzehnten Lebensjahr intensiv gepflegte Praxis fort, ihre geheimsten Gedanken über die Welt einem Tagebuch anzuvertrauen. In eingehenden Betrachtungen legte sie sich – mit nur geringfügigen Unterbrechungen – über sich selbst und ihr Verhältnis zu ihrem Orden, über dessen interne Veränderungen im Wandel der Zeit, über Fragen des Glaubens und der Erziehung, über Erfolge und Mißerfolge ihrer Integration, über kleine und große Konflikte zwischen Innen- und Außenwelt Rechenschaft ab. Die meist mit der Maschine eng beschriebenen Seiten füllen viele dickleibige Ringbücher. Sie waren für niemanden anders gedacht als für die Verfasserin selbst.

Wo immer man in dieser Textfülle liest, bestechen die Präzision und die Farbigkeit des Ausdrucks, insbesondere auch die schon in der »Reise durch den letzten Akt« so wirkungsmächtig erprobte Fähigkeit, komplizierte Gedanken und Einsichten sinnlich erfahr- und nachvollziehbar zu formulieren. So sehr die Tagebücher um den unverrückbaren Glauben und um die Größe des Sacré-Cœur-Auftrags kreisen, so konsequent dokumentieren sie auch die keineswegs zurückhaltenden, aber von Respekt und Takt diktierten, vom glühenden Verlangen nach Ehrlichkeit und Wahrhaftigkeit angetriebenen Bemühungen der Ordensschwester um ein eigenständiges und – wo immer notwendig – kritisches Reflektieren. Schon die allerersten Eintragungen verraten trotz aller Glaubens- und Unterwerfungseuphorie gelegentlich leise bohrende Zweifel nicht etwa an der Entscheidung, den Weg in den Orden gewählt zu haben, sondern an der ausreichenden Eignung, seinen Anforderungen Genüge leisten zu können.

»Der Schritt aus der menschlichen Gemeinschaft hinüber in die Zweisamkeit mit Gott«, heißt es in einer Eintragung des ersten Jahres, seien Anforderungen, »die mich ganz nervös machen«. Sie erschienen »manchmal furchtbar schwer, kalt und hart wie gefrorener Boden im Winter. Aber nur manchmal, oft genug und genau anders als Inbegriff der Freiheit, die zugleich durchsichtig ist und macht.« Immer wieder muß sich die Novizin zur unbedingten Hingabe an Gott in der apostolischen Gemeinschaft ermahnen, immer wieder notiert sie die Mechanismen der auferlegten und gewollten Hingabe, ohne den Prozeß auch nur im geringsten zu verklären.

»Abtötung ist ein schwieriges Gewerbe und eines, das einem durch nichts und niemanden abgenommen werden kann. D. h. das eine ›ja‹, um das es bei aller Abtötung geht, ist eines des freien Willens, der einem nur nahegelegt, aber nicht mit irgendeinem Automatismus abgenommen werden kann. Der sich nahelegende Verzicht muß bejaht werden, oder – wenn der begehrte Gegenstand einem wider Willen vorenthalten wird – dann muß die Bejahung sofort nachspringen, oder aber es zerreißt einen.«

Man kann sich unschwer vorstellen, welche inneren

Kämpfe da noch nicht abschließend ausgefochten waren. Doch es überwiegt der Entschluß, auf dem eingeschlagenen Weg mit aller geforderten Härte gegenüber sich selbst voranzuschreiten. Ein kritisches Infragestellen des kirchlichen Organismus, das sich gelegentlich zaghaft andeutet, wird immer wieder einsichtig zurückgenommen.

Einen Tag später heißt es: »Es lebe die Abtötung! Die Parole ist wenigstens zur Zeit ganz wirksam. Das erste, was sie im Gefolge hat, ist das Gefühl einer allgemeinen Lähmung, denn wie abtrennen, -reißen, -schneiden? – das ist verschieden. Dann folgt eine sogartige Traurigkeit, in der alles wieder in die alte Haltung zurückzusinken droht. Am besten ist: nicht hingucken und darüber hinweggehen. Das hilft am ehesten, und natürlich: Beten! Sich ganz hinhalten, alles durchaus bejahen. Das bewirkt am meisten. Angefangen habe ich mit dieser Form der inneren Abtötung seit meiner Konversion.« Doch bei anderer Gelegenheit meinte Isa Vermehren einmal: »Auch der sicherste Mensch ist nicht vor Unsicherheiten gefeit ...«

Die Konversion Isa Vermehrens fand ja bereits im Jahr 1938 statt, sechs Jahre vor der Einlieferung in das Konzentrationslager, und man kann aus solchen Sätzen gut herauslesen, welche Kräfte Isa Vermehren auf der Grundlage ihres Glaubens aktivieren konnte und mußte, um die Lagerzeit unbeschadet zu überstehen und sich danach unverzüglich mit Bravour das Erlebte von der Seele zu schreiben.

Einmal notierte sie: »Mein innerster Haushalt hat immer große Subsidien bezogen, die ihm jetzt gestrichen werden sollen, um allmählich das Konto zu entlasten ... Mit der Einsicht bejahe ich das alles, auch mit dem Willen, aber im entscheidenden Augenblick läßt mein verstörtes Gefühl mich ganz im Stich. Dabei geht es doch nur darum, einen Schritt weiter von sich abzurücken innerlich, die angegriffenen Gefühle so wenig zu beachten wie ein ungezogenes Kind, das man fest an die Hand nehmen würde, um es seiner nächsten kleinen

Freude zuzuführen, eine Freude, die ihm mehr zum Heile gereicht als jene, hinter der es so aufgeregt herschreit. Dieses immer neu von sich Abstand nehmen, einem anderen in sich Raum und Praevalenz geben – so etwa fühlt sich Abtötung an.«

Die innerreligiösen, die hermetisch nach außen abgeschlossenen Fundamente des klösterlichen Lebens waren noch so selbstverständlich wie die restaurativen, später wird man sagen: autoritären Strukturen der nichtkirchlichen Welt. Wir befinden uns mitten in der Zeit des äußeren und inneren Wiederaufbaus Deutschlands, des Suchens nach alten, nicht korrumpierten Mustern. Auch die Fundamente des Sacré-Cœur-Ordens sollten, wie die der Kirche überhaupt und, erst recht, die des staatlichen Gemeinwesens Jahre später Belastungen ausgesetzt sein, die umwälzende Veränderungen ankündigten und viele bis dahin für unumstößlich gehaltene Gesetze auf den Kopf stellten. Noch beherrschte der Geist der Restauration Kirche und Gesellschaft. Noch waren die Wunden der deutschen Geschichte zu frisch. Noch suchte eine verirrte oder in die Verirrung getriebene Generation nach Halt und Vergessen. Was lag näher, als sich dabei an tradierten Werten und – tatsächlich oder nur scheinbar – unversehrten Hinterlassenschaften der Zeit vor 1933 zu orientieren?

Unmittelbar vor dem Eintritt in den Orden hat Isa Vermehren – mit Bleistift – ihrem Tagebuch anvertraut, daß »das plötzliche Nahegerücktsein des lang vorgestellten, ersehnten und gewollten Zieles Angst und Aufregung, Scham und Begeisterung« in ihr ausgelöst habe, »Angst, ob der Übertritt gelingen wird – aus dem scheinbar so reichen Garten der natürlichen inneren und äußeren Lebensbedingungen auf den scheinbar (?) so mageren Acker übernatürlichen Lebens«. Immer wieder hat sie sich Mut gemacht, sich »aktiv und passiv« der Herausforderung zu stellen. Das Gelingen könne nur der Beharrlichkeit folgen.

Auf dem Weg zur Universität, wohin sie meistens mit dem Rad fuhr, erzählt Isa Vermehren, sei ihr Blick an einer Litfaßsäule einmal unversehens auf ein Plakat mit den Gesichtern ihrer Kolleginnen von einst gefallen – Ursula Herking, Tatjana Sais –, da habe sie für »einen Moment« doch so etwas wie einen Stich empfunden: »Ich konnte gar nicht begreifen warum, denn dieser Sensation bin ich doch gar nicht verfallen«, aber »das Herannahen der Wasserscheide« habe ihr noch einmal Angst bereitet. Sogleich habe sie sich den tröstlichen Schutz der Gemeinschaft vor Augen gehalten und sich erneut versichert: »Der Gehorsam ist ja eine ganz freiwillige Angelegenheit ..., ich werfe meinen ganzen freien Willen in diese Verfügbarkeit. Ich tue eigentlich genau das, was ich will.«

Das Wasser hatte sich geteilt. Als ihr Bruder und ihre Schwägerin zum ersten Mal im Kloster Besuch machten – es war noch die Zeit ihres Postulats –, erzählte Isa Vermehren später lachend, habe die Schwägerin sie gefragt: »›Isa, was ist denn am schlimmsten?‹« Sie habe geantwortet: »Alles!« Auf die Nachfrage, ob Isa das Kloster nicht doch wieder verlassen wolle, habe sie nur gesagt: »Nein. Überhaupt nicht. Es ist alles gut und richtig so.« Sie verstand diese Probezeit nicht als ihre eigene, sondern als die des Ordens: »Am Ende des zweijährigen Noviziats heißt es dann vielleicht: Sie kann jetzt ein Gelübde ablegen. Sie hat sich bewährt in dem, was wir von ihr erwartet haben, und dann, nach dem fünften Jahr, heißt es: sie kann jetzt die ewigen Gelübde ablegen und gehört jetzt fest in den Corpus der Gesellschaft.«

Trotz aller streng geregelten Abläufe des Alltags, trotz der umfangreichen biblischen, theologischen, pastoralen und katechetischen Studien, der verschiedenen Arbeiten, der Andachts- und Gebetszeiten, trotz des tiefen Ernstes, mit dem Isa Vermehren in ihre neue Rolle hineinwuchs, muß ihr Raum geblieben sein, ihre ansteckende Heiterkeit und Lebensfreude zu verbreiten. Der Außenstehende vermag sich das Leben hinter Klostermauern nur schwer vorzustellen, er ist auf Hörensagen und, vor allem, auf tradierte Vorurteile angewiesen. Man kann sich einfach nicht vorstellen, daß sich die gut dreißigjährige Novizin Isa Vermehren, nicht nur auf der Bühne und an ihrer »Agathe« ein wahres Energiebündel, hinter den Mauern von Pützchen in ein widerstandsloses Opferlamm verwandelt haben soll – und das wäre auch realitätsfremd. Bis heute fällt an Isa Vermehrens ausstrahlender und gewinnender Persönlichkeit die gleichrangige Verteilung von tiefem Ernst und mitreißender Vergnügtheit, von Konzentration und Entspannung, von Wißbegierde und Ironie, von Skepsis und Optimismus auf, die zu verleugnen ihr niemals in den Sinn kommen würde. Man glaubt ihr gerne, daß sie auch in den Zeiten des Noviziats mit ihrem fröhlichen Temperament ansteckend auf ihre Umgebung gewirkt hat – so wie es ihr bald als Lehrerin gelang. Der Erfolg auf der Kabarettbühne war schließlich nicht von ungefähr gekommen.

Etwas an diesem Klosterleben hatte sie ja besonders angezogen: das Leben in der Gemeinschaft mit Vorbildern wie mit Gleichgestellten, verbunden mit einem außerordentlichen Maß an Schweigen und Gehorchen. Das Kloster Pützchen gab ihr, trotz aller hohen Ansprüche, die Wärme und Sicherheit einer geliebten Familie. Isa Vermehren hat verschiedentlich darauf hingewiesen, daß sie den Verzicht auf eine eigene Familie, auf eigene Kinder schmerzhaft gespürt habe, und bis heute spricht sie gerne und voller Zuneigung und Verständnis von Kindern, die ihr (und sei es nur auf Abbildungen) begegnen. Bereut hat sie ihren Schritt in ihre neue Familie dennoch nie – dafür erfreute sie sich der Aufnahme in eine »Ersatzfamilie«: Eine ehemalige Schülerin des Internats und ihr Mann trugen Isa Vermehren die Patenschaft für ihren Sohn an, was sie mit Vergnügen annahm. Nicht wenige ihrer einstigen Schutzbefohlenen suchten auch dann noch, als sie eine Familie gegründet hatten, die Nähe und den Gedankenaustausch mit der ehemaligen Lehrerin.

»Ich habe von meinem Leben immer den Eindruck gehabt, daß es schnurgerade gegangen ist – so wie ein Flugzeug, das langsam abhebt und dann ziemlich gerade sein Ziel anfliegt.«

Die Zielgerade hatte Isa Vermehren erreicht, als sie 1955, nach einem Jahr Vorbildung im Kloster Pützchen, mit ihrem Referendariat begann. Die einstige Schulabgängerin, die nicht so wollte, wie ihre Lehrer wollten, hatte sich Abitur und erstes Staatsexamen mit Verspätung zäh erarbeitet, nun stand sie jeden Tag vor einer Schulklasse und konnte ihr angeborenes Talent zum ebenso plastischen wie präzisen Denken und Erzählen einsetzen. Sie war nicht in den Orden eingetreten, um Lehrerin zu werden, sondern hatte sich zum Studium und zum Lehrberuf entschlossen, um in den Orden eintreten zu können. Aber jetzt wollte sie ihre Aufgabe mit allen ihr zur Verfügung stehenden Kräften erfüllen und ihrem Orden beweisen, daß er sich auf ihre Berufung verlassen könne.

Man schickte die Referendarin für ein Jahr in eine andere Schule, an das Gymnasium der »Lieben Frauen« in Bonn. Die Fahrt dorthin hatte immer in Begleitung zu erfolgen! 1957 war auch dieser Abschnitt der Ausbildung erfolgreich beendet, Isa Vermehren bestand das zweite Staatsexamen und war nun Assessorin.

Für heutige Begriffe handelte es sich bei der Sankt-Adelheid-Schule des Herz-Jesu-Klosters Pützchen um ein klösterliches Internat, das – den Schilderungen ehemaliger Schülerinnen zufolge – entfernt an den Film »Mädchen in Uniform«

erinnerte. Die Internatsschülerinnen waren einem Reglement unterworfen, welche uns eher an die Vorkriegszeit als an die fünfziger und sechziger Jahre denken läßt. Eine Schülerin erwähnt die Schlafsäle. Erst in der Oberstufe hatte jede Schülerin ihr eigenes Zimmer, in dem nach zehn Uhr abends kein Besuch mehr angetroffen werden durfte. Brief- oder Telefonkontakte mit Freunden waren – so meinte sie lachend – untersagt. Eingehende wie ausgehende Briefe wurden oft geöffnet und zensiert oder sogar konfisziert. Rauchen war natürlich verboten, nicht einmal zur Tanzstunde waren junge Männer zugelassen.

Im Winter trugen die Mädchen blaue Kleider mit weißen Kragen zum Wechseln, im Sommer blaue Röcke mit – an Werktagen – hellblauen, an Sonn- und Feiertagen weißen Blusen. Der oberste Blusenknopf, meinte eine Schülerin sich zu erinnern, durfte erst bei einer Außentemperatur von mindestens fünfundzwanzig Grad geöffnet werden.

Je nach Betragen wurden den Schülerinnen farbige Bänder verliehen, die den Schärpen der Korporierten glichen: von Sexta bis Quarta gab es als Auszeichnung rosafarbene Bänder, in der Unter- und Obertertia ein schmales grünes Band. Am Ende des Semesters wurden von den Internen »mit Stimmenmehrheit der Kinder und Zustimmung der Ordensmütter« breite grüne Bänder für die Klassen Obertertia und Untersekunda und breite blaue Bänder für die höheren Klassen verteilt. Wem die Ehre eines solchen Bandes zuteil wurde, trug im Internat Mitverantwortung für die Aufsicht im Schlaf- oder Studiensaal und bei der Vorbereitung der »Congés«, Feste, bei denen es besseres Essen als gewöhnlich gab und bei denen Spiele und andere Vergnügungen erlaubt waren. Das entsprach dem Ziel, eine feste Familienstruktur zu bilden, bei der es nicht um individuelle Führungsmethoden der Schwestern, sondern um allgemeine Mitverantwortung ging – bei unangetastetem Führungsgebot der leitenden Oberin.

Eine Schülerin erinnert sich vergnügt: »Ein- oder zweimal

im Jahr kam der Kölner Kardinal zu Besuch nach Pützchen. Den Grund seines Besuches habe ich vergessen, aber nicht unsere Aufstellung im ›Herz-Jesu-Saal‹ (natürlich in Sonntagsuniform mit geschlossenem Blusenkragen!): Dort mußten wir den Hofknicks üben, rechter Fuß im Halbkreis nach vorne bis zur Spitze des linken Fußes, dann ersteren im Halbkreis nach hinten – dabei war gleichzeitig eine tiefe Verbeugung mit gesenktem Blick zu machen. Diese Aktion wurde von einer Nonne beaufsichtigt, und wir mußten so lange üben, bis *alle* gleichzeitig die Verbeugung machten. Seine Eminenz zeigte sich dann sehr amüsiert.«

Der Tag begann mit dem Kirchgang. Die Internen zogen in Doppelreihe in die Kirche, dazu trugen sie an Sonntagen weiße, an Werktagen schwarze Schleier, von denen die ehemalige Schülerin (die später die Sacré-Cœur-Schulen so schätzte, daß sie auch ihre Tochter dorthin gab!) im nachhinein meinte: »Mit Gummiband, gräßlich – I'll never forget it.« In der Kirche wurde von den Nonnen und ihren bandgeschmückten Helferinnen streng darauf geachtet, daß nicht »geschwätzt« wurde. Wurde jemand beim Sprechen erwischt, klatschten die Aufpasserinnen vernehmlich in die Hände. Alle anderen Signale zu gemeinsamen Bewegungen wie Aufstehen, Niederknien, Hinaus- oder Hineingehen in die Kapelle, in das Refektorium oder in den Studiensaal wurden vermittels Kastagnetten gegeben, weshalb die Kastagnettenträgerinnen den Titel »Klapsmütter« trugen.

Bei den Mahlzeiten, die im Refektorium eingenommen wurden, hatte jede Schülerin ihren festen Platz. Eine Tischgemeinschaft bestand aus sechs Schülerinnen, davon war eine die erste und eine die zweite »Tischpräsidentin«. Erst nach dem Tischgebet und nach dem Klingeln der »Aufsichtsnonne« durfte gesprochen werden. Nachmittags mußten die Schularbeiten im Studiensaal erledigt werden, danach gab es endlich eine (knappe!) Freizeit, die vornehmlich im Park verbracht wurde, wo es sogar Tennisplätze gab.

In Pützchen schliefen die Mädchen bis zur Obersekunda in großen Sälen, in denen die Betten nur durch Vorhänge abgetrennt waren.

Die schulischen Anforderungen waren hoch. Die Schulen des Sacré Cœur waren (und sind noch heute!) für ihren überdurchschnittlich hohen Leistungsstandard bekannt. So geschieht es nicht selten, daß auch Schülerinnen, die ihre Schulzeit am Sacré Cœur vorwiegend als Quälerei in Erinnerung haben, später zu energischen Fürsprecherinnen dieser Schule wurden. Die Verhältnisse, die Isa Vermehren antraf, als sie 1957 ihren Dienst als Lehrerin antrat, sind Geschichte. Heute zeigen die Schulen des Sacré Cœur ein anderes, sehr viel weltlicheres, »moderneres« Gesicht.

Jeden Sonntag versammelten sich die Internen im großen Saal, um ihre Zensuren durch die »Ehrwürdige Mutter« entgegenzunehmen. Neben den Noten von eins bis sechs gab es den Vermerk *pas de note*, was bedeutete, die Betreffende habe nicht einmal eine Note verdient. Erfolgte eine solche Bewertung dreimal, mußte die Schülerin das Internat verlassen.

Schwester Vermehrens Unterricht war nie langweilig, und es ging lockerer zu, wenn sie die Aufsicht hatte.

»Ich fand mich immer eine schlechte Lehrerin«, hat Isa Vermehren nach dem Ende ihrer pädagogischen Laufbahn selbstkritisch angemerkt, »ich war zu unsystematisch – mir fiel im Unterricht so viel ein. Ich konnte es oft nicht abwarten, bis den Kindern etwas einfiel, da hatte ich es selber schon dreimal gesagt.« Befragt man ehemalige Schülerinnen, entsteht freilich ein sehr anderes Bild. Daß ihr der Umgang mit Kindern »immer sehr großen Spaß« gemacht habe, das kann nicht nur der leicht ermessen, der sie einmal im Umgang mit Jugendlichen erlebte oder über die Probleme von Jugendlichen sprechen hört.

Isa Vermehren war von Anfang an eine ebenso begeisterte wie begeisterungsfähige, eine ebenso engagierte wie verständnisvolle und um Toleranz bemühte Lehrerin. Nur mag es zutreffen, daß ihr lebhaftes Temperament und ihr wieselflinker Verstand ihr zu Beginn ihrer Lehrtätigkeit manchen Streich gespielt haben. Schülerinnen berichten beispielsweise davon, daß es ihnen besonders in den Philosophiestunden kaum gelungen sei, der eloquenten und scharfsinnigen Klosterschwester zu folgen. Sie verlangte von sich selbst viel, und sie verlangte viel von ihren Schutzbefohlenen, aber weil sie – wie Ehemalige übereinstimmend betonen – in allen Situationen, waren sie auch noch so schwierig, ihre tiefe, von harten Erfahrungen verfeinerte Menschlichkeit nie verbarg, vermochte sie von Anfang an Respekt und Zuneigung zu gewinnen. Auffällig ist, daß die Schülerinnen von einst sich nicht erinnern, von Isa Vermehren im Geschichtsunterricht jemals mit deren eigenen Kriegs- und KZ-Erfahrungen konfrontiert worden zu sein. Sich mit der eigenen Vergangenheit zu brüsten, war ihre Sache nicht. In einer Zeit, da viele Helden selbstzufrieden auf ihren kühnen Widerstand verwiesen – und sich oft mit falschen Lorbeeren schmückten –, war solche Zurückhaltung durchaus nicht selbstverständlich.

Sie war ihren Schülerinnen wirklich eine geborene »Mutter«, deren Interesse und Verständnis nicht jenseits des Lehrpensums haltmachte, und gerade in der Doppelfunktion als Mitverantwortliche für das häusliche Leben des Internats und als Lehrerin in den Fächern Deutsch, Geschichte, Philosophie und Religion kamen ihre aufrichtige und selbstlose Fürsorge und ihr Verantwortungsbewußtsein ebenso zur Blüte wie ihr trotz aller Ordensdisziplin nur schwer zu verbergendes künstlerisches Temperament.

Besonders häufig wird sowohl von den Schülerinnen als auch von ihr selbst hervorgehoben, mit wieviel Spaß und ansteckendem Talent sie in Pützchen das gemeinsame Theaterspiel förderte. »Für meinen technischen Verstand war das eine außerordentlich anregende Herausforderung, für mein Gebet allerdings eine Zumutung von Zerstreuungen! In der Regieführung fühlte ich mich sicher, auch in der Anleitung der einzelnen Schauspielerinnen, wie sie stehen, gehen und sitzen sollten, und vor allem: wie sie ihre Texte anständig artikulieren sollten und nicht die Hälfte der Silben verschlucken!« Sie übernahm dann mit Feuereifer die Regie und »motivierte«, wie eine der damals Mitwirkenden meinte, »auch die unbegabtesten Statisten«.

Das Theater entsprach nicht nur ihrer eigenen Bühnenlust, sondern war ihr auch Mittel, gerade »schwierigen« Schülerinnen zur Freude an der gemeinsamen Leistung, am gemeinsamen Erfolg zu verhelfen. Es war der bühnenerprobten Lehrerin ein besonderes Anliegen, weil diese Form des Miteinanders ihrem Erziehungsideal »Disziplin ohne Zwang« entsprach. Sich gemeinsam einer verbindlichen Ordnung zu unterwerfen und dabei dennoch die Phantasie und die Spiellaune zu wecken – das hatte sie ja bei Werner Finck gelernt, und ganz fern stand dieses Bemühen ihrem Verständnis von produktiver Mitarbeit in einer kirchlichen Gemeinschaft ja auch nicht. Ihr Enthusiasmus, ihre Ausdauer und ihr künstlerisches Temperament müssen manche köstliche Aufführung ermöglicht haben – und das trotz bescheidener dekorativer Möglichkeiten. Im Deutschunterricht bevorzugte sie denn auch die dramatischen Autoren, beschäftigte sich liebend gerne mit Friedrich Dürrenmatt oder Bert Brecht – und natürlich mit Paul Claudel.

Geradezu begeistert sprechen diejenigen, die sie damals erlebt haben, von den – unter dem Einfluß des Ordenslebens allerdings zunehmend weniger werdenden – Gelegenheiten, bei denen sie ihre »Knautschkommode« hervorholte und den Kindern ihre fröhlichen Lieder vorsang. Nicht alles aus ihrem reichhaltigen Vorkriegsrepertoire dürfte sich dafür geeignet haben, aber diejenigen Lieder, die sie zu Gehör brachte, verfehlten ihre Wirkung nicht. Sie leitete den Kirchenchor, schließlich hatte sie genügend Erfahrung gerade auch mit ernster, »klassischer« Musik.

»Die Kinder hingen an meinen Lippen, waren ganz fasziniert«, meinte sie später, »aber wenn man sie hinterher fragte: ›Was habt ihr heute gelernt?‹, dann konnte es passieren, daß sie sagten: ›Weiß ich nicht, aber es war toll!‹« Noch heute bestätigen einstige Schülerinnen vergnügt diese Selbsteinschätzung, und es ist mir bei meinen Erkundigungen und Gesprächen mit Zeitzeuginnen nicht eine einzige begegnet, deren Augen bei der Erinnerung an Schwester Isa Vermehren nicht geleuchtet hätten. »Neulich«, berichtete Isa einmal, als sie noch Assessorin war, »ist mir eine um den Hals gefallen – auf der Straße.« Erinnerungen an eine keinesfalls reibungslose Zeit seien da aufgestiegen: »Gott, was war das für ein schwieriges Kind! Eine unglaublich freche, arrogante Person, eine kleine Schülerin im Alter von zehn, zwölf, rotzfrech und arrogant.« Dann aber fügte Isa Vermehren hinzu: »Andererseits hatte sie wirklich Schneid in ihrer Gesinnung. Ich mochte sie gerne.«

Natürlich gab es, wie in jedem Internat, auch im Sankt-Adelheid-Internat von Pützchen manche Zeichen der Aufsässigkeit, insbesondere hinter vorgehaltener Hand. Gutgelaunt rezitierten die ehemaligen Schülerinnen ein freches Spottlied, das nach der Melodie »Wo die Nordseewellen ... « gesungen werden konnte. Darin heißt es:

> *Wo die schwarzen Schleier wehen hin und her,*
> *wo es strenger zugeht als beim Militär,*
> *wo die Männer knapp sind und die Freizeit rar,*
> *da ist meine Heimat für so manches Jahr.*

»Gegenüber den Revoluzzern«, die es in der strengen Klosterschule von Pützchen natürlich auch gab, sei Isa Vermehren besonders aufgeschlossen gewesen, meinte eine, die sich selbst zu diesen zählte. »Für die hatte sie stets Verständnis, war offen und versuchte häufig, zu vermitteln zwischen ihnen und den strengeren Ordensschwestern. Ich erinnere mich an viele Gespräche mit ihr. Die Folge davon: viele ›schwärmten‹ einfach für sie, weil sie so anders war als die meisten anderen Nonnen.«

Isa Vermehren in den sechziger Jahren mit ihrer Abiturklasse

Dieses Anderssein wird für Isa Vermehren insbesondere während der ersten Jahre im Kloster nicht gerade leicht gewesen sein. Sie hat selbst angedeutet, daß es den einen oder anderen Konflikt gab – auch Nonnen sind nur Menschen. Doch das Band der tiefen Gläubigkeit und Hingabe an das Ordensleben sorgt dafür, daß Konflikte lokalisiert und relativiert wurden. Zudem wußte die Ordensleitung immer, was sie an dieser unkonventionellen Schwester hatte, deren Weg ins Sacré Cœur weitab von den tradierten Bahnen verlaufen war. Man hatte noch einiges mit ihr vor.

Im Juli 1959 ging ihre Zeit als Aspirantin zu Ende. Gemeinsam mit mehr als vierzig Aspirantinnen aus aller Herren Länder legte Schwester Isa Vermehren im Mutterhaus des Sacré Cœur in Rom die ewigen Gelübde ab. Sophie Barats Lebenswerk erstreckte sich längst über den ganzen Erdball. Zur fünfmonatigen Vorbereitung auf die Ablegung der ewigen Gelübde traf Isa Vermehren in Rom mit jungen Ordensfrauen aus vierzehn Nationen zusammen. Ihre Umgangssprache war Englisch oder Französisch, letzteres war ohnehin Pflichtfach in allen Noviziaten des von einer Französin begründeten Ordens.

»Der Tagesablauf im Mutterhaus war dem im Noviziat sehr ähnlich. Wir hatten noch mehr Zeit für das Gebet und für geistliche Lektüre; zwei oder drei gemeinsame Pilgerfahrten zu den großen Kirchen gehörten in das Programm.« Das Mutterhaus des Sacré Cœur in der Via Nomentana war »ein großer Palazzo, umgeben von einem sehr gepflegten Park mit kleinen Teichen, Blumenbeeten und Gebüschen. Neben dem Palazzo war ein Neubau errichtet zur Unterbringung der Probanistinnen. Sicher waren alle Probanistinnen bestrebt, sich möglichst tadellos zu verhalten – die Nähe zu den ersten Autoritäten unserer hierarchisch gegliederten Gesellschaft war eine hilfreiche Herausforderung, an der sie ihre Klimmzüge machten.«

Ein wesentlicher Teil des Tages war mit Beten und ganz

persönlichen Gesprächen mit der für die Probation verantwortlichen Ordensfrau »über Fragen der eigenen religiösen Lebensführung, über Probleme mit Vorgesetzten, im Amt oder mit der Gemeinschaft« ausgefüllt. Daneben gehörten auch »kleine Kehrämter«, Aushilfe im Sekretariat, der Druckerei, dem Postversand oder dem Archiv zum Alltag. »Die Probanistinnen sollten, das war die Absicht dieser intensiven fünf Monate, ihre ewige Bindung an den Orden in einer geprüften Kenntnis ihrer selbst eingehen, in einer vertieften Einwurzelung unseres Glaubens, einer von Illusionen gereinigten Bereitschaft zum liebevollen Dienst in bezw. an der Gemeinschaft, in einem immer bedingungsloseren Vertrauen in die Liebe des göttlichen Herzens.«

Die Gelübde beruhen auf Gegenseitigkeit: Die Ordensfrau und der Orden binden sich lebenslang, eine Zugehörigkeit, die nur der Papst auflösen kann. Die Bindung schließt die weltweite Verfügbarkeit durch den Orden ein. Bei der Feier der ewigen Gelübde, die mit einer Predigt in französischer, spanischer und englischer Sprache eingeleitet wurde, überreichte man jeder der Nonnen ein Kreuz, das sie von nun an um den Hals trug, und einen goldenen Ring, in den der Name der Trägerin und das Datum der Gelübde eingraviert waren (die Regeln wurden später abgewandelt). Die Zeremonie dauerte etwa zweieinhalb Stunden. »Erst durch die Ablegung der ewigen Gelübde«, so hieß es damals noch in den Konstitutionen, werden die Ordensschwestern »im eigentlichen Sinn Vollmitglieder der Gesellschaft und können in Leitungs- und Verwaltungsämter gewählt werden. Vor allem jetzt sollen sie bedenken, daß sie noch strenger verpflichtet sind, nach der Vollkommenheit zu streben, weil sie soeben im Angesicht des Himmels und der Erde ihr feierliches Gelöbnis darauf abgelegt haben, und daß die ganze Hoffnung der Gesellschaft nun hauptsächlich auf ihnen ruht, denn sie hat ja kein anderes Ziel, als ihm Bräute zuzuführen, die seiner würdig sind und sich gemäß dem Geist und der Zielsetzung des

Instituts seinem Dienst für die Heiligung des Nächsten geweiht haben.«

Als die Zeremonie vorüber war, wurden die meisten Probanistinnen von ihren Angehörigen begrüßt und beglückwünscht. Von der Familie Vermehren war niemand nach Rom gekommen. »Einen Besuch meiner Eltern oder Brüder hatte ich gar nicht erwartet – sie waren viel zu weit weg und wären sich in Rom sowieso ganz verloren vorgekommen«, meint Isa Vermehren bescheiden – aber war das wirklich ein ausreichender Grund? Während sich die anderen Probanistinnen noch einige Tage mit »Besuchen bei den höheren Vorgesetzten, Kofferpacken und Souvenirverteilen« beschäftigten, mußte Isa Rom unverzüglich verlassen: Eine Ordensfrau in Pützchen, die die gleichen Fächer – Deutsch und Geschichte – lehrte, war gestorben und mußte »dringend ersetzt werden«, weshalb Isa schon am nächsten Tag nach Bonn zurückflog: »Die Fülle der dankbaren, erfüllten, glücklichen Empfindungen während dieser Heimreise läßt sich nicht beschreiben, auch wenn sie gänzlich unvergessen sind.«

Mutter Vermehren, wie sie jetzt genannt wurde, war einundvierzig Jahre alt, als – nach der Karriere als Sängerin, nach der Zeit im Konzentrationslager, nach der Ausbildung zur »Ewigen Profeß« – der vierte große Abschnitt ihres Lebens begann, der bald über ihre Rolle als Lehrerin hinausführen sollte. Der Orden bestimmte nach dem Tod der Ordensschwester, die die Sankt-Adelheid-Schule geleitet hatte, Isa Vermehren kommissarisch – sie hatte noch nicht die dafür vorgeschriebenen Dienstjahre als Lehrerin vorzuweisen – zur Leiterin der Schule. Dies war ein ungewöhnlicher Karrieresprung, aber der Orden hatte die – wie wir es heute nennen – »Führungseigenschaften« dieser weithin ausstrahlenden Persönlichkeit längst erkannt. Als sie ihre Schülerinnen für fast ein halbes Jahr verlassen mußte, um in Rom die Gelübde abzulegen, hat Isa Vermehren – eine Schülerin erinnert sich noch heute mit großem Behagen daran – ihrer

Vor der Reise nach Rom: Abschied von den Schülerinnen

Schulklasse eine gutgelaunte Ermahnung auf die Wandtafel des Klassenzimmers geschrieben, die mit den Worten begann: »›Kinder‹, sprach die Frau Mama«. Die »Frau Mama« war, so hatten es die Verantwortlichen des Ordens richtig erkannt, wirklich eine ideale »Mutter« der Schule. Was lag näher, als ihr das Amt der Direktorin anzuvertrauen?

»Als ich Schulleiterin wurde, war ich als Assessorin noch gar nicht fertig gebacken, aber es war nun einmal keine andere da ... Ich wußte zunächst gar nicht, was ich zu tun hatte. Ich blieb zunächst Lehrerin und ging gelegentlich ins Büro, um zu fragen: ›Ist hier was?‹ Ich habe das Amt so richtig von der Pike auf gelernt ..., ich mußte mir alles zusammensuchen und habe wahrscheinlich alles so ein bißchen nach meiner Mütze machen können. Kein ›Das macht man so!‹, sondern ich konnte mich fragen: Wie will ich das machen?«

»Der entscheidende Mensch in der Schule ist der Direktor. Wie der Herr, so das Gescherr! Und von dem müssen die intellektuellen, die moralischen und die spirituellen Anstöße ausgehen ... Das hat großen Spaß gemacht.« Immer wieder spricht Isa Vermehren davon, wie begrenzt ihre Entfaltungsmöglichkeiten als Lehrerin gewesen seien. Sie sei in den ersten Jahren »ungeschickt und dumm wie alle jungen Leute gewesen«. Ihr angeborenes Temperament und wohl auch ihr Anspruch an sich selbst hätten ihr im Wege gestanden. »Wenn ich ironisch oder arrogant war mit den Kindern, haben die mir das furchtbar übelgenommen.« Ironie und Arroganz: das erste entsprang ihrem auch unter dem schwarzen Ornat nie verleugneten Vergnügen an heiter zugespitzten Formulierungen, am respektlosen Gelächter, das zweite ihrer vom Leben geprägten Sicherheit im Umgang mit anderen Menschen und dürfte wohl besser mit »Anspruch« getroffen sein: Sie forderte viel von sich und forderte viel von ihrer Umgebung. Allerdings meinte sie auch einmal sehr selbstkritisch: »Wir waren furchtbar eingebildet als Orden« – und bezog sich dabei auf die Zeit vor dem Zweiten Vatikanischen Konzil, das Struktur und Gesicht des Sacré Cœur, aber auch Isa Vermehren einer schweren Belastung aussetzen sollte.

Nun war sie erst einmal Schulleiterin in Pützchen. Sie war es mit aller Konsequenz, und es gab durchaus Schülerinnen, denen diese Konsequenz als ungerechtfertigte Härte erschien. Es habe in ihren Klassen immer »Auserwählte und weniger Auserwählte« gegeben, meinte eine, fügte aber gleich hinzu, daß das nicht mit Ungerechtigkeit verwechselt werden dürfe. Die Schule in Pützchen habe bei aller Strenge doch immer ihren familiären Charakter bewahren können. Sie sei nun einmal eine Konfessionsschule, die an die Schülerinnen höhere Ansprüche stelle als eine gewöhnliche öffentliche Schule. Zweifellos gebe es so etwas wie ein elitäres Denken innerhalb des Ordens, aber schließlich hätten die Eltern ihre Töchter ja auf diese Schule geschickt, weil sie die elitäre Qualität für richtig hielten – daß manche Zöglinge unter dem hohen Leistungsdruck stöhnten, sei eine andere Sache.

»Was mich immer beeindruckt hat: Die Autorität, die Schule bei Eltern hat. Die kommen und fragen: Was sollen wir tun? ... Aus lauter Angst vor schlechter Gesellschaft binden sie ihre Kinder viel zu eng an sich. Diese Kinder laufen als erste weg. Den Eltern muß man dann Mut machen. Als Schulleiterin oder auch als Lehrer genießt man einen Vertrauensvorschuß, von dem man ganz beschämt ist.« Diese Bemerkung Isa Vermehrens beruht vor allem auf der Erfahrung an einer konfessionellen Schule: Es versteht sich, daß der Wunsch der Eltern, auf die Geschicke ihrer Kinder auch in der Schule Einfluß zu nehmen, hier stärker zum Ausdruck kommt als in anderen Lehranstalten. In Pützchen war daher der Kontakt der Schulleiterin zu den Eltern besonders eng und ist es bis heute geblieben.

»Die Konfessionsschule – viele sehen in ihr einen Anachronismus, der sich aufgrund eines ideologisch fixierten Vorverständnisses dem allgemeinen Trend zur Rationalisierung und damit zur Vereinheitlichung des öffentlichen Bildungswesens widersetzt und darum über kurz oder lang den Anschluß verlieren muß, sofern er nicht bereits verloren wurde. Dafür scheint manches zu sprechen.« Als Isa Vermehren in der 1970 erschienenen Festschrift zum fünfzigsten Jubiläum der Sankt-Adelheid-Schule von Pützchen das Für und Wider von Konfessionsschulen erwog, tat sie es mit ebensoviel souveräner Toleranz wie Bestimmtheit. Ausgehend von den Umbruchprozessen der sechzigen Jahre, der »wachsenden Diskrepanz« zwischen dem »tradierten Bildungsdenken christlich abendländischer Kultur und den vorwiegend an den Naturwissenschaften sich orientierenden Bildungsprogrammen«, meinte sie, die Konfessionsschule sei »nichts anderes als ein radikales Ernstmachen mit der Überzeugung, daß die christliche Deutung des Lebens weitergegeben werden soll ... Das Gleichgewicht der politischen und weltanschaulichen Kräfte kann sich nur erhalten, wenn von der diesbezüglichen Freiheit, die unsere Verfassung gewährt, verbindlicher Gebrauch gemacht wird. Anderenfalls bildet sich jenes bindungsfreie Vakuum, das anfällig macht für Demagogie ... Die christliche Schule ist keine Ghettoschule, kein Paradiesgärtlein, keine Enklave; sie kann und darf ihre Distanz zur Gesellschaft nicht durch Exklusivität zu erhalten und zu dokumentieren suchen, sondern eher durch das Gegenteil: indem sie integriert ohne Gestaltverlust, sich widersetzt, ohne zu erstarren.« Oft noch hat Isa Vermehren später die Herausforderungen untersucht, denen sich christliche Schulen im 20. Jahrhundert gegenübersahen – und so manche Entwicklungsstufe des öffentlichen Schulwesens hat im nachhinein ihre Besorgnisse gerechtfertigt.

Eine unendliche Zahl von Schülerinnen hat Isa Vermehren in Pützchen erlebt, begeistert genossen oder zornig erlitten. Je mehr von ihnen man nach ihren Erinnerungen befragt, desto verschiedener fallen sie aus – je nach Empfänglichkeit für die unverwechselbare Besonderheit dieser engagierten Ordensschwester und Pädagogin und je nach Bereitschaft, sich führen zu lassen. Ein Lehrerkollege, Dr. Walter Bausch, hat ihr, als sie die Sankt-Adelheid-Schule in Richtung Norden verließ, einige liebenswürdige, ironische Verse gewidmet, die vielleicht am lebendigsten zum Ausdruck bringen, was sie als Schulleiterin so ausgezeichnet hat. Darin heißt es mit Blick auf ihre natürliche Autorität, insbesondere ihren Umgang mit der Schülermitverwaltung (SMV):

> *Wie war in Pützchen es vordem*
> *mit Mutter Isa so bequem,*
> *die SMV, die regte sich*
> *und dacht' und überlegte sich,*
> *doch was man schließlich machen muß,*
> *war Isas einsamer Entschluß.*
> *...*
> *Ach, was wird uns doch entrissen!*
> *Und wie werden wir vermissen*

*ihren forschen schnellen Schritt,
den man schon von weitem sieht
und der zeugt, wie ständig sie
ganz geschwellt von Energie.
Und so mancher wird sich fragen,
wo denn, wie in frühern Tagen,
bleibt die große schwarze Brille,
woraus blitzt der starke Wille.
...
Ach, wie werden wir vermissen,
wenn wir nicht genau mehr wissen,
unter wessen strengen Blicken
wir geschwind und schnell uns bücken
nach Papier und allerlei,
was da aufzuheben sei ...*

Übereinstimmend erzählen die einstigen Schülerinnen von den vielen fröhlichen Festen, die unter Isa Vermehrens Ägide an ihrer Schule gefeiert wurden, von der häufigen Anleitung zur Ausgelassenheit, die so gar nicht nach strengem Schulalltag klingt. Isa Vermehren erzählt auch immer wieder selbst davon: »Man muß die Lehrer stützen, ganz sicher. Auch loben, man muß sie ermutigen, encouragieren! Und viele Feste feiern! Wir haben so viele Feste gefeiert, wie man überhaupt nur konnte ... Viel Theater spielen, viele Feste feiern, kleine Ausnahmen machen – all das war wichtig!«

»Das Etikett ›konservativ‹ lasse ich mir gern gefallen. Ich denke auch, vom Wortsinn her ist das völlig in Ordnung. Wir haben einen uns geoffenbarten Glaubensschatz zu verkündigen, zu verteidigen und danach zu leben. Wir haben nichts neu zu machen, wir haben auch nichts wegzulassen oder auszuradieren, sondern wir haben das zu bewahren und weiterzugeben, was uns geschenkt wurde. Ich bin konservativ mit großer Überzeugung.«

Als Isa Vermehren diese Worte 1996 äußerte, blickte sie bereits zurück auf die unruhigen Jahre, in denen nicht nur die Grundwerte der Gesellschaft, sondern auch die innere Verfassung ihres Ordens dramatischen Veränderungen ausgesetzt waren und in denen sie an einer bewegten Front gestanden hatte. Gemeint ist die tiefgreifende Zäsur der sechziger Jahre, deren Aus- und Nachwirkungen uns heute auf Schritt und Tritt begegnen. Kaum ein Gespräch mit Isa Vermehren, in dem sie nicht direkt oder indirekt auf die Umbrüche von damals zu sprechen kommt, wobei sie natürlich vor allem die Geschichte ihrer Kirche im Blick hat. Schmunzelnd bekennt sie sich als »krachtraditionalistisch«, und wer ihre Lebens- und Arbeitsstationen, vor allem aber ihr apostolisches Engagement kennt, mag geneigt sein, dem zuzustimmen. Doch es ist nur die halbe Wahrheit.

Konvertiten geht der Ruf voraus, die gewählte, neue Religion mit besonderer Radikalität zu vertreten. Von »echter« Konversion könne, so hat es Kurt Brem in seinem Buch »Konvertit und Kirche« definiert, nur dort gesprochen werden, »wo sich eine vollkommene Sinnesänderung auf metaphysischer Ebene vollzogen hat, deren Vorgang sich zwangsläufig, das heißt in unabdingbarem Ernst eines übernatürlichen Geschehens im Sinne vollkommener Verfügbarkeit der Kirche gegenüber ereignet«.

Vollkommene Verfügbarkeit – wo sie propagiert und gelebt wird, sind kritische Beobachter schnell mit dem Wort Fanatismus zur Stelle, und gelegentlich mag das auch zutreffen. Für Isa Vermehren wäre dieser Begriff abwegig. Sie hat ihre Sinnesänderung konsequent vollzogen und durchlebt, aber ihrer Umsicht im Dialog mit Nicht- oder Andersgläubigen, ihrem verständnisvollen und großherzigen Umgang mit den »Realien« des Lebens hat das keinen Abbruch getan. Man kann dies nicht nur selbst bei jeder Begegnung mit ihr erfahren, sondern auch in den Erzählungen jener Menschen bestätigt finden, die mit ihr in der Schule oder in der Öffentlichkeit zusammengetroffen sind oder gar längere Abschnitte ihres Lebens mit ihr geteilt haben.

Die Geschichte der Schülerin, die nach der Schulzeit unverheiratet ein Kind gebar und in ihrer inneren Not den Beistand und den Rat der einstigen Lehrerin gesucht und gefunden hat, ist nur eines von vielen Beispielen für die andere Seite in Isa Vermehren: die gänzlich undogmatische Toleranz, ja Modernität ihres Denkens und Handelns, die einen wesentlichen Teil ihrer faszinierenden Ausstrahlung ausmachen. Konservativ und fortschrittlich, werteorientiert und aufgeschlossen, traditionalistisch und unvoreingenommen – solche Gegensätze schließen sich für diese emphatische Braut Christi so wenig aus wie ihre anderen Seiten: der tiefe, geradezu bohrende Ernst und der ansteckende Humor.

Die uneingeschränkte Hingabe an ihre Religion und ihren Orden hat nicht dazu geführt, daß mit dem Eintritt in die hermetische Welt des Sacré Cœur in Isa jeder Zweifel, jede kritische Reflexion aufgeweicht wurde, Unterordnung und »Abtötung« jedes Infragestellen und jede Freisetzung des individuellen Denkens gewissermaßen abwürgten. Hinter dem festgefügten Rahmen einer unerschütterlichen Erkenntnis und der damit verbundenen selbstlosen Verpflichtung verbarg und verbirgt sich immer auch ein unbestechlicher Umgang mit sich selbst, der sich allerdings gerne hinter ironischen Arabesken verhüllt. Am radikalsten findet sich Isa Vermehrens durchaus nicht immer siegreicher Kampf mit dem Ungenügen an sich und ihrer Mitwelt in ihren Tagebucheintragungen dokumentiert, die ihr, wie sie sagt, auch dazu dienten, in ihrem von ständigen Unterbrechungen und Umstellungen bestimmten Tagesablauf »einen Gedanken bis zu Ende zu denken«.

Im folgenden sind einige Eintragungen aus den ersten Jahren als Direktorin des Gymnasiums von Pützchen zitiert, die ein deutliches Licht auf den manchmal geradezu explosiven Kampf zwischen Isa und den Licht- und Schattenseiten ihrer klösterlich-pädagogischen Existenzform werfen. Leicht hat sich Isa Vermehren die Erfüllung ihres Auftrags nie gemacht. Statt ihre (selbst)analytischen Gedanken zu verdrängen, hat sie sich ihnen immer wieder gestellt – und gerade dadurch ihrem Orden gewiß geholfen. Man darf getrost davon ausgehen, daß bei aller Verschwiegenheit ihrer Tagebucheintragungen viele ihrer Zweifel und Fragen auch in die ordensinterne Diskussion eingegangen sind – wohl nicht immer zur Freude aller Mitschwestern.

Oft finden sich im Tagebuch sehr genau durchdachte Einzelheiten über das mühevolle Einüben äußerster Konzentration im Gebet, über die Zweifel an der Zeiteinteilung oder der pädagogischen Arbeit. Als Isa Vermehren im August 1961 den Auftrag übernimmt, in einem längeren Aufsatz die Persönlichkeit und die religiöse wie pädagogische Leistung der Ordensgründerin Sophie Barat zu beschreiben, vertraut sie dem Tagebuch ihre Ängste an, das Ergebnis könnte unbefriedigend ausfallen: »Der Gedanke an das Buch über unsere Hl.

Mutter verursacht mir vorerst nur Übelkeit, zumal wegen der Vermessenheit, die darin liegt, daß ich den Auftrag angenommen und nicht einfach mit dem Hinweis auf meine gänzliche Unzuständigkeit abgelehnt habe. Es kann nur ein Produkt werden, das Anerkennung nur in den eigenen Reihen findet.« Und es folgt die Beschreibung einer noch weiterreichenden Verzagtheit: »Auf sie brauche ich nichts mehr zu geben im Sinne einer sachlichen Stellungnahme, fromme Klosterfrauen neigen zu einer grundsätzlich falschen Auffassung von ›der guten Meinung‹, von der Nächstenliebe, sie verleitet dazu, blindlings zu bejahen, was aus ›chargiertem‹ oder ›bewährtem‹ Munde kommt, d.h. blindlings traut man den mit einem Amt beauftragten Mitschwestern die Standesgnaden zu.«

Aus einer ganz persönlichen Skepsis – werde ich den Maßstab, den ich an einen Beitrag über Sophie Barat lege, erfüllen können? – leitet sich eine Reflexion über das gesamte Fundament ab, auf dem sie und ihr Kloster stehen oder stehen sollten. Die kritischen Gedanken nehmen an Schärfe zu, aber nicht etwa aus Gründen wachsender Ablehnung, sondern im Gegenteil: Weil sie die Ziele des Ordens gefährdet sieht, die mangels Offenheit nur allzu unvollkommen erreicht werden. Eine Art revolutionärer Ungeduld wird in solchen Aufzeichnungen sichtbar, die Bereitschaft zur schonungslosen Kritik allein um der Sache willen: »Im Grunde bestimmen nur zwei oder drei Personen mit ihren Maßstäben das kritische Denken in der Kommunität, und gerade von ihnen erwartet man die meiste Nachsicht und hilfreichste Liebe. Das ist einer der Punkte, in dem ich eine intensive und beständig wachsende Kritik uns selbst gegenüber habe: der falsche, weil sentimentale und unsachliche Begriff von Liebe, mit dem wir uns gegenseitig das Leben angenehm, weich gepolstert, etwas vernebelt machen ... Wir vermeiden den Kampf, weil wir uns zu schwach fühlen, und wir sind effektiv zu schwach, weil wir mit uns selbst, im Umgang miteinander zu nachsichtig, eben zu feminin, zu sentimental sind.«

Singen zum Lobe des Herrn: Isa (ganz rechts) im Kreis der Schwestern von Pützchen in den fünfziger Jahren

Es folgt noch eine weitere Steigerung, die den Vorwurf des Hochmuts zu rechtfertigen scheint, der Isa so vertraut ist, und doch nur schonungslos die eigenen Unvollkommenheiten beleuchten will: »Der tiefste Grund liegt meiner Meinung nach darin, daß wir einfach zu dumm sind!« – Stoßseufzer einer Unbedingten.

Immer wieder kreisen Isas Gedanken um die Diskrepanz zwischen Anspruch und Realität. »Ich sehe deutlicher, wie weit wir hinter unserem Ideal zurückbleiben, ich spüre durchdringender als früher, wie stark die Tendenz ist, es sich gemütlich zu machen, die Wirklichkeit zu idealisieren, zu simplifizieren, sie unzulässigerweise zu verkürzen, um nicht das schöne, uns allen so selbstverständliche Gefühl der geistlichen Überlegenheit zu verlieren. Unser geistlicher Snobismus scheint mir mit das ärgste Symptom zu sein, denn wir sind, weiß Gott, sehr mittelmäßig. Unsere Bibliothek ist gut, unsere Exerzitienmeister sind ausgezeichnet, wir haben anerkanntermaßen eine der schönsten Ordensregeln – alles unerfüllte Ansprüche, Belastungsposten auf dem Sollkonto, nicht etwa bei Haben.«

Es ist nicht Unbescheidenheit, die Isa Vermehren umtreibt, es ist der Drang nach Vollkommenheit. »Intelligenz ist eine Gabe Gottes, und es steht uns nicht an zu verlangen, daß Er hätte mehr oder weniger geben sollen. Es ist auch sicher so, daß man durch das Haben dieser Gabe in den Augen Gottes nicht liebenswürdiger wird, sondern daß sie nur eines unter den möglichen Mitteln ist, seiner Gnade innezuwerden und ihren Anregungen zu folgen ... Wir benutzen sie nicht mehr dazu, um die Wirklichkeit zu nehmen, wie sie ist, sondern verlangen erst, daß der gute Geist sie so zurechtgemodelt hat, daß sie in unser Puppenhaus paßt ... das Puppenhaus: die makellose Kirche, der Heilige Vater, bis ins kleinste unfehlbar, die brave CDU, die doch bestimmt immer das Richtige will, die Kinder, die sich so leicht fügen und so folgsam alles tun, um ein ›Sehr Gut‹ zu bekommen etc. Zu vieles ist sakrosankt ..., wir schütten hier wie überhaupt leicht das Kind mit dem Bade aus.«

Selbstquälerisch steigert sich das Nachdenken von Satz zu Satz, schraubt sich immer tiefer in Forderungen nach dem Absoluten. Als der Kommentator einer Zeitung bedauert, »daß der Stil Pauls VI. wieder sehr viel konventioneller als der Johannes' XXIII. ist« (Giovanni Baptista Montini, Paul VI., war im Juni 1963 zum Papst gewählt worden), und diese Meinung offenbar das Kloster erbittert, notiert Isa Vermehren über die Meinungsfreiheit: »Wir können doch nicht wünschen, heute im Kloster so unmündig zu leben wie einstmals unsere Vorfahren unter dem Krummstab ihrer bischöflichen Landesväter.«

Insgeheim regen sich nun doch auch Zweifel an der so mühevoll erlernten »Abtötung« individueller Eigenständigkeit: »Welches Verdienst kann mein Gehorsam noch beanspruchen, wenn ich zuvor jede Eigenständigkeit vernichtet habe – vernichtet im Sinne von untergebuttert, versteckt, verleugnet, ausgelöscht, abgewürgt, in Unselbständigkeit erstickt, und nicht etwa vernichtet im Sinne von sublimiert, überwunden, geopfert, unterworfen – hinter dieser Lammfrömmigkeit steht ein falsches Vollkommenheitsideal, das ja vielleicht im letzten Jahrhundert noch richtig war, weil damals wirklich noch der übertriebene Individualismus so sehr das eigentliche Leitbild aller menschlichen Entwicklungen war, daß jede Selbstverleugnung in dieser Beziehung befreiend und verdienstlich war ...«

Der aufrührerische Geist der sechziger Jahre: Lange bevor er zur Massensuggestion der jüngeren Generation wird, lange bevor er das öffentliche Leben ergreift, weht er bereits durch diese Zeilen der kämpferischen Ordensschwester, allerdings – und das unterscheidet sie von allen Radikalen – nicht der Denunziation und Opposition, sondern der Warnung vor heraufziehenden Gefahren wegen: »Es geht nicht an, daß wir das Kloster mißbrauchen, um diese uneingestandenen Tendenzen zum Stilles-Heim-Glück-Allein zu befriedigen ... Grauenhafter Gedanke, daß wir uns heiligen für ›meine Welt‹, damit ›meine kleine heilige Welt‹ entsteht, die mit der von Gott geschaffenen und täglich durchlittenen nichts mehr zu tun hat. Die Tendenz dazu ist da, wir sind in diesem Punkt trotz unserer vielgepriesenen hehren Spiritualität nicht weniger nönnchenhaft als andere Institutionen, über die wir uns gerne etwas lustig machen.«

Ausdrücklich nimmt Isa Vermehren in ihren schmerzhaften Reflexionen die Leiterin des Klosters und einzelne Mitschwestern aus, sie ist stets darum bemüht, ihr kritisches Instrumentarium nicht über ihre gesamte Umgebung zu stülpen. Sie weiß, daß nicht nur sie alleine an der Diskrepanz zwischen Anspruch und Ergebnis leidet,»aber es sind zu wenige, die es sehen, und an den entscheidenden Stellen ist wenig Hilfe in Sicht«. Die heile Welt, es kann sie im Kloster so wenig geben wie außerhalb.

Der apostolische Auftrag, die Erziehung und Unterrichtung ihrer Schülerinnen, stehen immer wieder im Zentrum selbstkritischer Reflexionen, nicht zuletzt deswegen, weil sie selbst an die Schule in Zeiten ideologischer Verirrung manche unerfreuliche Erinnerung hat, weil sie aus eigener schmerzlicher Erfahrung nur allzugut weiß, was richtige Erziehung zum Leben und zum »mündigen« Denken bedeutet, weil sie weiß, welches Ausmaß an Verantwortung die Schule gegenüber Kindern hat, entgeht ihr kein Detail der Deformation, und sei es noch so klein. Ihr düsterer Erfahrungshintergrund hat sie übersensibel gemacht für jede Gefahr der unkritischen Anpassung. In ihrer Analyse macht sie auch nicht vor ihrem geliebten und aus voller Seele bewunderten Sacré Cœur halt: »Eine falsche Liebe zur Gesellschaft und ihrer Tradition verleitet uns, unbesehen – d. h. ohne nachzudenken – die alten Formen jahraus, jahrein festzuhalten und den Kindern aufzuoktroyieren, obgleich sich eigentlich alles an diesen Kindern geändert hat, außer daß es Kinder sind.«

Lange vor dem eingängigen Schlagwort respektloser Studenten: »Unter den Talaren der Muff von tausend Jahren« formuliert die *»traditionalistische«*, inzwischen Dreiundvierzigjährige ihre Skepsis gegenüber einer unzeitgemäßen, fragwürdigen Etikette: »Stil und Formen für alle ›öffentlichen‹ Veranstaltungen tragen unverkennbare Spuren höfischen Zeremoniells und spiegeln deutlich die hierarchische Ordnung unseres Hauses wider. Wie verträgt sich das mit der Erziehung zur Demokratie? Diese Art von Würde und Feierlichkeit, wie wir sie bei unseren Hochveranstaltungen entfalten, gibt es heute nirgends mehr – auch in der Kirche nicht, die ja gerade dabei ist, die ihr immanenten demokratischen Züge wieder stärker gegenüber den monarchischen hervortreten zu lassen. Sicher gibt es in der Kirche hierarchische Ordnung, Würde etc., aber das ist ja gerade so beeindruckend an ihren großen Veranstaltungen, daß diese Phänomene frei von jeglicher, auch nur im entferntesten an militärische Disziplin erinnernden Starre sich entfalten. Das ist bei uns anders: der visuelle Eindruck – die Kleinen vorne, die Großen hinten, kerzengerade, eine Linie etc. –, das sind Ordnungsvorstellungen vom Kasernenhof, die den Eindruck von Feierlichkeit und Würdigkeit zu stark veräußerlichen – der einzelne stellt schließlich nur noch seine Figur zur Verfügung, um einen Punkt in einem architektonischen Aufbau beizutragen.«

Was Isa Vermehren in jenen Jahren umtreibt, ist nicht Ablehnung, sondern das Suchen nach Bewahrung. Ihr Wille zum Gehorsam, ihr Vertrauen in den Orden haben nicht Schaden gelitten, umso mehr aber das Zutrauen in seine reformerische Kraft. »Die Frage ist, wie kann man diese Dinge auflockern, ohne den beabsichtigten Inhalt – die Erziehung zur Haltung – preiszugeben? Die Notwendigkeit der Haltung kann erklärt werden, sie kann und muß subjektiv und objektiv begründet werden ... Wenn die Kinder die Hausordnung umgehen, dann sicherlich auch aus der inneren Notwendigkeit, sich mit dem Begriff der Freiheit vertraut zu machen; wo liegen die Anregungen und Möglichkeiten, die wir ihnen zeigen und geben, für einen vernünftigen Gebrauch ihrer Freiheit?«

Man spürt aus manchen Zeilen einen sich zunehmend aufbauenden Zwiespalt zwischen der sich in der Bundesrepublik verschärfenden Diskussion um die Erfordernisse zeitgemäßer Bildungs- und Pädagogikreformen und dem traditionsbewußten Erziehungskonzept der katholischen Kirche und des Ordens. Einzelne Gedankensplitter lassen erkennen, wie aufmerksam die engagierte Lehrerin für Deutsch und Geschichte gerade auch die literarischen Debatten der frühen sechziger Jahre verfolgt: den wachsenden Einfluß der Schriftsteller auf das gesellschaftliche Klima, ihre Besorgnisse und Warnungen. Einmal fragt sie sich – sehr vorsichtig und im

Pluralis majestatis – sogar, ob nicht die Entwicklung des in der ganzen Welt verbreiteten Ordens es ratsam erscheinen ließe, ihm außerhalb der deutschen Landesgrenzen besser zu dienen: »Wir könnten ja schließlich, getreu der Anweisung aus dem Evangelium, den Staub von den Füßen schütteln, wenn man Günter Grass nicht will.«

Sie bäumt sich geradezu auf gegen jede Abwehr neuer pädagogischer Einsichten: »Mein Eindruck ist, daß wir zu dilettantisch sind – ich selber bin es sicher. Wir verlassen uns auf den Heiligen Geist (das ist unser Recht und unsere Pflicht, aber nicht unser großer Dispens!), verachten aber die Früchte seines Wirkens, die nicht in unserem Garten gewachsen sind. Es gibt psychologische, pädagogische Bücher, die helfen können und wollen, die pädagogischen Mittel der Situation der Jugendlichen anzupassen – wir neigen solchen Argumenten gegenüber zu dem snobistischen Rückzieher: Haben wir nicht nötig, wir haben unseren Studienplan und die Heilige Mutter, unseren Geist und unsere Tradition. Wir kennen keine Sach- und Fachdiskussion mit anderen, und hierbei denke ich an Laien, ausdrücklich an nichtklösterliche Erzieher und Erzieherinnen. Im Gespräch mit ihnen klärt sich am ehesten das, was Überzeugung ist oder nur Voreingenommenheit – was zum wesentlichen Bestand gehören muß oder als überflüssiger Formelkram abgelegt werden kann.«

Nein, eine radikale Konservative ist diese mit sich und ihren Zielen ringende Klosterschwester und Lehrerin wirklich nicht, dazu sind ihre Gedanken zu weitsichtig, tritt sie der vor epochalen Umschwüngen stehenden Außenwelt (die gerade in der Kuba-Krise steckt) viel zu neugierig gegenüber. Sie ist in jenen Jahren gewiß nicht die einzige Schwester, die sich um eine liberalere Überprüfung des eigenen Standorts bemüht, die den Orden den weltlichen Strömungen öffnen möchte, ohne ihn selbst dabei auch nur im geringsten in Frage zu stellen. »Das, was Ausdruck metaphysischer Gebundenheit ist, kommt am leichtesten im Gespräch mit Andersgläubigen heraus, deren ›Unvoreingenommenheit‹ uns mitunter den Dienst erweisen kann, Möglichkeiten und Durchblicke zu erkennen, wo bisher ein Tabu stand. Aber diese Gespräche fehlen – mit wem sollten wir sie führen bei unserer eingeschworenen Exklusivität? Sie macht mir zur Zeit am meisten zu schaffen, weil ich finde, daß wir ihr nicht gewachsen sind, daß wir geistig an den Folgen permanenter Inzucht zu leiden beginnen, Verlust an Maßstab, Kritik, Originalität etc.«

Je mehr sie in ihren apostolischen Auftrag hineingewachsen ist, desto fragwürdiger wurde Isa Vermehren die eigene Leistung. Sie hat zuviel von der Welt und von der Macht gesehen, kennt deren Irrwege zu gut, um sich allein auf ihren Glauben zu verlassen. Einmal zieht sie sogar einen Vergleich zwischen ihren Jahren als Sängerin und denen als Ordensfrau und fragt sich zweifelnd, ob sie es wohl als Lehrerin zur gleichen Professionalität bringen würde wie als Entertainerin in den zehn Jahren auf der Bühne.

»Mit unseren primitiven philosophischen Begriffen sind wir der Komplexität der Gegenwartsproblematik auf keinem Gebiete mehr gewachsen. An eine Teilnahme an der Diskussion, geschweige denn an eine Lenkung ist nicht im entferntesten zu denken« – solche Sätze aus dem Jahr 1963 zeigen an, daß sich das Nachdenken über ihren Auftrag geradezu krisenhaft zuspitzt. Aber es ist ja nicht nur Isa Vermehren allein, die mit dem wachsenden Bewußtsein einer tatsächlichen oder bevorstehenden Krise ringt.

Die Erdstöße sowohl in der Gesellschaft als auch in der Kirche werden heftiger. Die restaurativen Nachkriegsjahre sind endgültig vorbei. So gerne und so oft sich Schwester Isa Vermehren auch als »stockkonservativ« bezeichnen mag: Sie ist es nur, was die Bewahrung guter, nicht sinnentleerter Traditionen und, das vor allem, was ihren Glauben betrifft, der ihr ja nicht in die Wiege gelegt wurde, den sie sich aus eigener Kraft – sie selbst nennt es Gnade – erarbeitet hat. Sie will ihn »bewahren und weitergeben«, aber nicht gegen, sondern mit der Zeit. Im Blick auf die Gesellschaft und die Politik ist sie alles andere als unumstößlich festgelegt. Sie habe im Laufe ihres Lebens ihre »Partei-Sympathien gewechselt«, sie weiß zu differenzieren und auch da, wo es ihr wichtig erscheint, gegen den Strom zu schwimmen. Aber damals, zu Beginn der sechziger Jahre, haben auch ihr die ansteigenden Wellen revolutionärer Gesinnung heftig zugesetzt, zumal sie spürte, daß ihr geliebter Sacré-Cœur-Orden davon empfindlich berührt werden würde. Die Zäsur hat sie nachträglich genau datiert: »1967 ist die ordensinterne Krise ausgebrochen.«

In nahezu allen Gesprächen über Fragen ihres Glaubens, ihrer Kirche und ihres Ordens kommt Isa Vermehren auf die Auswirkungen und die divergierenden Interpretationen des Zweiten Vatikanischen Konzils zu sprechen. Ihr Orden habe die von ihm ausgehenden Erschütterungen erst mit einiger Verzögerungen registriert, dann aber um so heftiger. Was hatte es mit diesem Konzil auf sich? Was bedeutete es für die katholische Kirche weltweit, für das Sacré Cœur und seine Angehörigen und für Isa Vermehren ganz persönlich?

Am 28. Oktober 1958, unmittelbar nach dem Tod Papst Pius' XII. wurde Angelo Guiseppe Roncalli, der bereits siebenundsiebzigjährige Patriarch von Venedig, ein »volkstümlicher«, sozial äußerst aufgeschlossener und beliebter Kardinal, überraschend zum Papst gekürt. Er bemühte sich um eine Öffnung gegenüber anderen Religionen, um den Dialog mit den Kommunisten und versuchte, zwischen West und Ost – auch zwischen Nikita Chruschtschow und John F. Kennedy auf dem Höhepunkt der einen Atomkrieg provozierenden Kuba-Krise – um des Friedens willen zu vermitteln. Der neue Papst weckte in den liberalen und »fortschrittlichen« Kreisen innerhalb und außerhalb der katholischen Kirche die größten Hoffnungen auf eine umfassende Modernisierung der christlichen Lehre und des Vatikans.

Es sollte Johannes XXIII. nicht viel Zeit bleiben, seine alles andere als auf ungeteilte Zustimmung treffenden Anstöße zu verwirklichen. Schon nach knapp fünf Amtsjahren ist er gestorben. Sein Pontifikat war sehr kurz, seine Strahlkraft wirkte um so länger, und das lag vor allem an seinen Enzykliken »Mater et Magistra« und »Pacem in terris« und dem von ihm am 25. Januar 1959 einberufenen und am 11. Oktober 1962 mit einer feierlichen Sitzung eröffneten Konzil in Rom.

In den folgenden Jahren wurden bis zum Abschluß des Konzils am 8. Dezember 1965 zahllose Dekrete, Erklärungen und Konstitutionen verkündet, Kommissionen eingesetzt und insgesamt neun öffentliche Sitzungen abgehalten, in denen es um alle die Lage der Kirche betreffenden, drängenden Fragen ging: um die Bischöfe und die Ökumene, um die Religionsfreiheit und die nichtchristlichen Religionen, um das Laienapostolat und die Priester, um die Missionen und die Orden, um Erziehung und Ehe sowie um die Aufhebung der Exkommunikation zwischen Konstantinopel und Rom. Johannes XXIII., der dieses gewaltige Forum der Neubesinnung in Gang gesetzt hatte, konnte nur die ersten Sitzungen miterleben. Als er am 3. Juni 1963 starb, wurde das Konzil kurz unterbrochen, aber von seinem Nachfolger Paul VI. noch im selben Monat wieder einberufen.

In den Jahren 1869 und 1870 hatte das Erste Vatikanische Konzil die Unfehlbarkeit des Papstes definiert, um so bedeutungsvoller für die Kirche war dieses zweite Konzil, weil es den Akzent auf das kollegiale und synodale Prinzip legte und das Mißverständnis ausräumte, die ganze Autorität der Kirche sei allein beim Papst konzentriert. Es knüpfte an das gescheiterte ökumenische Konzil von Konstanz (1414–1418) an, verstand sich als ein »Konzil in Freiheit und echtem Dialog«, ein »Konzil am Anfang einer neuen Zeit«, wie die Theologen Karl Rahner und Herbert Vorgrimler es genannt haben: »... die Zeit der Vereinheitlichung der Welt, der Industrialisierung, der Verstädterung, einer rationalen Verwissenschaftlichung des menschlichen Lebens, die Zeit, die nach der gesellschaftlichen Organisation der einen Menschheit ruft, in der jedes Volk für jedes andere eine Verantwortung trägt, die

Welt eines weltweiten, ja militanten Atheismus usw. Dieser Zukunft, die schon begonnen hat, sucht sich die Kirche unbefangen und ehrlich zu stellen.«

Der Geist dieses Konzils war von Anfang an auf Öffnung und Toleranz, auf Kurskorrektur und Differenzierung, auf gegenseitiges Verstehen und die Überwindung festgefahrener Lehrmeinungen angelegt, nicht zu Unrecht wurde es denn auch als das größte und nachhaltigste Ereignis in der katholischen Kirche gefeiert, als befreiender Dialog zwischen Kirche und Welt. Statt inner- und außerkirchliche Kritik mit dem Hinweis auf Geschichte und Tradition abzuwehren, sollte es eine Brücke in die Moderne schlagen, das *aggiornamento*, wie Johannes XXIII. es genannt hat, befördern. Daher ist es, wie Jan Roß in seinem klugen Buch über Papst Johannes Paul II. schreibt, »bis heute der Traum aller fortschrittlichen Katholiken geblieben, von Teilnehmern oder Zeitgenossen manchmal mit ähnlicher Sentimentalität in Erinnerung gerufen, wie es die Veteranen von 1968 mit ihren Sit-ins oder Straßenkämpfen tun«. Das Zweite Vatikanische Konzil und seine Folgen hätten »Züge einer Kulturrevolution« getragen, es gehöre »in den Zusammenhang der fortschrittlichen sechziger Jahre, wie eben die Studentenbewegung oder auch die Präsidentschaft Kennedys«.

Die Signale, die von diesem epochalen Ereignis der katholischen Kirche in alle Welt ausgingen, wirkten am schnellsten und nachhaltigsten auf dem südamerikanischen Kontinent. Die dort überall auflodernden Befreiungsbewegungen sahen sich durch die Töne aus Rom bestärkt. Manche Auswirkungen des Konzils erreichten Europa erst über diesen Umweg. Der vatikanische Kardinal und vormalige Tübinger Theologe Walter Kaspar hat mit Blick auf den Dialog des Konzils nach innen und außen darauf hingewiesen, daß die katholische Kirche seither nicht mehr als »die monolithische Größe, als die sie einmal galt«, angesehen werden könne, weil das Konzil in seinen Stellungnahmen zum Pluralismus ausdrücklich hervorhebt, »daß die Kirche nichts von alledem ablehnt, was in den nichtchristlichen Religionen wahr und heilig ist«. Das Konzil habe im Gegenteil das Gespräch und die Zusammenarbeit mit ihnen gesucht und überdies noch eine andere gewichtige Wende eingeleitet: »Es beklagte alle Formen des Antisemitismus und erinnerte an das gemeinsame jüdisch-christliche Erbe.«

Die Texte des Konzils füllen viele hundert Seiten und beziehen sich auf eine Vielzahl von Erörterungen und Proklamationen kirchlicher Fragen und Standpunkte. Freilich fehlte es bald auch nicht an Kritik und Enttäuschung auf konservativeren Seiten der Kirche. Die hohen Erwartungen seien nicht eingelöst worden, meint der (anders als Kaspar dem konservativen Flügel des Vatikans zugerechnete) Kardinal Joseph Ratzinger, es sei »rein empirisch, statistisch belegbar ..., daß wir keine neue Stunde des Christentums erlebt haben, sondern viele Abstürze erfolgt sind – neben Aufbrüchen, die es auch gibt«. Die Gründe dafür lägen in zu hohen Erwartungen und darin, daß »die großen Geschichtsströmungen eben ihren Weg gegangen« und »von uns zum Teil einfach auch nicht richtig eingeschätzt worden« seien.

Vor allem aber, meint Kardinal Ratzinger, hätten die Ergebnisse des Konzils Mißverständnisse heraufbeschworen: »Die Väter wollten den Glauben aggiornieren – aber ihn gerade dadurch auch in seiner ganzen Wucht anbieten. Statt dessen bildete sich mehr und mehr der Eindruck, Reform bestünde darin, daß wir einfach Ballast abwerfen; daß wir es uns leichter machen, so daß Reform nun nicht in einer Radikalisierung des Glaubens, sondern in irgendeiner Art von Verdünnung des Glaubens zu bestehen schien. Daß allerdings durch bloße Erleichterungen, Anpassungen und Konzessionen nicht die richtige Form von Konzentration, Vereinfachung und Vertiefung gewählt ist, das zeigt sich jetzt immer mehr.« Gleichzeitig räumt Ratzinger ein, daß die Texte des Konzils oft nur falsch ausgelegt worden seien, folge man ihnen wortgetreu, sei man gegenüber extremistischen Mißverständnissen gefeit. Aber was ist wortgetreue Interpretation? Das Zweite Vatikanische Konzil hatte in bestimmten Teilen der Kirche ein Feuer entzündet, das zu löschen nicht mehr gelingen wollte.

»Für Konservative seines Schlages«, meint Jan Roß zu den skeptischen Äußerungen Ratzingers, »verbindet sich vielleicht nicht mit dem Konzil selbst, wohl aber mit der begleitenden und folgenden kirchlichen Reformeuphorie der Schock von 1968, ein Gesamtszenario von Autoritätsverfall und Säkularisierung, in das sich die Fortschrittsanpassung des Katholizismus unheilvoll einfügt. Hat man den emanzipatorischen Trends nicht doch zu weit nachgegeben und dabei die eigene Identität aufs Spiel gesetzt?«

Einen besonders extremen Fall konservativen Verhaltens lieferte der französische Erzbischof Marcel Levèbvre. Dieser brach mit seiner Kirche, weil er die Ergebnisse des Konzils grundlegend ablehnte. Zu den vielen Reformen des Konzils hatte auch die Einführung des landessprachlichen Gottesdienstes gehört. Um Levèbvre bildete sich in den folgenden Jahren ein Kreis traditionsgläubiger Katholiken, die sich um die Wiedereinführung der Tridentinischen Messe bemühten. Zu ihren Fürsprechern gehörte auch Eric Vermeeren de Saventhem, wie er sich jetzt nannte.

In einem Dekret des Konzils über »die zeitgemäße Erneuerung des Ordenslebens« vom 28. Oktober 1965, das sich eingehend mit Tradition und Auftrag »einer wunderbaren Vielfalt von Ordensgemeinschaften« befaßt, steht im zweiten Absatz: »Zeitgemäße Erneuerung des Ordenslebens heißt: ständige Rückkehr zu den Quellen jedes christlichen Lebens und zum Geist des Ursprungs der einzelnen Institute, zugleich aber deren Anpassung an die veränderten Zeitverhältnisse.«

Was war darunter zu verstehen? Nach einer Aufzählung tradierter Richtlinien heißt es, daß »die Konstitutionen, die

›Direktorien‹, die Gebräuchebücher, Gebetbücher, Zeremonienbücher und dergleichen entsprechend durchzusehen« und »Richtlinien für die zeitgemäße Erneuerung festzusetzen« seien. Diese betreffen hierarchische Regelungen, aber auch die Aufforderung, »unter Wahrung ihrer jeweiligen Eigenart ... die alten, dem Wohl des Nächsten dienenden Überlieferungen (zu) erneuern«. Unter Punkt 17 sind die Anforderungen an das Ordensgewand aufgeführt: »Das Ordensgewand als Zeichen der Weihe sei einfach und schlicht, arm und zugleich schicklich, dazu den gesundheitlichen Erfordernissen, den Umständen von Zeit und Ort sowie den Erfordernissen des Dienstes angepaßt«, und dann folgt, etwas genauer, die Ermahnung: »Ein Gewand, das diesen Richtlinien nicht entspricht, muß geändert werden. Das gilt sowohl für Männer wie für Frauen.« War das ein vom Papst abgesegneter Freibrief zum Ablegen der tradierten Ordensgewänder?

In Punkt 20 wird abermals das *aggiornamento* eingefordert und darauf verwiesen, daß »Tätigkeiten, die dem Geist und der wahren Eigenart des Instituts heute kaum mehr entsprechen, aufzugeben« seien. Wer sich die strengen Regeln und Verhaltensrichtlinien des Sacré Cœur vor Augen hält, erkennt den Sprengsatz, den solche Worte enthalten. Trotz anderer Passagen, die weniger reformerisch an die Kraft und die Ziele der Ordensgemeinschaften appellieren, läßt das Dekret manche Tür offen für eine durchaus weitreichende Veränderung des Klosterlebens – und erst recht der pädagogischen Zielsetzungen des Sacré Cœur. Anders als die »gänzlich auf Kontemplation hingeordneten Institute« wirken die apostolischen Orden unmittelbar in die Welt – um so mehr sind sie nun aufgerufen, sich den »Erfordernissen unserer Zeit« anzupassen, ohne jedoch zu vernachlässigen, daß sie sich »mit Eifer dem göttlichen Dienst und den Werken des Apostolats« zu widmen haben. Natürlich müßten die Ordensleute »treu zu ihrem Gelöbnis stehen, den Worten des Herrn Glauben schenken, auf Gottes Hilfe vertrauen und sich nicht auf die eigenen Kräfte verlassen, Abtötung üben und die Sinne beherrschen.«

Isa Vermehren und ihre Mitschwestern müssen diese Liberalisierungsbestrebungen, die mit einiger Verzögerung auch das Kloster und die Schule von Pützchen erreichten, mit zunehmender Verunsicherung aufgenommen haben. In Deutschland merkte man von dieser Veränderung zunächst wenig, »in Südamerika und Nordamerika ist sie sehr viel schneller wahrgenommen worden«. Selbstkritisch hat Mutter Vermehren zu dieser Zeit angemerkt: »Wir waren furchtbar eingebildet als Orden«, um so dramatischer habe sich die Lockerung ausgewirkt. Die Regeln Sophie Barats, unter denen Isa Vermehren im klaren Bewußtsein ihrer Verbindlichkeit in die Gemeinschaft des Ordens eingetreten war, waren ein fester Bestandteil ihres Lebens geworden. Sie hatte sie akzeptiert, gründlich erlernt und durchaus mit Freude verinnerlicht und nach allen Seiten verteidigt. Auch wenn sie sich trotz aller geforderten Unterwerfung und Hingabe, trotz ihrer »krachkonservativen« Grundeinstellung immer einen Freiraum für kritisches Denken bewahrt hatte, weil das einfach zu ihrer souveränen, alles andere als dogmatisch-verengten Persönlichkeit gehörte, fühlte sie sich jetzt wichtiger Fundamente ihrer Vorstellung von einem disziplinierten Ordensleben beraubt. Auf diese neue Unverbindlichkeit war sie nicht vorbereitet. Es sei damals »eine furchtbare Zeit« gewesen, »in der ich sozusagen Tag für Tag und Stunde für Stunde hinter meinem Ordensgehorsam hergelaufen bin: Wo ist er denn, wo bleibt er denn? Alles war außer Kraft gesetzt, die Vorschriften, alles wurde plötzlich locker.«

In den Jahren nach dem »Dritten Reich« habe sie in Deutschland überall nur »Hohlräume und Glaubensverlust« angetroffen, die Festigkeit ihres Glaubens, vor allem aber die ihres Ordens habe ihr damals den entscheidenden Halt gegeben, und nun schienen einige Pfeiler ihres Glaubens, Denkens und Handelns in Gefahr zu geraten. Dieses »mißverständlich vermittelte zweite Konzil« habe einfach zu viel an kirchlichem Selbstbewußtsein »weggeschwemmt. Man hat den Kanon ausgeliefert.« Papst Johannes XXIII., der liebenswürdige und dem Leben zugewandte, sympathische und gutmütige Herrscher im Vatikan, sei »zu naiv« gewesen, habe die Auswirkungen seiner Anstöße falsch eingeschätzt. Sein Nachfolger, Paul VI., sei »zu zerrissen und skrupulös« gewesen, um die Entwicklung der Kirche in Beliebigkeit und Unsicherheit nachdrücklich zu bekämpfen.

1967 dankt die Generaloberin des Ordens, Sabine de Valons, ab. Das Generalat auf Lebenszeit gibt es nicht mehr. Drei Jahre später wird mit Concha Camacho eine Ordensschwester Generaloberin, die die traditionelle Ordenstracht abgelegt hat. Immer mehr Ordensangehörige in aller Welt folgen ihrem Beispiel, nur noch unauffällige Kleidung mit dem Brustkreuz und dem Ring als einzigem Symbol der Ordenszugehörigkeit zu tragen. Die Welt des Sacré Cœur schien aus den Fugen zu geraten.

»In meinem Herzen schreitet die Trennung der Geister unaufhaltsam fort«, notiert Isa Vermehren am 12. November 1967 in ihr Tagebuch, »ich bin zwischendurch immer wieder erschrocken, zu sehen, wie radikal ich Trennung sehe und fühle ... In vieler Hinsicht besteht keine Gemeinschaft, keine Übereinstimmung mehr.« Ein Universitätslehrer oder ein Politiker hätte das in jener Zeit kaum anders formuliert. Was die sogenannten Fortschrittlichen als Befreiung empfanden, erschien den Konservativen als Bedrohung. Noch heute zweifelt Isa Vermehren an manchen Folgerungen gerade ihres Ordens aus dem »ganz falsch verstandenen« Konzil: »Für mich ist das nach wie vor unfaßlich, daß das geschehen konnte, wobei sie darauf anspielt, »was der Geist der Regel ist, was Gehorsam ist«. Ihr heutiges Fazit klingt manchmal geradezu bitter: »Sicher mußten wir einiges ändern, gar keine Frage! Aber das hätte sich ja in Grenzen halten dürfen. Denn so ist, in meinen Augen, der ganze Apparat zusammengefallen.«

Für das Sacré Cœur bedeutete der Wandel auch die Aufhebung der Klausur, der abgeschlossenen, für Außenstehende wie für die Klosterschülerinnen so uneinsehbaren Innenwelt. Diese Klausur sei, so Isa Vermehren, »zunächst einmal eine innere Haltung« gewesen, ein bewußtes Sich-Einschränken »in einem bestimmten Lebens- und Wirkungsraum«, ein absichtsvoller Kontrast zur geschäftigen Außenwelt, ein heilsames Konklave. Hinzu kam der plötzliche Verzicht auf die Ordenstracht, »innerhalb weniger Wochen« hätten Schwestern sie abgelegt und seien »in Zivil« erschienen.

Unter den Schülerinnen wurde der plötzliche Abschied von Tradition und Gesetz wohl mit ebensoviel Verwunderung wie Unverständnis registriert. Eine Ordensschwester habe, so erinnert sich eine Absolventin von Pützchen lachend, erst einmal zehn Paar Schuhe gekauft – das dürfte eine Ausnahme gewesen sein. Die neue Freizügigkeit sah und sieht in aller Regel so aus: Die Schwestern kleiden sich unauffällig unter Verzicht auf leuchtende Farben. Es eint sie das Kreuz, das sie um den Hals tragen. Isa Vermehren freilich hält es bis heute anders: Auch wenn sie »die einzige meiner Art« sei, habe sie sich von der neuen Freizügigkeit nie anstecken lassen, es sei nun einmal der sichtbare Ausdruck für ihre »Gesinnung und Berufung«, es sei eine tägliche Herausforderung, »immer im Dienst, nie privat« zu sein, zudem könne sie »in diesem Kleid ebenso ins Gefängnis gehen wie zur Königin von England«.

In Interviews mit Schwestern aus den verschiedensten Orden, die Christiane Boeck in dem Buch »Selbstbewußt im Kloster« zusammengefaßt hat – darin wird eine imponierende Vielzahl von höchst eigenständigen, weitherzigen und unkonventionellen, selbstkritischen und weltklugen Ansichten und Erfahrungen ausgebreitet, die das Leben hinter Klostermauern und die selbstlose Hilfsbereitschaft gegenüber Schutzbedürftigen in einem verblüffend unkonventionellen, undogmatischen Licht zeigen –, sprechen auch andere Ordensschwestern von den Erschütterungen, die das Zweite Vatikanische Konzil mit sich gebracht habe. »Das war auch für mich eine schlimme Zeit«, berichtet darin die Dominikanerin Barbara sehr ähnlich wie Isa Vermehren: »Plötzlich hatte ich das Gefühl, mir wird der Boden unter den Füßen weggezogen, und ich habe noch keinen neuen, auf dem ich stehen kann. Alles, was wir bisher getan hatten, wie wir es getan hatten, wurde jetzt in Frage gestellt, nichts war mehr richtig, zumindest hatte man immer das Gefühl, das kann nicht mehr richtig sein.«

Alte Formen waren zerbrochen, wie die neuen aussehen sollten, unterlag höchst widersprüchlichen Interpretationen. »Nie hat ein Konzil so entsetzlich wortreich und papierreich formuliert ..., es gibt kein Thema, zu dem die nicht ein Konzilsdokument herausgegeben hätten ... Papst Johannes XXIII. war sicher ein hinreißender Ortsbischof und ein ungeheuer gewinnender Priester ..., aber die Weltkirche zu regieren, das ist doch etwas anderes, nicht?« meint Isa Vermehren, und so hat sie das Konzil und seine Folgen denn auch vor allem als »Liquidation« empfunden. Das klingt sehr konservativ – die Art und Weise, wie Isa Vermehren heute darüber spricht, hat dennoch nichts Radikales und Uneinsichtiges, dafür ist ihre Kenntnis der historischen, gesellschaftlichen, politischen und – nicht zuletzt – psychologischen Beweggründe viel zu umfassend.

Vor jeglicher Verengung ihres Horizonts war Isa stets geschützt durch ihren mitreißenden Humor – und ihre souveräne Selbstkritik. Ihrem Tagebuch vertraute sie am 17. April 1984 an, wie skeptisch sie im nachhinein ihre Karriere als Sängerin beurteilte: »Was habe ich eigentlich früher auf der Bühne ›geboten‹? Mich selbst, mein Temperament, meine Musikalität, meine Unbekümmertheit, auch Unverfrorenheit – und ganz gewiß keine Kunst –, zuletzt bestenfalls etwas ›Kleinkunst‹, d. h., ich konnte das Genannte etwas publikumsbezogener steuern und einsetzen. Mein ›Erfolg‹ stand von Anfang an in keinem Verhältnis zur Leistung, er ging immer weit darüber hinaus.« Sie könne gut verstehen, »wenn andere mir ein unendliches Bedürfnis zur Selbstdarstellung nachsagen, als dessen Wurzel Eitelkeit und Selbstgefälligkeit sich unschwer ausmachen lassen«. Der Verdacht, »ein falscher Fuffziger zu sein«, habe sie »lange begleitet« – das aber war nun wirklich zu viel der Selbstkritik.

Der Anlaß für derartige Zweifel dürfte darin bestanden haben, daß diese ungewöhnliche Konvertitin und Ordensschwester, wo immer sie in Erscheinung trat, für Erstaunen sorgte. Ihre Persönlichkeit, ihr Lebensweg, ihre brillante Intelligenz und Sprachbegabung, sicherlich auch ihr starker Durchsetzungswille fielen aus dem herkömmlichen Rahmen des Ordenslebens, so daß Bewunderung und Befremden, Zuneigung und Distanz nicht ausbleiben konnten. Alle uneingeschränkte Hingabe an ihren Glauben und ihren Orden hat die aufmüpfige Künstlerin in ihr zum Glück niemals ganz abgetötet.

Die zeitlichen Umstände, die Emigration und die Karrieren der Brüder Vermehren während und nach dem Krieg, die Entfremdung der Eltern, der berufliche Erfolg der Mutter und der Eintritt Isas in den Orden Sacré Cœur – das alles hat nach 1945 die Familie in verschiedene Richtungen versprengt. So eng der innere Zusammenhalt auch über alle Grenzen hinweg blieb, so intensiv der briefliche und telefonische Kontakt die Vermehrens auch weiterhin zusammenzuhalten vermochte: Die Lebenssphären blieben für immer geteilt.

Zumindest Isa hat darunter gelegentlich wohl auch gelitten. Ihre Verbindung zu beiden Elternteilen blieb bis zuletzt herzlich, daran hatten auch die Klostermauern nichts geändert, obwohl die strengen Klausurregeln Begegnungen erschwerten. Eine Flut ausführlicher, detailreicher und lebhaft Anteil nehmender Korrespondenz sorgte für Vertrautheit und innere Nähe. Doch die Wege kreuzten sich kaum noch, und schon gar nicht geschah es, daß alle fünf zusammenkamen. Der ältere Bruder und wenig später auch die Mutter lebten auf einem anderen Kontinent. Nur den Vater hielt es noch immer in Hamburg.

Erich und Elisabeth waren nach ihren Londoner Jahren in die Schweiz gezogen und hatten sich schließlich in Luzern niedergelassen. Der gläubige Konvertit Eric de Saventhem und seine Frau beschäftigten sich weiterhin mit kirchlichen Fragen – und das bedeutete für beide kaum weniger als für Isa die kritische Auseinandersetzung mit den Auswirkungen des Konzils. Das Ehepaar besuchte täglich die Heilige Messe. An der Luzerner Hofkirche wirkte damals der junge Vikar Hans Küng, der mit seinen Gedanken und Lehrmeinungen für heftige Diskussionen sorgte. Seine Orthodoxie erschien Erich Vermehren »zweifelhaft«. Er und seine Frau fühlten sich nicht weniger als Isa der konservativen Tradition der katholischen Kirche verpflichtet, die Thesen dieses jungen Stürmers und Drängers erfüllten sie mit Unbehagen.

In Luzern lebte damals noch ein anderer bekannter Mann der Kirche: Otto Karrer, jener Autor, der mit seinen Büchern über Spiritualität und Mystik und über die Religionen der Welt die junge Isa Vermehren so nachhaltig beeindruckt hatte. Von der theologischen Fakultät der Luzerner Universität wurde Karrer, der alles andere als ein konservativer Dogmatiker war, geflissentlich gemieden, um so mehr erregte er das Interesse des jungen Feuerkopfs Hans Küng, der in ihm einen wichtigen Wegbereiter des Konzils erkannte: »Vielleicht hat kein deutscher Theologe das kommende katholische Aggiornamento in seiner Existenz und in seinem Werk so sehr vorausgenommen wie dieser Jesuit, der den Jesuitenorden verlassen hatte: Seine Biographie des dritten Ordensgenerals Franz von Borja hatte das Mißfallen des Jesuitengenerals hervorgerufen ... Für einige Monate trat er unüberlegt der evangelisch-lutherischen Kirche bei. Dafür wurde er nach seiner Rückkehr in die katholische Kirche mit einem Bußjahr und Sanktionen bis zu seinem 75. Geburtstag bestraft.« Küng und Karrer, das waren Gegenpole zu den kirchlichen Positionen von Eric und Elisabeth de Saventhem.

Im Zentrum der Berliner religiösen Unterweisung durch Elisabeth Plettenberg hatten einst vor allem Fragen der Liturgie gestanden. Er habe damals, so hat Erich sich einmal gegenüber einer Kirchenzeitung geäußert und dabei auch für seine Schwester gesprochen, »das seltene Glück einer einmalig profunden und gleichzeitig lebensnahen Einführung in die Geheimnisse unseres Glaubens« erfahren. »Wir lernten früh – und nicht nur im Kopf, sondern auch in der täglichen Praxis unseres ›neuen‹ Glaubens – den inneren Zusammenhang zwischen der ›lex orandi‹ und der ›lex credendi‹. Von dorther waren wir in hohem Maße sensibilisiert für die frühen Anliegen der sogenannten ›Liturgischen Bewegung‹ wie auch für die Gefahren, die in den Nachkriegsjahren von ihr ausgingen und vor denen der große Pius XII. in seiner Enzyklika ›Mediator Dei‹ so eindringlich warnte.« Skeptisch verfolgte das Ehepaar nun die Anstöße des Konzils, skeptischer noch das Verständnis des Papstes für eine Erneuerung der kirchlichen Liturgie. Erich Vermehren kannte Johannes XXIII., den ehemaligen Kardinal Roncalli, aus seiner Zeit in der Türkei, wo der spätere Papst damals als Diplomat des Vatikans tätig war. Mehrmals reisten die Saventhems auch »nach Rom, um den Pulsschlag der vorbereitenden Kommissionen zu messen«.

Nichtgläubigen mag das Thema der Liturgie als bloße Zeremonienfrage erscheinen. Schon die Tatsache aber, daß seine Erörterung am Anfang aller Konzilsdebatten stand, weist darauf hin, wie zentral liturgische Fragen für die katholische Kirche sind: Sie rütteln an ihren Fundamenten. Christus, so heißt es in den vom Konzil formulierten »allgemeinen Grundsätzen zur Erneuerung und Förderung der heiligen Liturgie«, sei »gegenwärtig ... im Opfer der Messe sowohl in der Person dessen, der den priesterlichen Dienst vollzieht ..., wie vor allem in den eucharistischen Gestalten. Gegenwärtig ist er mit seiner Kraft in den Sakramenten, so daß, wann immer einer tauft, Christus selber tauft. Gegenwärtig ist er in seinem Wort, da er selbst spricht, wenn die heiligen Schriften in der Kirche gelesen werden ...« Jede liturgische Feier muß als »das Werk Christi, des Priesters, und seines Leibes, der die Kirche ist, in vorzüglichem Sinn als heilige Handlung« gesehen werden, »deren Wirksamkeit kein anderes Tun der Kirche an Rang und Maß erreicht«. Das liturgische Handeln vollzieht sich in Zeichen: dem Wort, dem Symbol, dem Ritus, deren

Abläufe lange Zeit auf frühen römischen Texten beruhten, jedoch schon seit dem 16. Jahrhundert durch zahlreiche Reformen vereinheitlicht wurden.

Nach dem Zweiten Vatikanischen Konzil erhielt, so Eric de Saventhem, »die Messe schon bald in vielen Kirchen ein anderes Gesicht. Auch fing man an, die Kirchenräume umzugestalten, was vielerorts einen wahren ›Bildersturm‹ auslöste. Die lateinische Zelebration wurde immer seltener«, die Formen entfernten sich zunehmend von der Tradition. Und dabei blieb es nicht: »Überall«, so fährt er fort, »breiteten sich sogenannte ›Volksaltäre‹ aus. Die geistliche Tracht verschwand zunehmend aus dem Straßenbild – Priester und Ordensleute begannen, sich wie jedermann zu kleiden.« Die sich daraus ableitenden Weiterungen – Forderung nach Abschaffung des Zölibats, Rückgang der kirchlichen Trauungen und der sonntäglichen Kirchenbesuche – stießen bei Eric und seiner Frau auf ebensoviel Skepsis wie bei der Ordensschwester in Pützchen. Die antirömischen Tendenzen, die sich allmählich über die ganze Welt ausbreiteten, die Bemühungen, die Vorherrschaft des Vatikans abzustreifen, weckten in Eric und Elisabeth Widerstand, zumal beide diese Veränderungen als einseitige Reformen des Klerus empfanden, die über die Köpfe des »gläubigen Volkes« hinweg in den Kirchen Einzug hielten.

Die Vermehrens dagegen fühlten sich der in vielen Ländern vertretenen Una-Voce-Bewegung verbunden, die für die Aufrechterhaltung der in lateinischer Sprache abgehaltenen Messe und die Bewahrung des gregorianischen Chorals kämpfte. Eric de Saventhem wurde 1967 zum Generalsekretär der Una-Voce-Föderation berufen und 1969 zu ihrem Präsidenten gewählt. Alle Generalversammlungen bestätigten ihn in diesem Amt, von dem er erst 1995 aus Altersgründen zurücktrat. Intensiv setzten er und seine Frau sich für die in Rom auf Widerspruch stoßenden Gedanken des Erzbischofs Lefèbvre ein, konnten dessen Suspendierung aber nicht ver-

Das Ehepaar de Saventhem in seinem Schweizer Domizil zu Beginn der siebziger Jahre

hindern. Das Institut für Demoskopie in Allensbach führte in ihrem Auftrag 1966 eine Repräsentativbefragung durch, um »herauszufinden, wie denn die Masse der Gläubigen auf die Veränderungen reagierte, die man, ohne sie zu fragen, vornahm oder plante«. Das Ergebnis war ein Sowohl-Als-auch: Neben der Messe in der Landessprache sollte auch die lateinische Messe ihren Platz behalten.

Man konnte es auch anders sehen. Hans Küng hat auf dem Konzil eine »Paradigmenanalyse der Messe« vorgetragen, in der er darlegte, daß »gerade bei der so ewig gültig scheinenden ›Messe‹ nicht alles ›immer so‹« gewesen sei. Zudem verstehe das Volk »das Latein sowieso nicht«. Die Folge sei »eine bis heute anhaltende verhängnisvolle ›Entfremdung‹ zwischen Altar und Volk: eine unverständliche Liturgie, noch weitere Verfeierlichung durch Vermehrung der Kniebeugen, Kreuzzeichen, Inzense, schließlich gar eine räumliche Abtrennung des Klerikerchores vom Schiff des Volkes«. Er habe versucht, das Zweite Vatikanische Konzil und seine Bischöfe davon zu überzeugen, daß es vor einer »epochalen Aufgabe« stehe: »eine stärkere Angleichung an das verbindliche Vorbild des Abendmahls Jesu und der apostolischen Kirche und somit vermehrte Konzentration auf das Wesentliche und größere Verständlichkeit des Ritus«.

Mit der Wahl des Krakauer Erzbischofs Karol Wojtyla zum Papst schienen die Forderungen der Una-Voce-Föderation wieder auf Gehör zu stoßen, doch seien alle Bemühungen um die lateinische, die »tridentinische« Messe, wie Erich Vermehren bitter anmerkt, »von den Vertretern des *liturgical establishments* durchkreuzt« worden. Bewahrung, Verteidigung bewährter Traditionen und Standhaftigkeit gegenüber »modischen« Aufweichungen – sowohl für Isa als auch für ihren jüngeren Bruder steht dies im Zentrum ihres Glaubens, doch der Bruder geht in seinem Konservatismus noch weiter als seine an allem Neuen so interessierte Schwester. Erich zitierte einmal den englischen Kardinal Heenan, der auf den

»Schmerz der vielen Konvertiten« hingewiesen habe, welche »von der alten Messe in den Schoß der Kirche gelockt worden waren«.

Wie bei Isa offenbaren auch die Äußerungen Erichs und seiner Frau die tiefe Skepsis gegenüber jeder Aufweichung tradierter Gesetze und der päpstlichen Souveränität. In der vom Konzil ausgegangenen »faktischen Autonomie der bischöflichen Leitungsgewalt« liege »eine der Hauptursachen für die Autoritätskrise, von der die Kirche innerlich geschüttelt wird«. So setzt sich der ehemalige Una-Voce-Präsident, der keineswegs den Konflikt mit seiner Kirche sucht, aber mit diplomatischer Beharrlichkeit Verständnis zwischen den innerkirchlichen Richtungen anmahnt, mit Geduld für die Wiedereinsetzung der alten liturgischen Formen ein. Der »Traditionalist und Gentleman«, wie ihn eine Kirchenzeitung einmal zutreffend nannte, ist kein rechthaberischer Eiferer. Er versucht, mit sanfter Stimme, aber präziser, juristisch geschulter Argumentation aus seiner gründlichen Kenntnis der Kirchengeschichte heraus Andersdenkende zu überzeugen und sich in den Dienst seines Glaubens zu stellen. Darin – und mit seiner Freude an zugespitzten, ironisch verklausulierten Formulierungen – steht er der Schwester näher als jeder andere. Hierauf bezieht sich der von beiden gerne zugegebene Konservatismus vor allem. Der vergnügten Liberalität in anderen Fragen des menschlichen Zusammenlebens tut das keinen Abbruch.

Es kann nicht verwundern, daß der eigenwillige Hans Küng ein ganz anderes Fazit des Konzils gezogen hat als Isa Vermehren und ihr Bruder. »Eine neue Freiheit« sei damals durchgebrochen, »viel Gutes« sei auf den Weg gebracht worden, »starke Impulse zur Erneuerung der Kirche ... Die auf diesem Konzil versammelte und repräsentierte Kirche machte nicht mehr einen absolutistischen oder totalitären Eindruck.« Auch das Urteil über Papst Johannes XXIII. klingt bei Küng ganz anders: »Bei allem nicht zu übersehenden Versagen in der Führung seiner Kurie: Durch seine milde Menschlichkeit und einfache Christlichkeit, die er ausstrahlte, schuf Johannes XXIII. ganz spontan und ohne jede geistige Gewalt, Drohungen und Sanktionen jenen neuen großen Konsens in der Kirche ..., an dem ihm so viel gelegen war – und dies sogar weit über die römisch-katholische Kirche hinaus.« Der Papst und das von ihm einberufene Konzil habe es erreicht, »die tiefsten Sehnsüchte der Menschen in uns außerhalb der Christenheit anzusprechen – *die Sehnsucht nach Verständigung, Frieden, Gemeinschaft*, die Sehnsucht nach einer erneuerten Kirche in einer besseren Welt. Papa Roncalli wollte die Fenster der Kirche öffnen und hat sie geöffnet. Wahrhaftig, *er ist der größte Papst des Jahrhunderts.*« Zwischen solchen Sätzen und den Überzeugungen von Isa, Elisabeth und Erich Vermehren offenbart sich die Kluft, die seit dem Konzil für die gesamte katholische Kirche prägend geworden ist.

Am 1. September 1969 übernahm Michael Vermehren, der ältere Bruder, nach fünf Jahren in Rio de Janeiro das Studio des ZDF in Madrid. Er leitete es bis zu seiner Pensionierung zwölf Jahre später und arbeitete auch danach noch als hochgeachteter Fernsehkorrespondent. Seine Schwester ließ sich nach Möglichkeit keine seiner Reportagen entgehen und dokumentierte ihre Begeisterung in zahlreichen Briefen. Als man ihm 1987 in der Deutschen Botschaft das Große Bundesverdienstkreuz überreichte, meinte der ZDF-Chefredakteur Reinhard Appel, es sei für diesen »Grandseigneur kennzeichnend, daß er zum Sozialisten Gonzalez ebenso Zugang hat wie zum spanischen König«. Dank seiner vorzüglichen Beiträge komme dem deutschen Fernsehpublikum »Spanien nicht mehr ›spanisch‹ vor«. Michael Vermehren sei, wie Appel meinte, »kein Mann des schnellen, möglicherweise voreiligen Urteils oder gar der Verurteilung anderer ..., kein Rechter und kein Linker«, dafür aber »ein konservativer Liberaler oder liberaler Konservativer«.

Michael Vermehren und seine Frau Elisabeth auf ihrem spanischen Landsitz

Das gleiche ließe sich auch über seine Geschwister, ja über die ganze Familie Vermehren sagen: konservativ und liberal, kämpferisch und tolerant, souverän und neugierig, immun gegen jede inhumane Ideologie. So verschieden die Lebenswege auch verliefen, diese Konstanten finden sich bei jedem von ihnen wieder. Verfügen sie damit, wie Michael Vermehren einmal mit Blick auf die Lübecker Herkunft fragte, über die klassischen Tugenden der Hanseaten? Der Jurist Eric de Saventhem ist wohl der konsequenteste Traditionalist unter den Geschwistern. Isa geht zu jeder Form von Dogmatismus auf Distanz, Michael Vermehren, der welterfahrene Journalist, erst recht. Doch konservativ sind alle drei.

Der Rechtsanwalt Dr. Kurt Vermehren lebte weiterhin – nun mit seiner zweiten Frau und der kleinen Tochter Beate – in Hamburg. Er arbeitete hart, aber mit nicht ganz so großem materiellem Erfolg, wie er es sich gewünscht hätte. Seine Briefe an die Tochter Isa blieben stets voller Zärtlichkeit und

Anteilnahme. Er müsse »mühsam wie ein Eichhörnchen die Zechinen zusammenkratzen«, meinte er, um seine Tochter aber sogleich mit den Worten zu beruhigen: »Es wird schon alles werden, sei nur unbesorgt. Du kennst ja Deinen Vater.« Am 4. September 1962 schrieb er Isa, daß er vor einer dreiwöchigen Erholungsreise nach Bad Wiessee stehe, wo seine Frau sich schon seit einer Woche »durch Klima und Landschaft unendlich beglückt« fühle. Daß er Urlaub benötige, predige ihm seine »vortreffliche Sekretärin« bereits seit Monaten – »ich muß mich offenbar unausstehlich betragen«. Der liebevolle Brief endet mit den Worten: »Sehr von Herzen, meine geliebte Puppe, Dein treuer Vater.« Es war der letzte Brief, den Isa Vermehren von ihm erhielt. Am 2. Oktober 1962 wurde Kurt Vermehren beim Überqueren der Straße vor dem Postgebäude in Bad Wiessee von einem Auto überfahren.

Die Mutter Petra Vermehren kehrte erst nach ihrer Pensionierung 1969 aus den USA nach Deutschland zurück. Da sie in der Nähe der Tochter sein wollte, nahm sie sich eine Wohnung in Bonn, direkt am Rhein. Immer hatte sie am liebsten in der Nähe eines Wassers gelebt: in Lübeck und in Travemünde, am Bodensee, in Lissabon, nach dem Krieg in Hamburg, in Bonn und in Kalifornien. Sie freute sich sehr darauf, wieder mit Isa zusammensein zu können. Doch es wurde nichts daraus. Die Tochter mußte ja noch im selben Jahr für den Orden als Schulleiterin nach Hamburg wechseln. Der Gesundheitszustand der Mutter verschlechterte sich zusehends, es wurde einsam um sie. Am 31. Oktober 1971 erlag die starke Raucherin ihrem Krebsleiden. Vier Tage später wurde sie auf dem Burgfriedhof zu Lübeck beerdigt.

Die sechziger Jahre haben die Welt verändert, nicht nur die »alte« Bundesrepublik Deutschland. Ob wir die Epoche als Revolution oder Revolte, als Kulturkampf oder lediglich als Autoritätskrise, als Fluch oder als Segen in Erinnerung haben – die Auswirkungen der vielgestaltigen, ebenso befreienden wie bedrohlichen Unruhen, vornehmlich getragen von den Studenten, denen sich bald aber auch andere gesellschaftliche Gruppen anschlossen, trafen das Sozialgefüge der (mehr oder weniger) demokratisch geordneten Nachkriegsgesellschaft im innersten Kern. Die Spuren, die die daraus resultierenden Umwälzungen bei Freund und Feind hinterlassen haben, sind tief und noch heute überall anzutreffen.

Es waren schwere Zeiten für Konservative. Liebgewonnene oder zumindest für selbstverständlich gehaltene Strukturen lösten sich nach und nach auf. Vordergründig war es ein Konflikt der Generationen, in Wahrheit aber gerieten die Fundamente all jener Hierarchien und Ordnungen ins Rutschen, die man in den mehr als zwanzig Jahren nach dem Zweiten Weltkrieg (wieder) errichtet hatte, ohne auf die Veränderungen im Bewußtsein der Gesellschaft ausreichend Rücksicht zu nehmen. Insofern war auch das Zweite Vatikanische Konzil nur ein nachhaltiges Symptom der neuen Zeit. Es spricht für Johannes XXIII. und seine Getreuen in der katholischen Kirche, daß sie die Zeichen der Zeit zu lesen verstanden und sich dem Wandel stellten.

An den Klostermauern von Pützchen müssen die kleinen

und großen Erdbeben des Weltgeistes länger als anderswo abgeprallt sein. Isa Vermehren war dort in ihren anstrengenden Beruf als Schulleiterin ebenso leidenschaftlich verwoben wie in die Beschäftigung mit ihrem Glauben, ihrem Orden und ihrer Kirche. Sie hatte ihren eigenen großartigen Beitrag zu einer aufrichtigen »Vergangenheitsbewältigung« mit bestechender Scharfsichtigkeit formuliert. Sie hatte in ihrem Buch von 1946 die Gründe für das Versagen der Menschlichkeit detailliert beschrieben und dagegen die Kraft ihres Glaubens gestellt. Sie war ein lebendes Beispiel dafür, daß und wie man der Verführung des Ungeistes widerstehen konnte: mit Anstand, Mitmenschlichkeit und Würde, mit Festigkeit, moralischer Unbestechlichkeit und Zuversicht. Die seit ihrer Konversion besiegelte Gewißheit, daß es einen barmherzigen Gott gab, der denen, die an ihn glaubten, in Not und Verzweiflung beistand, hatte ihr geholfen, die schlimme Zeit der Haft zu überstehen, und sie immun gemacht gegen jede Form von Machtmißbrauch. Danach war ihr das Sacré Cœur ein Hort des Widerstands gegen jede Form von Unmenschlichkeit. Die allgemeine Politisierung, die jetzt auf jede Diskussion überzugreifen drohte, mußte ihr fremd bleiben. Ihre Antwort auf deutsche Schuld und deutsches Versagen war nicht politischer, sondern religiöser Art gewesen. Sie hatte sie zu einer »Konservativen« gemacht, die die Politik eher ausklammern und nicht in den Unterricht mit einbeziehen wollte.

Als der Orden Isa Vermehren im Jahr 1969 den Auftrag erteilte, als Schulleiterin nach Hamburg an die Sophie-Barat-Schule, ein Gymnasium für Mädchen, zu gehen, weil die dortige Leiterin in den Ruhestand getreten war, bedeutete dies einen Wechsel in eine ganz andere Umgebung, nämlich vom katholischen Rheinland in die Diaspora (der Anteil der katholischen Bevölkerung im protestantisch geprägten Hamburg betrug acht Prozent). Zugleich war dies der Aufbruch aus einem kleinen, geradezu familiären Kosmos in »eine von antiautoritären Wallungen durchwogte Großstadt«. Obgleich – und das bedeutete für sie so etwas wie eine Heimkehr – die Schule nur wenige Schritte entfernt war von der einstigen Wohnung des Vaters in der vormaligen Klopstockstraße, war Hamburg nicht mehr das aus Kinderzeiten vertraute Pflaster. Und auch sie war nicht mehr wie damals: eine junge Frau, eine Sängerin und Schauspielerin, die sich intensiv mit Fragen des Glaubens beschäftigte. Nun kehrte sie als schwarzgekleidete Schwester und Pädagogin, als hochgeehrte, vom Eros religiöser Hingabe geleitete Botschafterin des Herz-Jesu-Ordens zurück an die Alster. Der Vater lebte nicht mehr, die Familienmitglieder waren in alle Welt zerstreut. Sie kannte kaum noch jemanden in der Stadt. Ihre Heimat war der Orden Sacré Cœur.

Die Stadt, inzwischen wieder eine sozialdemokratische Hochburg, war nach den furchtbaren Verwüstungen des Krieges zu einer blühenden Hafen- und Wirtschaftsmetropole in der jungen Bundesrepublik aufgestiegen und Westdeutschlands größte Millionenstadt. Kaum etwas war hier zu vergleichen mit dem behaglichen Bonn, das zur Bundeshauptstadt erklärt worden war, und schon gar nichts glich hier dem ländlichen Pützchen am Bonner Stadtrand. Hamburgs Einwohnerzahl näherte sich der Zwei-Millionen-Grenze. Nachrichten von den ersten (drei!) Drogentoten sorgten hier für Entsetzen oder solche von einem Schülerstreik auf Sankt Pauli, wo die Eltern verlangten, daß am Schulweg ihrer Kinder keine Prostituierten mehr stehen sollten. Von Pützchen aus gesehen glich Hamburg einem gefährlichen Moloch.

Bei den Bundestagswahlen 1969 war die CDU mit 46,1 Prozent der Stimmen wieder stärkste Partei geworden, aber das Amt des Bundeskanzlers hatte Willy Brandt als Chef einer von SPD und FDP gebildeten Regierung übernommen. In Hamburg hatte die SPD es auf 54,6 Prozent der Stimmen gebracht. Der von der SPD und der FDP geführte Senat unter Führung von Herbert Weichmann sprach von dringenden Reformen, und die sollten nicht zuletzt auch die Hamburger Schulen betreffen. Vor allem an den Gymnasien herrschte ein besorgniserregender Lehrermangel. Das Gespenst des Marxismus, wenn auch eines – wie die Sprecher der »außerparlamentarischen Opposition« (APO) in Berlin, Frankfurt und Hamburg verkündeten – »mit menschlichem Antlitz«, ging um. Der Vietnam-Krieg der USA und die in der Bundesrepublik geplanten Notstandsgesetze trieben wütende junge Leute auf die Barrikaden. An den Hochschulen wurden radikale Reformen gefordert, und auch die Schüler gerieten schon in den Sog der oppositionellen Studentenbewegung. Der Ruf nach »antiautoritärer« Erziehung wurde laut. Feministische Forderungen nach nicht nur gesetzlich garantierter Gleichberechtigung waren an der Tagesordnung.

Der Tod des Studenten Benno Ohnesorg, der bei einer Demonstration gegen den Schah von Persien von einem Polizisten erschossen wurde, hatte in Hamburg zu wilden Straßenschlachten beim Besuch des Schahs von Persien geführt, und nach dem Attentat auf Rudi Dutschke war es zu heftigen Demonstrationen gegen die örtliche Springerpresse gekommen. Wie in Paris und Warschau, in London und New York, in Prag und Chicago gehörten Studentenunruhen bald zum Alltag. Das Verdikt des Faschismus wurde zum Schlachtruf gegen jede disziplinäre Gewalt. Freizügigkeit in jeder Beziehung war die Forderung der Epoche. Die wiederentdeckten Bücher Wilhelm Reichs, offenherzige Gebrauchsanweisungen für sexuelle Experimentierlust, wurden sogar in Schülerzeitungen diskutiert und für selbstverständlich gehaltene Grundregeln der Pädagogik allerorten öffentlich in Frage gestellt.

Wie mußte das alles auf eine katholische Mädchenschule wirken? Hamburgs altehrwürdiges Gymnasium in der Nachfolge Sophie Barats konnte auf eine lange Tradition zurückblicken. 1832, in einer Zeit religiöser Intoleranz – erst seit 1919 herrschte in Hamburg wirklich die volle Gleichberechtigung aller Konfessionen –, wurde hier die erste staatlich anerkannte katholische Gemeindeschule gegründet. Nach der Ausgliederung einer Oberklasse für Mädchen im Jahr 1852 wurde 1895 eine »Höhere Töchterschule der röm.-katholischen Gemeinde« ins Leben gerufen, deren Leitung Schwestern der Ursulinen aus Haste bei Osnabrück anvertraut wurde. 1912 wurde die Schule als Lyzeum anerkannt, später in »Realschule« beziehungsweise »Katholische Mädchenschule in Hamburg« umbenannt. Damit war die Möglichkeit gegeben, an dieser Einrichtung das Abitur abzulegen. 1931 wurde das Gebäude in der (damaligen) Klopstockstraße 39 eingeweiht. In der angrenzenden Neuen Rabenstraße 1 bezogen die Ursulinenschwestern ihre »Klausur«, wo sie ein klösterliches Dasein in enger Abgeschlossenheit führten.

Von 1935 an nahm die Schule auch Knaben auf. Dieser erste Versuch der Koedukation hatte aber im Oktober 1939 mit der Schließung aller katholischen Schulen durch die NS-Behörden geendet. Die Schüler und Schülerinnen wurden auf staatliche Schulen verteilt, die Ordensschwestern aus dem Schuldienst entlassen. Die katholische Mädchenschule wurde ebenso geschlossen wie die vorzügliche »Israelitische Töchterschule«, deren legendärer Leiter Kurt Löwengard zu den führenden Pädagogen der Hansestadt gehört hatte.

Nach dem Krieg und dem Ende des »Dritten Reiches« eröffneten die Ursulinen in der kleinen Villa ihrer Klausur provisorisch eine neue »Sankt-Angela-Schule«. 1952 übergaben sie diese an zwölf aus Pützchen angereiste Sacré-Cœur-Schwestern. Seither heißt die Institution »Sophie-Barat-Schule« (SBS). 1952 konnte das alte Schulgebäude wieder bezogen werden, in dem die Nazis das Gesundheitsamt der Stadt einquartiert hatten. Eine bauliche Erweiterung folgte schnell, zudem wurde die alte Villa der Ursulinen abgerissen und durch einen umfangreichen Neubau ersetzt. Anfangs verfügte die Schule noch über ein eigenes Internat, das sich jedoch bald als nicht mehr tragfähig erwies. Ein sogenanntes Halbinternat, in dem die Schülerinnen den ganzen Tag verbringen – heute wieder eine beliebte Forderung der Politik –, trat an seine Stelle. Die Schule wuchs stürmisch, weitere Ausbauten folgten bald. Träger der privaten, aber staatlich anerkannten Schule ist der Verband römisch-katholischer Kirchengemeinden in der Freien und Hansestadt Hamburg. Die Leitung obliegt den Schwestern vom Sacré Cœur.

Als Schwester Isa Vermehren die Leitung der Sophie-Barat-Schule übernahm, galt diese bereits als das anspruchsvollste Mädchengymnasium der Stadt. Mutter Vermehrens Vorgängerin hatte sich insbesondere um die Stärkung der Naturwissenschaften, der Mathematik und der Philosophie Verdienste erworben, was auf die Nachfolgerin ziemlich einschüchternd gewirkt haben muß.

»Als ich im Jahr 1969 an die SBS versetzt wurde, um dort Mutter Heesch im Amt der Schulleiterin abzulösen, hatte die Schule ... eine Phase überzeugenden Wachstums erlebt. Die Zahl der Schülerinnen hatte sich mehr als verdoppelt. Das Kollegium war verjüngt durch den Eintritt ehemaliger Schülerinnen.« Der Vorgängerin war es gelungen, »einen naturwissenschaftlichen Oberstufenzweig einzuführen, um ein für allemal den Gegenbeweis zu führen gegen das verbreitete Vorurteil, daß Mädchen keine Mathematik könnten«. Da sie selbst »bedauerlicherweise zu dieser mathematisch etwas unterbelichteten Schar gehörte«, habe sie großen Respekt vor dem »pädagogischen Übergewicht« der Vorgängerin gehabt. Anstelle der »rheinischen Gemütlichkeit« von Pützchen habe Isa Vermehren in Hamburg eine Schule vorgefunden, die »eingekeilt zwischen zwei lebhaft befahrenen Hauptstraßen« und in einem noch immer viel zu engen Gebäude untergebracht war, in dem »die Behörde einem geradezu durchs Fenster gucken« konnte. Auf prompte Fragen der Schulbehörde wie: »Wieso konnte man heute schon vor zwölf Uhr Schülerinnen der SBS auf dem Dammtor begegnen? Halten Sie die vorgeschriebenen Unterrichtszeiten etwa nicht ein?« war sie nicht vorbereitet. Zudem habe der »Nachrichtendienst im katholischen Hamburg wie ein Netz afrikanischer Buschtrommeln funktioniert: Morgens gesagt, und noch vor dem Mittagessen kam die Rückfrage aus dem Hamburger Vatikan. Kurz, ich kam nicht auf Flügeln nach Hamburg, sondern mit Manschetten.«

Kaum hatte sich »die Neue« in der Klausur ihres Ordens, im alten Gebäude ihrer Schule, häuslich eingerichtet und ihr Direktorenamt angetreten, sei ihr klargeworden, daß sie »geradezu umringt« war »von Autoritäten, denen ich Rechenschaft schuldete«. Sie habe der Hausoberin, der Provinzoberin (Bonn), der Generaloberin (Rom), der staatlichen Hamburger Schulbehörde und dem kirchlichen Oberschulrat unterstanden, dazu »einer rasch wachsenden Zahl von Kontroll- und Mitspracheremien«, dem Lehrerrat, dem Schülerrat, dem Schulverein, den diversen »Fachkonferenzen mit ihren gestaffelten Mitwirkungsrechten«.

Der »rasch einsetzende Prozeß einer radikalen Demokratisierung aller Leitungsfunktionen und Autoritätsstrukturen traf uns Ordensfrauen« – darin erging es ihnen nicht anders als den Professoren in den Universitäten oder den Politikern – »eher unvorbereitet. Wir hatten eine ziemlich hohe Meinung von unserer pädagogischen Tradition, von unserem Erziehungsstil, unserem Bildungsideal – uns diesbezüglich abhängig zu machen von Mehrheitsbeschlüssen, fiel uns schwer.« Schwere Zeiten waren das für Konservative, doch Isa Vermehren verfügte ja nicht nur über einige Erfahrung als Schulleiterin, nicht nur über ein großes fachliches und umfangreiches »Management-Wissen«, über Durchsetzungsfähigkeit und Festigkeit, sondern auch über ihren herzerfrischenden, vielseitig einsetzbaren Humor. Nicht zuletzt mit dessen Hilfe gelang es ihr, den Neubeginn in Hamburg, der – sie betont es immer wieder – alles andere als leicht war, einigermaßen zu überstehen. In ihrem winzigen Direktorenzimmer heftete sie ein Kalenderblatt über ihren Schreibtisch mit dem Spruch: »Der Klugheit sind Grenzen gesetzt, der Dummheit nicht.« Das Blatt habe sich »bei vielen Besuchern als Blickfang bewährt und gelegentlich auch als hilfreicher Beitrag zur Klärung der Herkunft einer Nichtversetzung«.

Nur in zarten Andeutungen erzählt Isa Vermehren von den Schwierigkeiten des Neubeginns in Hamburg. Ihre »eigene Kommunität« sei damals, unter dem Andrang der Zeitereignisse, aber auch unter den – wie sie meint – »mißverstandenen« Folgen des Konzils in ihrer innersten Struktur gespalten gewesen. Gestört war aber auch der tradierte Konsens zwischen Eltern, Lehrern und Schülerinnen. Es spricht für die diplomatische Klugheit des Ordens, daß er in diesen aufgewühlten Zeiten gerade *diese* Direktorin nach Hamburg entsandt hat. Wie keine andere Schulleiterin vom Sacré Cœur vor ihr verfügte die von ihrem Glauben, ihrer Kirche und ihrer Aufgabe überzeugte Konservative mit dem großen Herzen doch über jene beiden Eigenschaften, die jetzt gefragt waren wie nie zuvor: über die erfahrungsgesättigte Bereitschaft, klug und besonnen, aber ebenso mit List und Ironie schroffer Kritik zu begegnen, und über Unerschütterlichkeit. Sie war fest in der Gewißheit und der Bindung an die pädagogischen Ziele Sophie Barats, aber flexibel und einfühlsam im Umgang mit allem Oppositionellen.

Die Kolleginnen und Kollegen an der Sophie-Barat-Schule scheinen es anfänglich anders gesehen zu haben. Helga Böse (sie trat als evangelische und, wie sie sagt, einigermaßen »linke« Referendarin ihren Dienst an der Schule wenige Tage nach Isa Vermehren an, konvertierte 1974 und wurde 1980 selbst Schulleiterin des neu gegründeten Bernhardinums, eines katholischen Gymnasiums in der Mark Brandenburg) erinnert sich, daß die neue Direktorin in Hamburg reserviert aufgenommen wurde. Bei der ersten Lehrerkonferenz sei sie auf »eisiges Schweigen« getroffen. Die Kollegenrunde habe sich ihr gegenüber »absolut verschlossen« gezeigt. Alle hätten der Vorgängerin nachgetrauert und »die Neue« aus dem katholischen Rheinland als »zu fromm« eingestuft. Das habe sich noch gesteigert, als Schwester Isa Vermehren mit allerlei Schwierigkeiten in der Klausur zu kämpfen hatte und man ihr vorwarf, sie sei »nie da«. Tatsächlich sei sie »fortwährend rein und raus« gestürmt, was einen Schulrat zu dem zornigen Seufzer verleitet habe: »An Schwester Vermehren scheiden sich die Geister.« Obwohl Isa Vermehren eine »glänzende« Rede anläßlich der anstehenden Abiturfeier gehalten habe, hätten sich die Lehrer und Lehrerinnen ostentativ um die ebenfalls anwesende Vorgängerin versammelt, während »die Neue« gewissenhaft Stühle herbeigeschleppt habe. Einige »revolutionäre« Maßnahmen, etwa die Freigabe der Schulkapelle als Zeichensaal und Gymnastikraum – die »Platznot« erzwinge das, beten könne man schließlich auch anderswo, hatte die neue Direktorin erklärt – und nicht zuletzt die schnell in Angriff genommene Verjüngung des Lehrpersonals, hätten ebenfalls dazu beigetragen, das Klima zu belasten.

Aber noch etwas anderes erschwerte die Gewöhnung an diese neue Direktorin, und das hing mit ihrem eisernen Festhalten am wichtigsten Ritual der Kirche zusammen: der Liturgie. Alle Konzessionen an die Forderungen des Zeitgeistes, jedes Sich-Einschleichen »irgendwelcher Experimente« beim Ablauf des gemeinsamen Gottesdienstes wollte Isa Vermehren um keinen Preis zulassen. In diesem Punkt war sie nun einmal stockkonservativ und fest entschlossen, es zu bleiben. Sie wisse, sagt sie, daß sie damals viele Schüler, Eltern, Kollegen und Mitschwestern »enttäuscht, ja wohl auch gereizt« habe. Für Jazz- oder Tanzeinlagen im Gottesdienst etwa sei sie ebensowenig zu haben gewesen wie für »selbstverfertigte Texte«. Die Messe sollte bleiben, was sie seit Jahrhunderten war. Weil ihre Schülerinnen aus den unterschiedlichsten Pfarreien Hamburgs stammten, sei ihr die verbindliche Liturgie so wichtig gewesen, sie habe sie um keinen Preis dem heterogenen Geschmacksurteil der Jugendlichen überlassen wollen. Damit lieferte sie in diesen Zeiten des ungestümen Wertewandels viel Zündstoff. Ihr Beharren auf der verbindlichen Tradition sei »zu einem wunden Kapitel« geworden, mit ihrer Sturheit auf diesem Gebiet habe sie es vielen schwergemacht, unbefangen mit ihr umzugehen. Hier stand sie, im Sturm des Zeitgeistes, aber unerschütterlich; sie konnte und sie wollte nicht anders. Damals hat ihr das viel Kritik, später viel Bewunderung eingebracht.

Schließlich habe sich die Stimmung unter den Kollegen der Sophie-Barat-Schule dann doch besänftigt. Temperament, Charisma und Überzeugungskraft der Direktorin trugen Früchte. Wenn aber Konflikte auftraten, dann sei es meist um Auseinandersetzungen zwischen Isa Vermehrens unbeirrbar konservativem Standpunkt in Fragen des Ordens und dem Wunsch nach Öffnung, Liberalisierung gegangen. Irgendwie habe es die Direktorin doch geschafft, das Kollegium auf ihre Führungsqualitäten einzuschwören. Bei aller Standhaftigkeit sei sie immer bereit gewesen, eigene Fehler einzusehen und zu korrigieren. Sie habe große Freiräume gewährt, nur habe sie eben gelegentlich »sehr hart« werden können, wenn nach ihrer Ansicht Grenzen überschritten worden seien, die die überzeugte Traditionalistin für unumstößlich hielt.

Die Schülerinnen bezogen dazu je nach Temperament und Charakter Stellung. Unterhält man sich mit denen, die diese »kritischen« Jahre miterlebt haben, fällt das Urteil, was nicht überrascht, sehr unterschiedlich aus, wenngleich Respekt und viel Bewunderung für die Direktorin niemals fehlen. Isa Vermehren selbst meint dazu: »Ein Lehrer, der Autorität hat, der gerecht ist und freundlich, dem man die Menschenfreundlichkeit anmerkt, der kann so streng sein, wie er will, das stört die Schüler gar nicht – im Gegenteil, das mögen die sehr gern. Der kann soviel verlangen, wie er will, das tun sie auch gerne für ihn. Aber er muß gütig sein, und er muß gerecht sein.« Einmal sei ein Lehrer in die Schule gekommen, der nach der Devise vorgegangen sei: »Kinder, jetzt kommt der erste Freund zu euch. Was wollen wir denn heute mal lernen? Wozu habt ihr denn Lust?« und sei mit dieser Methode schnell »durchgefallen«. Nach vier Wochen habe er in der Klasse »Ruhe!« gebrüllt, weil er sich nicht mehr durchsetzen konnte, »der arme Kerl«.

Natürlich habe sie von Anfang an in dem Ruf gestanden, »autoritär zu sein. War ich auch sicher ... Nicht nur in der Sache, sondern auch in der Art, wie ich es vorgetragen habe, das Gesicht, der Tonfall – da war ich oft autoritärer, als es mir bewußt war.« In ihren Tagebüchern habe sie sich damals ständig ermahnt: »Ich muß sanfter werden, gütiger werden. Unsere Heilige Mutter, unsere Stifterin, hat ein Unmaß von Verleumdungen aushalten müssen, ihr ganzes Leben lang, und hat immer mit größter Sanftmut und Freundlichkeit und Güte darauf reagiert, und siehe da: Sie hatte zum Schluß alle um sich versammelt. Sie hat keinen verloren!« Man könne nicht Christ sein, meint Isa Vermehren, ohne »Christ zu werden«, man müsse sich »umformen lassen von christlich denkenden, handelnden Menschen ... Mein Gott, was habe ich mir damals für Gedanken gemacht« – das bezog sich gleichermaßen auf die Schule wie auf den Orden. Spannungen gab es schließlich auf beiden Seiten. »Die Wände sind damals zusammengefallen ..., es war eine furchtbar leidvolle Zeit.«

Eine der Schülerinnen von damals – eine ehemalige Schulsprecherin, die auf eine beachtliche Medienkarriere zurückblicken kann – erinnert sich mit einer Mischung aus Hochachtung vor dem schulischen Anspruch und Distanz gegenüber der strengen pädagogischen Zielsetzung an die Jahre in der Sophie-Barat-Schule. Sie beschreibt die Direktorin als »dirigistisch und autoritär«, fügt aber schmunzelnd hinzu, daß alle Schülerinnen danach getrachtet hätten, von ihr unterrichtet zu werden (die Direktorin gab noch vier bis sechs Stunden pro Woche Unterricht), denn dabei sei es nie langweilig gewesen, und man habe oft herzlich lachen können. Wie die anderen Lehrerinnen im Nonnengewand sei sie »sehr katholisch« gewesen.

Nie, so berichtet diese ehemalige Schülerin, habe Mutter Vermehren von ihrer Vergangenheit während des »Dritten Reiches« gesprochen. Von ihrer KZ-Zeit hätten die Schülerinnen kaum etwas gewußt. Überhaupt hätten sich die Lehrer(innen) damals nur wenig mit politisch heiklen Fragen beschäftigt. Das war wohl auf die restaurativen Lehrpläne jener Jahre zurückzuführen, auch auf das bundesrepublikanische Klima des Verdrängens, ganz gewiß aber auch auf den Wunsch der Direktorin, sich selbst soweit wie möglich zurückzunehmen. Auch ihre Zeit als Sängerin und Kabarettistin habe sie nicht thematisieren wollen, ebensowenig habe es damals eine kritische Auseinandersetzung mit der Geschichte der katholischen Kirche im »Dritten Reich« gegeben – dafür war die Zeit noch nicht reif.

Dazu paßt, daß die einstige Sängerin – anders als noch gelegentlich in Pützchen – in Hamburg nicht mehr zum Akkordeon griff. Irgendwie sei ihr das in dem Hamburger Umfeld nicht schicklich vorgekommen, meint sie heute, »das hätten die Kollegen nicht gemocht«. Zumindest ihr sei das Klima jener Hamburger Jahre für solche Eskapaden nicht förderlich erschienen, sie habe gemerkt: »So benimmt man sich nicht als Direktorin.« Die Schülerinnen hätten das wohl anders gesehen, und so habe sie sich darauf beschränkt, bei den Schulfesten (deren Organisation sie mit Elan und Einfallsreichtum betrieb) gelegentlich eine Drehorgel zu bedienen.

Und noch etwas geriet in Vergessenheit: In Pützchen hatte Isa Vermehren noch Theaterstücke mit ihren Schülerinnen einstudiert. Jetzt fehlte dazu wohl auch die Emphase. Theater – das war die Erinnerung an abgelebte Zeiten. Ihr Glaube, ihr Orden, ihr Leitungs- und Lehramt ließen dafür keinen Spielraum mehr. Die Sängerin von einst war keine junge Frau mehr. Sie wußte, daß dieses Direktorenamt ihr letzter großer pädagogischer Auftrag sein würde, und wollte ihn zur größten Zufriedenheit des Sacré Cœur, aber auch der Schülerinnen und ihrer Eltern mit aller Hingabe erfüllen.

»Die tiefgreifende Bildungsreform, zu welcher der sozialdemokratisch geführte Staat sich damals entschloß«, habe sie ohnehin pausenlos beschäftigt, meint Isa Vermehren, das habe sie »in schier endlose Debatten verwickelt, zeit- und kräfteraubend und kaum je befriedigend. Hauptziel der reformierten Bildung sollte die Weckung eines kritischen Bewußtseins sein, das der Vermittlung von einfachen Kenntnissen übergeordnet wurde ... Jeder durfte jeden und alles in Frage stellen, kritisch hinterfragen (ein Lieblingsausdruck), Lehrersein wurde damals spürbar riskanter und schwieriger.« Wie viele ihrer Kollegen auch anderer Schulen werden ihr zustimmen. »Man mußte höllisch aufpassen, sich nicht ins Abseits manövrieren zu lassen, mußte sehr bewußt gegensteuern. Das hat uns damals ganz schön in Atem gehalten.« Ist »Lehrersein« seither leichter geworden?

Eine Schülerin, die von sich sagt, sie habe damals zu den Aufsässigen und Widerspenstigen ihrer Klasse gehört, erinnert sich mit ebensoviel Kritik wie Nachsicht an die »wilden Jahre« in der Sophie-Barat-Schule, die sie wegen schwerer Konflikte vorzeitig verlassen mußte. Isa Vermehren sei als höchste Instanz »heiter und streng« gewesen, von manchen gefürchtet, von anderen geliebt, letztlich aber unanfechtbar. Nie habe diese Lehrerin die Kontrolle über sich verloren, nie habe sie geschimpft, stets habe sie ein offenes Ohr für Nöte und Sorgen gehabt. Allerdings habe sie sich bei Unvereinbarkeiten schon einmal auf den Standpunkt zurückziehen können: »Wenn es Ihnen bei uns nicht gefällt, so gehen Sie vielleicht besser auf eine andere Schule« – eine nachvollziehbare Position für eine von ihrem Glauben und ihrem Erziehungsauftrag erfüllte Ordensschwester an einer Konfessionsschule. Unbefriedigende Kompromisse, das war die Sache dieser Direktorin nicht, und der Anspruch der Schule ließ sie wohl auch kaum zu.

Als Schülerinnen der Sophie-Barat-Schule gemeinsam mit Schülern des katholischen Hamburger Knabengymnasiums

»Sankt Ansgar« im September 1971 eine Schülerzeitung für beide Schulen ins Leben rufen, mußte dies das Verhältnis zu den Ordensschwestern und Lehrern zeitweilig dramatisch belasten. Nimmt man diese ganz im Stil der aufgeregten Zeit gestalteten Blätter zur Hand, steigt noch einmal der antiautoritäre Furor, das respektlose »Hinterfragen« jener Jahre auf. In einem Einleitungsaufsatz mit dem Titel »a+b? oder: warum wir diese Zeitung machen« werden die christlichen Fundamente ausdrücklich anerkannt, allerdings wird beiden Schulen unverblümt vorgeworfen, daß »das Leistungs- und Reformsystem ... die Entstehung eines sozialen, gesellschaftlichen, auf die Gemeinschaft ausgerichteten, also christlichen Bewußtseins« verhindere. »Das Zensursystem motiviert die Schüler nicht zur Persönlichkeitsfindung, um ihre gesellschaftliche Aufgabe als Christ erfüllen zu können«, heißt es zornig, es zwänge die Schüler(innen), »die Bildung als Mittel zum persönlichen Erfolg zu sehen«. Die Schüler könnten »kein demokratisches, soziales Bewußtsein entwickeln«, da sie selbst vollkommen ausgeschlossen seien von den Entscheidungen, die sie beträfen.

Das war der allgemeine Schlachtruf der Zeit, der natürlich an nichtkonfessionellen Schulen (ganz zu schweigen von den Universitäten) noch weit schriller erklang. Doch die Stoßrichtung des Aufrufs zielte mitten in das Herz der katholischen Erziehung einer (Elite-)Schule, wenn es beispielsweise hieß, daß »der spezifisch religiöse Teil der Erziehung in einem Rahmen« erfolge, »der Religion nur als individuellen Glauben an abstrakte Wahrheiten zuläßt, nicht jedoch Glauben als Praxis vermittelt«.

Christliche Verhaltensweisen wie »Liebe, soziales Verhalten und Geduld« würden »nicht eingeübt«, dafür würden die Schüler(innen) mit »Sinnlosigkeit, Zwang und Anpassung« konfrontiert. Zweck der Schülerzeitung müsse es daher sein, »Material zu liefern für eine Auseinandersetzung mit den Schulen, der heutigen Praxis und unserer Gesellschaft«. Das war starker Tobak. Er zeigte an, daß auch in katholischen Schulen der Geist der ungebremsten Kritik Einzug gehalten hatte. Von der Schulleitung und dem Lehrerkollegium wurde jetzt einiges an Durchsetzungsfähigkeit, Diplomatie und, nicht zuletzt, Argumentationskunst verlangt.

Der Einleitungsaufsatz war wortreich und lang. Er steckte voller Attacken und warb bei den Schüler(innen) für breite Zustimmung. Er forderte insbesondere auch die Solidarität der moderaten und radikaleren Lager. »Ein beachtlicher Teil unserer Schülerschaft erkennt die absolute Autorität (das Wort wurde in Anführungszeichen gesetzt, M. W.) mehrerer Lehrer aus Bestimmung und Überzeugung uneingeschränkt an«, andere aber fühlten sich »gehemmt, die Schulleitung in irgendeinem Punkt zu kritisieren«, weil sie die Art und Weise fürchteten, »wie manchen Mitschülern wegen ihrer meist harmlosen Kritik ... nahegelegt wird, die Schule zu verlassen«. Ein »Schulsprecherkollektiv« wird namentlich aufgeführt, das gegenüber Lehrern und Eltern »die Erkenntnis über unsere Lage vorantreibt«.

Ausdrücklich wird in der forschen Postille auch die Direktorin zitiert, die meine, die Schüler(innen) der Oberstufe hätten die Aufgabe, den katholischen Gedanken der Sophie-Barat-Schule mitzutragen (was nur zu selbstverständlich erscheint). Diese Auffassung teilten die Verfasser nicht mit der Begründung, daß dieser religiöse Anspruch »in keinem Verhältnis zur Situation in der heutigen Gesellschaft« stehe, »in der der Wert eines Menschen ein kommerzieller ist, der mit der Nachfrage steigt und fällt«. Es dürfe nicht Aufgabe der Sophie-Barat-Schule sein, Schüler möglichst reibungslos in den bestehenden Staat einzuführen, vielmehr müsse sie »die Funktion eben dieses Staates klarstellen, dessen Intention alles andere als eine christliche ist«. Es gehe nicht an, »daß wir uns als Katholiken verstehen, die mehr oder weniger gläubig in ihrem privaten, engen Bereich vor sich hin leben, ohne die gesellschaftlichen Mißstände zu erkennen und sie dann als einzige mögliche Konsequenz zu beseitigen«. Die Schüler(innen) müßten aus ihrer Lethargie erwachen, Schülermitbestimmung sei jetzt gefordert. Die Teilnahme von Schülern an den Lehrerkonferenzen sei ebenfalls einzuklagen und sogar die Mitsprache bei der Verteilung von Zensuren.

Es folgen weitere Vorschläge zu einer Reform, wenn nicht Revolution von innen. In den nachfolgenden Ausgaben wird der Ton noch schärfer. »So geht es nicht weiter«, heißt es da, der Religionsunterricht sei »schlecht«, von »Leerformeln« bestimmt. Statt dessen müsse endlich über die Unsicherheit, über Ängste und, das vor allem, »sexuelle Schwierigkeiten« offen gesprochen werden. Einige Karikaturen gehen über alberne Pennälerwitze nicht hinaus, aber immer wieder finden sich auch Beiträge, die eine ernsthafte Debatte durchaus verdient hatten. Der Vorwurf der beiden Schulleitungen konnte nicht ausbleiben, bei den Mitarbeitern der Zeitung handle es sich um »Marxisten«, die den Aufstand probten. Mit Entrüstung wehrten sich die Angesprochenen umgehend: »Wir haben es satt«, heißt es in einem Beitrag, »uns vor Leuten rechtfertigen zu müssen, für die Opposition oder fortschrittliche, unabhängige Ansichten sofort linksrevolutionär, kommunistisch oder antichristlich sind. Wir haben es uns nicht zur Aufgabe gemacht, Schülern und Lehrern Marxismus methodisch einzuimpfen, sondern wir möchten dem einzelnen Schüler helfen, seine Situation zu erkennen, die von vielen als ›beschissen‹ bezeichnet wird, damit er sie verbessern kann.« Beispielsweise wird ein »richtiger« Sexualkundeunterricht eingefordert, »der uns helfen könnte, mit unseren sexuellen Problemen besser fertig zu werden«.

Als durchgehendes Leitmotiv zieht sich durch alle Ausgaben der Ruf nach mehr Demokratie. Zur Ehre der jungen Autoren muß gesagt werden, daß sie sich auch ausführlich mit – teilweise scharfer – Kritik aus den eigenen Reihen befaßten. Es muß nicht wenige Schüler(innen) gegeben haben, die die Beiträge der Zeitung als »zu pauschal« empfanden, die sich an den »zu vielen Schlagwörtern« stießen. Die Autoren räumten Fehler ein und versprachen, aus ihnen lernen zu wollen. Sie bedauerten, die Artikel nicht mit den Namen der Verfasser zeichnen zu können, denn das könne sich »negativ auf die Zensuren auswirken«. Einer Mitarbeiterin sei überdies von ihren Eltern untersagt worden, weiterhin an der Zeitung mitzuarbeiten.

Das spannungsgeladene Verhältnis zwischen Schüler(inne)n und Lehrer(inne)n an dieser und allen anderen Schulen war Ausdruck eines Umbruchs, den man heute etwas unscharf mit der Generation der »Achtundsechziger« assoziiert. Wer diese Zeit bewußt erlebte, wird den revolutionären Windstoß, der das tägliche Leben – ob im privaten Bereich oder im Berufsleben – nur an wenigen Stellen unbeeinflußt ließ, nicht vergessen. Wer sie nicht erlebte, dem werden die Erzählungen der Chronisten und Augenzeugen gelegentlich wie Räuberpistolen vorkommen. Dem Aufbruch der Utopien und Theorien folgte die Erstarrung. Ein neues »Biedermeier« postrevolutionärer Ruhe nach dem Sturm (und das unselige Abdriften eines kleinen Teils der »Bewegung« in den Untergrund und die Kriminalität) markierten einen Neubeginn. Spätestens seit 1989, mit dem Fall des »Eisernen Vorhangs«, traten dann wieder ganz andere Fragen in den Vordergrund.

Isa Vermehren hat in den unruhigen Zeiten mit all ihren Kräften versucht, das in Seenot geratene Schiff ihres Ordens und seiner Schule einigermaßen sicher durch die aufgewühlte See zu steuern, und ihre Kräfte erwiesen sich als krisenfest. Den Erzählungen von Schülerinnen und Lehrer(inne)n zufolge war sie genau die richtige Direktorin für diese bewegte Zeit. Sie beschränkte sich nicht auf die Verteidigung ihrer Maximen, sondern bewährte sich als ebenso gläubige wie pragmatische Verfechterin eines Schulsystems, das sie mit allen Fasern ihres Herzens bejahte, ohne notwendige Kurskorrekturen außer acht zu lassen. Viele eingefleischte Konservative verloren damals den Boden unter den

Füßen, Isa Vermehren hingegen bestand diese Bewährungsprobe so beherzt, wie sie die KZ-Haft bewältigt hatte: mit Gottvertrauen, Selbstdisziplin und gewinnender Menschlichkeit.

Die von Sophie Barat in noch turbulenterer Zeit entwickelten Richtlinien zielten auf eine »ganzheitliche« Erziehung, eine Durchdringung von Körper und Geist, eine »Erziehung durch Unterricht …, also nicht nur Vermittlung von Sach- und Fachwissen, sondern Einordnung, Zuordnung von Wissen in das größere Koordinatenkreuz von Sinn und Wert und Bekenntnis«. Die Sophie-Barat-Schule in Hamburg hat sich diese Werte trotz oder wegen der unvermeidlichen Anpassungen an die Moderne bis heute bewahren können – das wissen zumindest diejenigen zu schätzen, die eine weltoffene Konfessionsschule (unabhängig von der eigenen Religionszugehörigkeit) mit höchstem Leistungsstandard für unentbehrlich halten – und das sind nicht wenige. Die Konfessionsschule mag nicht jedermann als Schlüssel zur pädagogischen Glückseligkeit erscheinen, doch sie hat in einer Phase kritischer Besinnung auf Errungenschaften und Gemeinsamkeiten des christlichen Abendlandes ihren angestammten Platz behaupten können. Bei den Hamburgern, die ihren Kindern ein anspruchsvolles, privates Gymnasium angedeihen lassen, das sich als ausdrücklich christlich versteht, genießt die Schule höchsten Respekt. Isa Vermehren hat für ihre generellen Verdienste um diese Art von Privatschulen denn auch das Bundesverdienstkreuz erhalten.

Was die damalige Schülerzeitung angeht, so sorgte Isa Vermehren mit einem diplomatischen Kompromiß erst einmal für eine gewisse Entspannung: Sie verbot deren Verbreitung innerhalb des Schulbereichs, wußte aber sehr wohl, daß sie vor den Toren auch weiterhin von Hand zu Hand ging. In vielen Gesprächen mit Eltern und Schülerinnen gelang es ihr, die ärgsten Konflikte zu entschärfen. Zwar habe, so erzählen Betroffene, ihr »rigides Befolgen der kirchlichen Bestimmungen« gelegentlich Kopfschütteln provoziert, aber zugleich habe ihre Fähigkeit, auf Menschen zuzugehen, ihre Sorgen und Nöte zu ergründen und kluge Hilfe anzubieten, ihre pädagogische Kompetenz und ihre Großzügigkeit unter Beweis gestellt. Als eine Lehrerin einmal besonderen Wert darauf legte, mit ihrer Klasse das »Kommunistische Manifest« zu lesen und zu diskutieren, sei es der Direktorin gar nicht in den Sinn gekommen, dagegen Einspruch zu erheben, und als der – berechtigterweise – so heftig geforderte Sexualkundeunterricht als Teil des Biologieunterrichts in der Schule Einzug hielt, habe sie, erinnert sich eine Lehrerin anerkennend, dafür gesorgt, daß auch in den Religionsstunden über dieses Thema ausführlich gesprochen wurde.

Oft genug hat Isa Vermehren unter Beweis gestellt, daß es ihr nicht um einen engstirnigen moralischen Rigorismus gegangen sei. Allerdings war für sie eine Grenze der Toleranz erreicht, als eine Religionslehrerin ein uneheliches Kind erwartete. Nicht etwa das Kind sei für sie der Stein des Anstoßes gewesen, sondern »der Anspruch dieser Kollegin, ihr Verhalten in diesem Zusammenhang vor den Schülerinnen als nachahmenswert zu rechtfertigen«. Für eine Lehrerin im Fach katholische Religion sei das nun wirklich nicht akzeptabel gewesen. Hier sei es nicht um konservativ oder »fortschrittlich« gegangen, sondern um »Verantwortung für das sittliche Unterscheidensvermögen bei Jung und Alt«. Da habe sie der Kollegin dann doch nahelegen müssen, sich eine andere Schule zu suchen. Diese sei denn auch »ohne Nachteil und von viel Mitgefühl begleitet an ein öffentliches Gymnasium« gewechselt.

Als eine Klasse zur Schulfeier eine Popgruppe einladen wollte, die nicht eben für kirchenfromme Musik bekannt war und in martialischer Ledermontur auftrat, hat Isa Vermehren dazu ausdrücklich ihr »Placet« gegeben und die aufgeheizte Proteststimmung damit weitsichtig unterlaufen. Vergnügt und temperamentvoll habe sie zu später Stunde den Schluß der Veranstaltung gefordert und sich dann angelegentlich mit den Musikern unterhalten – sie dürfte dabei an alte Zeiten gedacht haben. Als es ums Aufräumen gegangen sei, habe auch sie zu einem Besen gegriffen und sich lachend in die Reihe ihrer Schülerinnen gestellt. Solche und andere Begebenheiten kommen in den Erzählungen immer wieder vor und tauchen das Bild der strengen Dienerin des Ordens in ein mildes Licht.

Kommt man in Hamburg auf Isa Vermehren zu sprechen, trifft man auf eine Mischung aus Bewunderung und fröhlicher Ironie. Hatte die Vorgängerin sich vor allem um die Stärkung naturwissenschaftlicher und mathematischer Fächer bemüht, sorgte Isa Vermehren für die Einrichtung eines musischen Zweiges, was ihrer Auffassung von »ganzheitlicher« Erziehung entsprach. So hat auch sie der Schule ihren Stempel aufgedrückt.

Infolge der gewandelten Einstellungen faßte der Sacré-Cœur-Orden schließlich auf dringenden Wunsch des Schulträgers den Entschluß, die Schule auch für Knaben zu öffnen – eine Kursänderung, gegen die sich Isa Vermehren anfänglich zu wehren versuchte, aber schnell einsah, daß sie unvermeidlich sein würde. Es sei ihr damals nicht darum gegangen, den eigenwilligen Charakter einer getrennten Erziehung unter allen Umständen zu bewahren, obwohl dies eine spezifische Hinterlassenschaft Sophie Barats und ihres Frauenordens war. Zumindest in der Unterstufe, also etwa bis zum Ende der Pubertät, halte sie die getrennte Erziehung noch immer für förderlich. Jungen müßten doch, meint sie lachend, »erst etwas gezähmt werden«. In den ersten Schuljahren käme es in gemischten Klassen ja doch immer zu deutlichen Trennungen. Dennoch ist die Sophie-Barat-Schule seit 1983 eine gemischte Schule.

Als Isa Vermehren nach vierzehn Jahren mit dem Erreichen der Altersgrenze – 1983 feierte sie ihren fünfundsechzigsten Geburtstag – das Amt als Schuldirektorin an die Ordensschwester Christel Peters abgab, bat sie um einen möglichst wenig feierlichen Abschied. In der Abschiedsrede wurde ihr bescheinigt, daß sie »eine blühende und lebendige Schule« hinterlasse. Die anfängliche Ablehnung war vergessen. Jetzt wurden ihre vielen Verdienste gefeiert, wenngleich ein liebevoll-kritischer Unterton auch erkennen läßt, daß sich so manche(r) die Zähne an dieser starken, ihre Prinzipien verteidigenden Schwester ausbiß: »Wegen Ihrer stabilitas *mentis* ... verzeihen wir Ihnen auch gelegentliche Verstöße gegen die stabilitas *loci*. Sie waren kein Hausmütterchen in dem Sinne, daß Sie ›in Ihrem Amt aufgegangen‹ wären, ›sich selbst aufgegeben‹ hätten, und wie all die Formeln lauten mögen, mit denen man meint, verdiente Leute zu ehren ..., sogar in die Arena des Fernsehens haben Sie sich getraut. Wir Zurückgebliebenen waren manchmal eifersüchtig; zu dieser Sünde bekennen wir uns um so leichter, als sie die Tugend der Liebe voraussetzt. Meistens haben wir aber nicht ohne Stolz gesagt: ›*Sie* ist eine von uns‹ oder zutreffender: ›Zu ihrem Kollegium gehöre auch ich‹«.

Eine (heute als Archäologin arbeitende evangelische) Lehrerin, die 1981 als Mutter zweier Kinder unter Isa Vermehren in den Schuldienst eingetreten ist, erinnert sich in einer Festschrift für die Sophie-Barat-Schule (die sich selbstkritisch auch mit Fragen der politischen und kirchlichen Vergangenheit beschäftigt) daran, daß die Persönlichkeit der Direktorin damals ganz von ihr »Besitz ergriffen« habe, daß sie »belebend« für die Schule gewesen sei. Sie schließt mit den Worten: »Was bleibt, ist ein Gefühl der Dankbarkeit für einen großen Lebensabschnitt in der geborgenen Atmosphäre einer christlichen Glaubensgemeinschaft von Lehrern, Eltern und Schülern, ich fühlte mich dort gut aufgehoben und angenommen, das Beste, was einem im Berufsleben geschehen kann.«

Ihre eigene Abschiedsrede begann Isa Vermehren mit einer vorsichtigen Einschränkung. Sie wehrte sich gegen allzuviel Lob damit, »daß die Neigung, vom eigenen Wirken negative Bilanz zu ziehen, zunimmt, je näher das Ende kommt. Das Wissen um das grundsätzlich Anfanghafte, Unvollendbare, Bruchstückhafte allen pädagogischen Tuns steigt auf wie Nebel aus allen erdenklichen Löchern und Ritzen«, was begründe, warum Abschiedsreden »immer so überaus positiv gehalten sind, viel zu positiv«. Sie dankte allen Mitarbeitern, »die wegen der Nähe mehr als andere zu leiden hatten unter dem, was in euphorischer Redeweise als Eigenart bezeichnet wird, gerechterweise aber besser Unart genannt würde«.

Dann kam sie noch einmal auf ihre vielleicht wichtigste Erziehungsmaxime zu sprechen: »Kinder *wollen* erzogen werden, Kinder *wollen* etwas lernen, und Kinder *wollen* erfahren, daß sie gut sein können.« Doch sei es »ein schmerzlicher, verzichtvoller Eindruck aus diesen letzten Tagen und Wochen, daß man Erfahrung nicht weitergeben kann, daß Erfahrungswissen unübertragbar ist. Packt man sie in lauter Ratschläge zusammen wie in Tüten oder Säcke, wäre sie eher geeignet, den Beschenkten zu erdrücken als ihm zu helfen.«

Das wichtigste Kompliment, das man ihr zum Abschied gemacht habe, sei die Bemerkung eines Abiturientenvaters gewesen, der die Schule seines Kindes als »heiter« empfunden habe, »diese Kennzeichnung hat es mir angetan, man trifft sie heute nicht oft in der Nähe vom Schüler- oder Lehrersein«. Heiterkeit gehöre »zur Vollendung des Christseins, sie leuchtet dort auf, wo Ernst gemacht wird mit der Kernaussage der Offenbarung: daß Gott uns liebt, ja, daß Gott uns zuerst geliebt hat«. Da sprach die in ihrem Glauben verankerte Ordensschwester, die sich bei ihrem Amtseintritt gefühlt habe »wie ein Gartenzwerg neben dem Bismarckdenkmal, doch der Bismarck ist gar nicht so groß, wie man denkt, und ein Gartenzwerg ist viel unverwüstlicher als man meint«. Mit einem abschließenden Appell an alle, ein »leidenschaftliches, lebendiges Glied zu sein am großen Zeichen, das Christus unter den Völkern errichtet hat«, aber auch mit einem »unübersehbaren Fragezeichen an die öffentliche Schule, an welchem

Bild sie das messen will, was sie Schule nennt«, einer Verneigung vor dem Bild Jesu Christi und einem ausdrücklichen Dank dafür, »das in Freiheit tun zu dürfen«, beendete sie am 25. Juni 1983 ihre letzte Amtshandlung als Schulleiterin. Ob ihr Publikum wußte, was sich hinter diesen letzten Worten an qualvoller eigener Erfahrung verbarg?

Besucht man die Sophie-Barat-Schule heute, so fällt schon beim ersten Streifzug ins Auge, wie sehr sich die Zeiten und die Schule seit Isa Vermehrens Jahren als Direktorin verändert haben. Kaum etwas, schon gar nicht die Kleidung der Schüler oder der Lehrer, erinnert noch an die katholische Mädchenschule von damals. Die inzwischen erweiterten und modernisierten Gebäude geben – jedenfalls äußerlich – kaum noch die Obhut des Sacré Cœur zu erkennen, wenn auch die auffallend gepflegten Klassenzimmer auf »gute Geister« schließen lassen. Isa Vermehrens Nachfolgerin (die gerade abermals einer Nachfolgerin aus dem Orden Platz gemacht hat) ist nur noch an ihrem dezenten Kreuz auf der Brust als Ordensschwester zu erkennen. Die sachliche, weltoffene Frau verkörpert eine neue Zeit. Sosehr sie und ihre Schule weiterhin besonderen Wert auf die Gemeinsamkeit des christlichen Glaubens und den Grundkonsens von Eltern, Schülern und Lehrern legen, so sehr gleicht die Schule mit ihren mehr als tausend Schülern und Schülerinnen anderen staatlich anerkannten oder staatlichen Gymnasien. Fünfundsiebzig Lehrerinnen und Lehrer sowie fünf Referendare unterrichten in dreißig gemischten Klassen und zweihundertdreiundzwanzig Oberstufenkursen und machen neben den Fremdsprachen Englisch, Französisch, Russisch, Italienisch, Polnisch, Spanisch und Latein ein vielfältiges natur- und sozialwissenschaftliches Angebot. Es gibt einen Musikzweig, Theater- und Kunstkurse, Kurse in Philosophie und Informatik, Sport und Recht, ferner werden Betriebspraktika vermittelt und Arbeitsgemeinschaften offeriert. In allen Klassenstufen ist der katholische Religionsunterricht von besonderer Bedeutung.

Der Ansturm auf die SBS ist so groß, daß bei weitem nicht alle Interessenten aufgenommen werden können – was wohl kaum darauf zurückzuführen ist, daß im protestantisch geprägten Hamburg die Zahl der katholischen Familien ständig zunimmt. Der Nimbus der Schule strahlt in einer Zeit, in der die staatlichen Erziehungsziele im Kreuzfeuer der Kritik stehen, heller denn je. Etwa vierzig Nationen sind heute in der Sophie-Barat-Schule vertreten, ein Fünftel der Schüler(innen) spricht zu Hause eine andere Muttersprache als Deutsch. Vor ähnlichen Herausforderungen stehen alle Schulen, das Sacré Cœur legt aber besonderen Wert darauf, daß die Schüler(innen), wenn mehr als zwei von ihnen zusammen sind, nur Deutsch sprechen. »Friede ist konkret«, sagt die Direktorin. Niemand dürfe durch sprachliche Ausgrenzung an seiner Integration gehindert werden. Deutlich spricht sie sich für die Ausbildung von Eliten aus, diese aber dürfe nicht nur die Leistung im Blick haben, sondern vor allem eine »Elite des Herzens« anstreben, bei der die Verantwortung für den und die anderen im Zentrum stehe.

Für die Aufnahme gilt, daß alle katholischen Grundschulabgänger der Stadt einen Platz erhalten sollen, sofern sie eine Empfehlung für den Besuch des Gymnasiums vorweisen können. Dennoch geht jeder Aufnahme ein ausführliches Gespräch mit Schülern und Eltern voraus, in dem die Bereitschaft zur entschlossenen Auseinandersetzung mit Fragen der Sinnsuche thematisiert wird. Als Ziel der gymnasialen Erziehung wird ausdrücklich nicht etwa die Glaubenstreue genannt, sondern die Ausbildung einer »lebensbejahenden, verantwortlich handelnden Persönlichkeit, die sowohl fachlich als auch sozial befähigt ist, den Anforderungen der Gesellschaft gerecht zu werden«. Die Vernetzung mit den sozialen, beruflichen und technischen Anforderungen der Außenwelt verbietet jedes Sich-Abkapseln unter religiösen Vorzeichen. Ist das der Grund dafür, daß man in der Schule weniger eine gesellschaftliche Elite als eine – etwas altmodisch gesprochen – »wohlerzogene« Gemeinschaft von Gleichgesinnten anzutreffen meint? Natürlich sind solche Eindrücke subjektiv und relativ. Spricht man allerdings mit Eltern, fällt auf, wie sehr sie von der herausragenden Rolle dieser Konfessionsschule überzeugt sind – und keineswegs nur die Katholiken unter ihnen. »Warum wohl«, meinte Jan Roß in der »Zeit« vom 28. Mai 2003, »haben die konfessionellen Schulen solchen Zulauf, viel mehr, als sie verkraften können? Weil man ihnen Maßstäbe zutraut, ein Bild vom Menschen als Richtschnur des Erziehens, einen Kompaß im Meer der Standpunktlosigkeit.«

Isa Vermehrens Abschied von der Schule liegt fast zwanzig Jahre zurück. Vieles von ihrem ansteckenden und fröhlichen Geist scheint aber noch immer in den Mauern der Schule zu wohnen, nur ist ihr Name für die Jugendlichen allenfalls Teil einer weit zurückliegenden Geschichte, sofern er überhaupt noch bekannt ist. An die katholische Mädchenschule von damals erinnert nichts mehr. Eine neue Zeit fordert andere Konzepte, andere Pädagogen, eine andere Weltoffenheit. Die tiefe Existenzkrise, in die der Orden Sacré Cœur seit dem Zweiten Vatikanischen Konzil geraten ist, hat sein pädagogisches Vermächtnis nicht erfaßt, ganz im Gegenteil: Vielleicht nie seit dem Ende des Zweiten Weltkriegs konnte sich die Sophie-Barat-Schule einer so großen Akzeptanz in der Hamburger Gesellschaft (und nicht nur dort) erfreuen. Jenseits aller religiösen und kirchlichen Grenzen hat sie ihre Sonderrolle als »ganzheitliches« Erziehungsmodell behaupten und weiter verbessern können, dank Sophie Barat und den Schwestern ihres Ordens.

Die Ordensschwester Isa Vermehren war im »wohlverdienten Ruhestand«: Es fällt schwer, sich die von ihrem apostolischen Auftrag und der Kraft ihres Glaubens, von ihrer Energie und ihrem Verantwortungsbewußtsein geleitete Direktorin Isa Vermehren, ihrer pädagogischen und administrativen Verpflichtungen entblößt, in kontemplativer Zurückgezogenheit vorzustellen. Die Angst vor dem Vakuum nach der Pensionierung, der Ausstieg aus einer verankerten gesellschaftlichen Rolle in die des distanzierten, allenfalls beratenden Beobachters, der ungewohnte Umgang mit der (Frei-)Zeit, Veränderungen, die für so manche Ruheständler nach anfänglicher Entspannung eine gefährliche physische oder auch psychische Krise bedeuten: Ordensschwestern sind dagegen gut gewappnet, und Isa Vermehren hatte ohnehin noch viel vor. »Das Älterwerden fand ich schön, ich bin immer gerne älter geworden«, meinte sie einmal, ihr Abschied »aus dem Amt und auch der Stadt sei harmonisch und festlich« verlaufen, nun mußte und wollte sie einen neuen Lebensabschnitt beginnen. Sie freute sich über das Mehr an Zeit für das gründliche Durchdenken und Ausformulieren wichtiger Fragen, für tätige soziale Mithilfe, für das apostolische Wirken in der Welt im Dienste ihres Ordens.

Die Provinzoberin rief sie nach Pützchen zurück. Zunächst übertrug man ihr dort die Leitung des Halbinternats und die Sorge um die fast hundertjährige ehemalige Provinzialoberin Maria Tiefenbacher, Gründerin der Berliner Herz-

Schwester Vermehren, eine gefragte Rednerin

Jesu-Schule, der Sophie-Barat-Schule in Hamburg und des Ökumenischen Zentrums in Göteborg, Schweden (Maria Tiefenbacher starb 1987). Isa Vermehren war nicht nur innerhalb ihres Ordens zu einer weithin bekannten Größe geworden. Mehr denn jemals zuvor war sie eine Person des öffentlichen Interesses, was auf ihren ungewöhnlichen Lebensweg und ihre Position innerhalb der katholischen Kirche zurückzuführen war. Man bat sie, Vorträge zu halten, und da sich diese Bitten häuften, hatte sie bald ein umfangreiches Programm zu absolvieren. Mit freudigem Elan stürzte Mutter Vermehren sich auf diese neue Herausfoderung.

1986 übertrug der Orden ihr noch einmal ein Amt: Er

hatte mitten in der behaglichen, von schönen Fassaden geprägten Bonner Südstadt, nahe dem malerischen Poppelsdorfer Schloß, eine Villa – zuletzt ein Haus der Caritas – erworben, in der verdiente ältere Schwestern ein neues Zuhause finden und ein dem Orden adäquates Gemeinschaftsleben entwickeln sollten. Mit einigen betagten Laienschwestern und ehemaligen Lehrerinnen aus den verschiedensten Kulturkreisen – »damals deckte sich die Hausnummer 73 mit unserem Durchschnittsalter« – sollte Isa Vermehren dort einziehen. Dieses schöne Projekt bot ihr die verlockende Möglichkeit, ihre Vorstellung von einem traditionell ausgerichteten Lebensstil in einer Gemeinschaft von Gleichgesinnten zu realisieren und so etwas wie ein kleines Kloster mit genügend Freiraum für ein altersgemäßes, ebenso kontemplatives wie kommunikatives Miteinander mit Leben und Spiritualität zu füllen.

Mit sechs Mitschwestern machte sie sich unverzüglich an ihre Aufgabe, unterstützt von ehemaligen Schülerinnen und natürlich ausgestattet mit der großzügigen geistigen und finanziellen Hilfe des Ordens. Anschaulich erzählt eine Schülerin von ihrer Verblüffung, als sie dort ihre einstige Lehrerin, von der sie immer der Respekt der Schutzbefohlenen und die unzugängliche Klausur der Schwestern getrennt hatten, mit Besen und Eimer bewaffnet, von Staubwolken umgeben, bei der Säuberung der gerade renovierten Kapelle angetroffen habe. Geschickt und zupackend habe sie die Handwerker motiviert und angeregt, vor keinem Handgriff sei sie zurückgeschreckt. »Gott, hat mir das einen Spaß gemacht«, meint Isa Vermehren über diese Zeit. Das Hantieren mit Bohrmaschine, Hammer und Schraubenzieher habe sie so erfüllt, daß sie geradezu ein Gefühl der Gefährdung verspürt habe. Einrichten, Planen und Organisieren hatte ihr immer außerordentlichen Spaß bereitet, und wer weiß, zu welchen Ergebnissen dieser Tatendrang geführt hätte, wäre da nicht ihre Lebensentscheidung im Jahr 1951 gewesen.

Kaum waren die ehrwürdigen Damen in ihr neues Domizil eingezogen, entwickelte sich ihr »kleines Kloster« zu einem beliebten Anlauf- und Treffpunkt für ehemalige Schutzbefohlene, die gerne »mit Kind und Kegel« erschienen, so wie für Freunde und Amtsträger der nahe gelegenen Kirche. Von überall strömten Besucher herbei, die Schwester Vermehren und ihren Mitschwestern ihre Aufwartung machen oder sie einfach kennenlernen wollten. Oft, so wird berichtet, sei das ansteckende, helle Lachen der resoluten Hausvorsteherin in den Fluren oder im Garten zu vernehmen gewesen. Niemand, so eine ehemalige Schülerin, sei so forsch auf die Obstbäume im Garten gestiegen, niemand habe sich so emphatisch um die Blumen und Beete gekümmert, habe so umsichtig die schönsten Rosen ausgesucht, gepflanzt und gepflegt, sei mit solcher Leidenschaft eine Gärtnerin aus Liebe gewesen. »Sehr lebhaft« sei es damals in dem neuen Haus zugegangen, erinnert sich auch Isa Vermehren: »Teebesuche, Übernachtungsgäste, Besuche der Nachbarschaft, kleine und große Veranstaltungen zu Geburtstagen und Jubiläen, Katechismusabende, vor allem die Besuche der ehemaligen Schülerinnen« hätten stets für regen Austausch von Gedanken, Erfahrungen mit Verständnis und Vergnügtheit gesorgt.

Zu den sieben Bewohnerinnen, die die kleine, verschworene Gemeinschaft bildeten, gehörten neben Isa Vermehren die vielsprachige, welterfahrene Schwester Andrea Dormuth, die ehemalige Lehrerin Schwester Luitgardis Enden und die durch viele Berufe gegangene, inzwischen über neunzig Jahre alte, aber noch tapfer das Fahrrad benutzende Schwester Franziska Hopmann. Die leidenschaftliche Autofahrerin Isa Vermehren meinte einmal über diese: »Als besondere Auszeichnung« stehe ihr »der Titel einer Knöllchentöterin« zu, denn: »Wann immer ich ein Knöllchen bekam, meistens wegen falschen Parkens, eilte Sr. H. zornig zum Stadthaus und machte den Beamten wortreich klar, daß sie auf keinen Fall von mir die Strafe verlangen könnten: Ich hätte gerade da parken müssen, hätte keine Möglichkeit gehabt, woanders zu parken ... Nein, dieses Knöllchen müsse er zurücknehmen ... Und er tat es!« Zu diesen vier Schwestern kamen noch die ehemalige Aufsichtspräfektin und hingebungsvolle Therapeutin verhaltensgestörter Kinder, Schwester Lioba von Savigny, die äußerst praktisch veranlagte Laienschwester Hildegard Schneider, die Sozialfürsorgerin und ehrenamtliche Krankenhausseelsorgerin Schwester Monika Dawo und seit Weihnachten 2002 die äußerst praktisch veranlagte Marie Tietze.

Die Schwestern teilen sich die verschiedenen häuslichen Pflichten: Die eine kümmert sich um die Hauswirtschaft und

Skeptisch wie in Kindertagen

die Ökonomie, eine andere um die Wäsche. Nicht selten vernimmt der Gast aus einem der oberen Räume das versierte Klavierspiel der ehemaligen Oberstudienrätin Schwester Enden, die täglich den Tisch zu den Mahlzeiten deckt. Eine andere wärmt das angelieferte Essen auf oder kocht selbst, eine kümmert sich um die Seelsorge gestrandeter Menschen, die hier Zuflucht suchen und stets eine Mahlzeit erhalten. Nur eine Bewohnerin habe nach mühevollem Einleben um Versetzung in eine andere Kommunität gebeten, weil sie sich an den »traditionalistischen Lebensstil« nicht gewöhnen wollte. »In der Schumannstraße sitzen wir dreimal am Tage am gedeckten Tisch zusammen und reden miteinander. Wir haben verhältnismäßig viel in diesem Hause erhalten von dem, was sozusagen der tradierte Tageslauf war. Ich halte das auch für völlig unentbehrlich, wenn man Gemeinschaft leben will ... Alte Frauen vertragen sich ja nicht so ohne weiteres, das ist schwierig, wir haben ja alle unsere Macke.«

Das Haus der sieben Schwestern in der Bonner Schumannstraße 73

Jeder Tag beginnt um halb acht mit dem gemeinsamen Gebet und, wenn möglich, der Heiligen Messe. Danach gibt es Frühstück. Anschließend sind die Arbeiten in der Küche, der Waschküche oder im Garten zu erledigen. Um zwölf Uhr wird gemeinsam Mittag gegessen, nach kurzer Ruhe warten wieder praktische und geistige Arbeiten. Gelegentlich sind Besorgungen zu machen, oder es warten Besucher. Zweimal wöchentlich treffen sich die Schwestern zu einer geistlichen Lesung oder auch zur Besprechung von Nachrichten aus dem Mutterhaus in Rom. Allabendlich beten sie um sechs Uhr abends die Vesper, danach folgt das Abendbrot. An Sonn- und großen Festtagen kommen alle Bewohnerinnen zur gemeinsamen Anbetung für eine Stunde in der Kapelle zusammen, ebenso zur heiligen Stunde an jedem Donnerstag vor dem ersten Freitag im Monat und an allen Herz-Jesu-Freitagen.

Der Abend ist »frei«, zumindest die Nachrichten werden

im Fernsehen verfolgt. Anders als im »richtigen« Kloster ist die einzelne nur sich selbst verantwortlich. Die Gemeinschaft untersteht nicht einer Oberin, dennoch scheint Isa Vermehren – sie ist die einzige, die noch den schwarzen Schleier trägt! – trotz der Gehhilfe, auf die sie inzwischen angewiesen ist, überall präsent zu sein. Sie residiert in einem mit Büchern, Bildern (Freunde, Freundinnen, ehemalige Schülerinnen und deren Familien, viele Kinder!), einer Schreibmaschine, einem Faxgerät und einem überbordenden Schreibtisch vollgestopften Schlaf- und Arbeitszimmer nahe dem Wohn- und Besucherzimmer im Erdgeschoß. Bis vor kurzem konnte sie noch Auto fahren, um Besorgungen zu erledigen oder Veranstaltungen zu besuchen, inzwischen fordert das Alter manchen Verzicht, aber sie klagt nicht darüber. Abgeschlossen von der Welt, »im Ruhestand«, trifft man weder sie noch ihre Mitbewohnerinnen in diesem freundlichen »Haus der sieben Schwestern« an.

Die meiste Zeit verbringt Isa Vermehren an ihrem Schreibtisch mit der Vorbereitung von Vorträgen oder Artikeln, mit Tagebucheintragungen und ihrer umfangreichen Korrespondenz, die sie nahezu druckreif in ihre alte Schreibmaschine tippt. Seit ihrem Abschied von der Hamburger Schule hat sie zwölf Jahre lang – mit ausdrücklicher Zustimmung des Ordens, wie sie betont – Beiträge in der Fernsehsendung »Das Wort zum Sonntag« gesprochen. Oft (etwa bei Alfred Biolek, in einer einstündigen ZDF-Aufzeichnung als »Zeugin des Jahrhunderts« oder in Fernsehsendungen über das Konzentrationslager Ravensbrück) hat sie seither vor der Kamera gestanden. Sie fühle sich, wenn die Lampen angehen, immer »wie ein altes Zirkuspferd«: wie dieses in der Manege müsse und wolle sie »springen«. Eine einstige Internatsschülerin aus Pützchen, die sie nach dem Fall der Mauer zu ihren Vorträgen im Osten gefahren hat, erzählt davon, daß sie nach ihren Auftritten oft zweifelnd gefragt habe: »War es gut?« Nicht aus Eitelkeit habe sie das gefragt, sondern aus der

Anstrengung heraus, unbedingt etwas Überzeugendes abliefern und die Menschen auch wirklich erreichen zu wollen. Die Schauspielerin von einst hat ihre Bühnenlektion noch gut in Erinnerung. Selbstkritik und Direktheit, nicht zuletzt rhetorische Souveränität sind ihr in Fleisch und Blut übergegangen. Isa Vermehren will für die Botschaft Jesu ebenso werben, wie sie von ihrer Berufung Zeugnis ablegen und die Erfahrung eines fünfundachtzigjährigen Lebens unter sehr unterschiedlichen Bedingungen sichtbar machen möchte. Sie will sich, soweit die Kräfte reichen, einmischen in den Diskurs zu Fragen der Ethik, der Moral, des Wertewandels und natürlich immer wieder des christlichen Glaubens (Fragen der Politik klammert sie vorsichtig aus).

Die Liste ihrer Vorträge und Publikationen (ganz zu schweigen von ihren Interviews und den Berichten über sie) ist lang. Ihre Themen kreisen von wechselnden Ausgangspunkten, Eindrücken und Fragestellungen aus um »Grundlegendes zum Glauben, zur Glaubenslehre, Glaubenskultur, zum inneren Leben des Glaubens«, Aspekte der katholischen Kirche, Fragen der »richtigen« Erziehung in Schule und Familie, »die Selbsterziehung des Christen«. Immer wieder hat sie sich, weil sie oft darum gebeten wurde, mit der Bewältigung deutscher Schuld und deutscher Vergangenheit auseinandergesetzt. Ihre eigenen Erfahrungen im »Dritten Reich« haben sie verständlicherweise nie ruhen lassen. Wieder und wieder hat sie nach den Hintergründen gefragt und mehr als einmal gegen die »Unfähigkeit zu trauern« die unbestechliche Analyse und eine selbstkritische Reflexion gestellt.

In einem Vortrag, den sie 1992 in Ravensbrück gehalten hat, fragt sie nach der »Botschaft«, die aus der Barbarei hervorgehe, und umkreist noch einmal Quellen, Motive und Folgerungen von »Ruhmsucht und Größenwahn, Lüge und Gewalt« in einem »Land der Dichter und Denker«. In konzentrierter Form beschreibt sie die Mechanismen der »Vernichtung der Persönlichkeit«, die verschiedenen Schritte des

»Terrors als Herrschaftssystem«, den Umgang mit den Optionen Anpassung und Unterwerfung, Willfährigkeit und Widerstand. Ihr Appell – vereinfacht gesagt ihr »Rezept« – gegen jedwede Wiederholung mag uns vertraut sein, erfährt auf dem Hintergrund ihrer intimen Kenntnisse jedoch eine bezwingende Authentizität: Voller Bewunderung beschreibt sie exemplarische, von ihr aus nächster Nähe beobachtete Fälle von Mut und Größe, zeigt auf, wie sehr Selbstachtung und Selbstdisziplin, Nächstenliebe und Verzicht auf eigene Vorteile sowie die Prüfung und Verfeinerung des eigenen Gewissens Schutz bieten vor jedem »verführerischen Unwertkanon«, ohne dabei jemals auch nur einen Hauch von Selbstgerechtigkeit zuzulassen. Man könne jeden nur »bedauern, der darauf reingefallen ist, der dafür sein Leben gegeben hat«.

Isa Vermehren geht noch einen verstörenden Schritt weiter, wenn sie eine nahezu übermenschliche Anforderung an uns stellt: »Halte fest an deiner Hochschätzung des Menschen, indem du nicht aufhörst, den anderen zu achten, auch wenn er dein Peiniger ist – selbst wenn du sein Opfer bist, so bist du dennoch nicht sein Richter!« Mit Hinweisen auf die Märtyrer des 20. Juli illustriert sie die Kraft der Liebe zur Wahrheit und den »geschuldeten Gehorsam gegenüber den Zehn Geboten Gottes«, beschwört die für sie so wirkungsmächtigen Grundlagen der christlichen Botschaft. Ihre Zeit im Lager Ravensbrück sei für sie zu einem »prägenden Lehrstück über den Menschen« geworden, zugleich aber auch ein Lehrstück über den Glauben: Nur auf seinem Fundament sei es möglich gewesen, die unsäglichen Qualen zu erdulden und dennoch die Verzweiflung zu besiegen, »Zeugen der Hoffnung« für eine ganze Nation zu sein. In all seinen Erniedrigungen habe auch der Gottessohn jedem seine Hand zur Versöhnung gereicht – die davon ausgehende Kraft habe seine Botschaft so nachhaltig, so hilfreich wirken lassen. Darin hat Isa Vermehren *ihre* »Botschaft von Ravensbrück« gesehen, daraus hat sie *ihre* Lebenskonsequenz gezogen, dafür hat sie sich mit allen Fasern ihrer Seele der Disziplin eines Ordens unterworfen, der seit den Anfängen von Sophie Barat über die Herz-Jesu-Verehrung und die an hohen Zielen orientierte menschliche Erziehung gegen alles Destruktive, alles »Böse« mit unerschütterlicher Sicherheit zu Felde zieht.

In einer Vortragsreihe über Metamorphosen des Frauenbilds, die sie gemeinsam mit der Germanistin, Anglistin und Kunsthistorikerin Inge Dunkelberg publiziert hat, umkreisen beide von verschiedenen Standpunkten aus – der Bild- und der existentiellen Betrachtung – Fragen von Sinnlichkeit und Sittlichkeit, Schönheit und Vollkommenheit der alttestamentarischen Eva als Verführerin und Präfiguration Marias, der Frau als Ware, als Braut und Ehefrau, als Mutter und im Alter. Isa Vermehren demonstriert darin ihre weitherzige Offenheit, wenn sie etwa mit großer Umsicht Geschichte und Entwicklung der Prostitution nachzeichnet oder Fragen der Pille erörtert. In ihrem Beitrag über die alte Frau definiert sie deren Würde als abbildhafte Widerspiegelung der Offenbarung, fügt aber sogleich hinzu: »Es stößt bei vielen Zeitgenossen auf Unverständnis oder Skepsis, wenn zur Begründung der menschlichen Würde so unmittelbar ins Herz der christlichen Offenbarung zurückgegriffen wird. Aber tatsächlich ist sie die erste und letzte Quelle für die im Grundgesetz festgeschriebene Würde.«

In ihren »Worten zum Sonntag« (nicht zuletzt durch diese hat sie sich vielen Menschen eingeprägt) stellte Isa Vermehren ihre Fähigkeit unter Beweis, ohne jedes Moralisieren, aber mit leichter Hand, von eigenen alltäglichen Erfahrungen ausgehend, in knapper Form, mit ebensoviel Humor wie Nachdenklichkeit ihre Zuhörer(innen) in ihre Gedankenwelt einzubeziehen. Allein durch die wortgewandte, authentische Art ihres Sprechens, die niemals die Pose der Belehrung, immer aber die Überzeugungskraft der durch einen lebenslangen Erkenntnisprozeß gereiften, in ihrem Glauben tief verwurzelten Christin zu erkennen gibt, vermochte sie es, gerade auch diejenigen in ihren Bann zu ziehen, die bei dieser Sendung sonst eher geneigt sind umzuschalten. Ihre selbstverständliche Sicherheit und ihre tiefe Menschlichkeit wirken wie ein Fels in der Brandung des Beliebigen, und das sorgt, wo und wann immer sie auftritt, für Nachdenklichkeit und Zuversicht.

Das Ereignis, von dem Isa Vermehren sagt, daß es ihr Leben »am nachhaltigsten und eindringlichsten« geprägt habe, ist nicht das Konzentrationslager, sondern ihre Konversion gewesen. Sie empfinde sie als Gnade, die ihr »durch eine glückliche Fügung« geschenkt worden sei, nämlich die Berliner Begegnungen mit »einem Kreis überzeugter Katholiken, die aus der Geschichte ihrer Kirche wußten, daß das Zeugnis für Gottes Wahrheit u. U. mit dem Leben bezahlt werden mußte. Diese grundsätzliche Bereitschaft machte uns stark, ohne uns leichtsinnig zu machen.« Die Begegnung mit »der Einheit von Glaube und Liebe in und zu der Kirche« habe »eine unerhört stimulierende Wirkung« auf sie ausgeübt.

Aus solchen Worten geht hervor, daß der politische Druck der dreißiger Jahre zwar den Weg in die Konversion vorgezeichnet, die religiöse Erfahrung aber über den ganz persönlichen Ausweg, das zweite Leben der Isa Vermehren, entschieden hat. Es gab für kritische Köpfe (soweit sie noch in Freiheit waren) sehr unterschiedliche Möglichkeiten, auf das grausige Geschehen zu reagieren. Isa Vermehrens Antwort war seit der als himmlische Berufung empfundenen Gewißheit vorgezeichnet. Alles, was danach folgte, war nur die »eiserne« Konsequenz.

In einem langen Brief bat Isa Vermehren den Autor dieser Zeilen einmal, nicht das »Netz auf der Seite auszuwerfen, wo keine Fische sind«. Es gebe keine »Brucherfahrung« in ihrem Leben. »Es gibt Erfahrungen mit befreundeten Menschen, in denen immer die Frage nach der eigentlichen, der großen, größten Liebe ihre verborgene Rolle gespielt hat. Aber eine sehr tiefsitzende Scheu vor der Kostbarkeit dieses

Themas hat mich vor Leichtsinn oder Neugier auf diesem Gebiet bewahrt. Für unsere Zeitgenossen, denen es selbstverständlich ist, von sich selbst und ihresgleichen zweidimensional zu denken, bewirkt es eher Unverständnis, wenn nicht gar Unbehagen, wenn mit der Erwähnung Gottes ein dritter ins Spiel gebracht wird, dessen Stimme sich u. U. vernehmlicher durchsetzt als die von Leib und Geist allein.« Niemals habe sie ihre Entscheidung zur Konversion und dem späteren Eintritt in den Orden des Sacré Cœur bedauert oder bereut. »Das heißt aber keinesfalls, daß beides sich nicht in harten und schmerzhaften Auseinandersetzungen immer bewähren und bestätigen mußte.«

Bemerkungen wie diese weisen wieder auf die »schmerzlichen Auseinandersetzungen« hin, die ihren Glaubensweg seit den sechziger Jahren begleitet haben: die Weichenstellung des Konzils. Der »von der Gnade der Konversion gelegte Grund« habe alle Stürme überstanden, die vom Konzil beschlossenen »Ausführungsbestimmungen« hätten sich jedoch zu einem »lebensgefährlichen Unternehmen« ausgewachsen. Sie war zwischen die Räder geraten. Gelegentlich blitzen Selbstzweifel auf: »Aus welcher Hochmutsperspektive betrachte ich die Szene?« Doch sie habe weder ihrem Orden noch ihrer Kirche auf »den neuen Wegen« folgen können. Seit der ersten Begegnung mit dem Sacré Cœur hatten sie dessen feste Verankerung in der Tradition gottgeweihten Lebens, seine bis ins kleinste geregelten Anordnungen, seine Disziplin – bis hin zur Kleidung – angezogen. Sie war, jedenfalls was ihr Verhältnis zur Kirche angeht, eine beharrliche Konservative und ist es immer geblieben. Der »Wunsch nach Reform, Aggiornamento, Gestaltung einer besseren, gerechteren Zukunft« sei mit einer zunehmenden »Annäherung an politische Denkmuster und Methoden« erkauft worden, »die mit Hilfe von Gremien, Absprachen, Verträgen, Mehrheitsbeschlüssen meint, an die Wurzeln des Übels heranzukommen«. Gewiß könne einiges davon »als Gewinn verbucht« werden, doch sei der Zusammenhalt der Kirche damit ausgehöhlt, sei die Kirche zum Spielball gutgemeinter, aber zerstörerischer Reformen geworden. In all den Entwürfen, die während des Konzils und danach ausgearbeitet wurden, schimmere die Zuversicht auf eine »neue, bessere Welt der langsam sich einenden Menschheitsfamilie durch« – diese Hoffnung allerdings sei ihr fremd geworden.

Was der Mensch ist, zu was er fähig ist und was ihn verführt, das Falsche, das Böse oder das Selbstzerstörerische zu tun, hat Isa Vermehren aus nächster Nähe miterleben müssen. Die Nachrichten aus aller Welt bestätigen nur ihre Skepsis. Sie glaubt nicht, daß der Optimismus der Ideologien, »die Vision der zu sich selbst kommenden Völkerfamilie in zwanglosem Austausch ihrer geistigen Güter, ihrer kulturellen Originalitäten, ihrer religiösen Erfahrungen, ihrer materiellen Schätze wirklich die Zielvorstellung« ist, »die uns von der Offenbarung für die Rettung dieser Welt vorgegeben wird«. Sie hält solche Utopien »für späte Blüten einer kraftlos gewordenen Aufklärung, die die letzten Quadratmeter des Felsens, auf dem man sein Haus bauen konnte, unter den Füßen verloren hat«. Optimismus nach dem Muster: »Wir werden die Welt noch mal wunderschön zurechtbiegen« sei ihr abhanden gekommen. Die Fundamente unserer Existenz seien so »verwahrlost«, daß für die Zukunft eher an Aldous Huxleys »Schöne neue Welt« als an eine sittliche und moralische Erneuerung zu denken sei. Die außer Kontrolle geratenden Entdeckungen der Wissenschaft trügen nicht unwesentlich dazu bei. Das erinnert an Isa Vermehrens Bemerkungen über ihre Eltern, deren aufklärerischer Optimismus durch die historischen Umstände so schmerzlich widerlegt worden sei.

Angesprochen auf jüngste Skandale in der katholischen Kirche in einigen Ländern der Welt, teilt sie bedingungslos die Entrüstung: »Die Schuld der Priester bleibt schwarz und scheußlich.« In der medialen Berichterstattung darüber sieht sie jedoch ein starkes Ungleichgewicht zwischen der geradezu genüßlichen Ausbreitung schrecklicher Details und dem dahinter zurücktretenden Interesse an den vielen vorbildhaften Beispielen. Gegenüber ihrer Kirche ist Isa Vermehren alles andere als unkritisch. Deren Glaubenssubstanz, die großartigen Seiten ihres Wirkens, gerieten über diesen Entwicklungen allzu leicht in Vergessenheit. »Wenn die Kirche Gläubige gewinnt, Menschen, die tief gläubig sind, dann hat sie gewonnen, und wenn sie tausend andere verliert, hat sie dennoch gewonnen.« Kirche erfordere nun einmal den »Mut zum Sprung in die Tiefe des Glaubens, Kirche lebt im und vom Vertrauen, das die Gläubigen ihrer Botschaft schenken«. Ob Papst oder Oberin – Führung verlange den freiwilligen Gehorsam: »Die Autorität unserer höheren Vorgesetzten war ein anerkanntes und allgemein akzeptiertes und respektiertes Gut ... Der rasche Verlust dieses Ansehens ereignete sich damals nicht nur in den Häusern des Sacré Cœur, sondern der Zusammenbruch des innerkirchlichen Gehorsams wird ein weltweit sich ausbreitendes Symptom für die lebensbedrohliche Glaubenskrise der ganzen christlichen Welt.« Die klösterliche Innenwelt, in die sie 1951 eingetreten war, hat ihren Blickwinkel zementiert. Das mag allzu konservativ klingen, doch hält sie unbeirrt daran fest: »Wir liebten ihren Stil, ihre Gewohnheiten, den Duft in ihren Häusern ... die vielen Veränderungen haben mich jahrelang Tränen gekostet, jeden Morgen neue Tränen, die auch ein Tribut waren an die immer empfundene und nicht zu beruhigende Sorge um das Heil meiner Seele.«

Die Trauer um das Verlorene hat die bohrende Frage nach dem Anteil eigener Mitverantwortung stets eingeschlossen. »Die Wahrheit verteidigen und ihren (vermeintlichen) Angreifern in Liebe begegnen – versucht habe ich es, aber gelungen ist es natürlich nicht.« Sie habe sich oft den Vorwurf gefallen lassen müssen, zu voreilig und zu hart zu urteilen, wenn es um die Verteidigung ihrer für notwendig erachteten Prinzipien gehe. Oftmals habe ihr dieser Vorwurf zugesetzt.

In unzähligen Eingaben und Briefen – »sie füllen mehrere Ordner« – habe sie ihre »Grundposition« ausformuliert, freilich mit geringem Erfolg: »Rein sachlich« sei »so gut wie nichts« in den großen Prozeß der kirchlichen Veränderungen eingegangen, »wenigstens nichts für mich Erkennbares«. Ihre Einwände und Verwerfungen hätten dennoch das für sie Entscheidende nie in Frage gestellt: »Selbstverständlich hat die Ordensleitung ihr volles Verfügungsrecht über mich und meinen tätigen Einsatz, wo immer sie ihn für sinnvoll hält, aber meine innere Freiheit war immer geschützt in der paulinischen Gewißheit des *scio cui credidi*.« Vordergründig klingt das nach Unbeweglichkeit. Ihre innere Freiheit hat Isa Vermehren sich dennoch bewahrt. Ihr Bekenntnis zur Disziplin beruht nicht nur auf dem *Müssen*, sondern auf ihrem *Wollen*, und man glaubt ihr dieses fröhliche Bekenntnis nur allzu gerne.

Auch als alte Frau hat Isa Vermehren nichts von ihrer ansteckenden Vergnügtheit an der ironisch zugespitzten Formulierung, nichts von ihrer respektvollen Offenheit gegenüber Menschen jeden Alters, jeder gesellschaftlichen Rolle und (beinahe) jeder Überzeugung eingebüßt. Schließlich, so sagt sie augenzwinkernd, hätten ja auch viele inzwischen einsehen müssen, »daß ich mit meinem Konservativen gar nicht so unrecht habe«. Ihre Lust an der Überzeugung Andersdenkender habe freilich abgenommen, sie ließe jetzt »die anderen viel mehr in Ruhe«, mische sich weniger ein. Das klingt nicht nach Verbitterung. Ihre ungeschwächte Lust auf Begegnungen und Gespräche ist frei von Fanatismus. Das Konservative ist nur die eine Seite der Medaille. »Je älter ich werde, desto mehr an liebenswerten und schönen Zügen entdecke ich in den Menschen.« Ihr Mitgefühl – »ich kenne keinen Menschen, der da nicht seinen Packen zu tragen hätte« – überträgt sich mit so viel Charme, so viel kluger Neugierde und Verständnisbereitschaft auf ihre Besucher, daß die Zahl der ihren Trost und ihre Hilfe Suchenden nicht abnimmt.

Sie selbst ist das beste Beispiel für das, was sie in einem Aufsatz aus dem Jahre 1990 formuliert hat: »Der Mensch, der zur Ruhe und Gelassenheit des Alters gefunden hat, in immer tieferer Übereinstimmung mit dem, was ist, und mit sich selbst, dieser Mensch hat Würde, und in dieser Würde ist er schön.« Ihre Lebenskurve sei »ja durchaus überschaubar. Da lauert nichts mehr.« Trotz aller Enttäuschungen hat sie ihre innere Ruhe gefunden. Sie fühlt sich am Ziel ihres Weges angekommen und läßt die Dinge gelassen auf sich zukommen. Ihr Leben sei »schnurgerade« verlaufen, eben »wie ein Flugzeug, das langsam abhebt und dann ziemlich gerade sein Ziel anfliegt«. Sie empfinde ihr Alter auch als Aufforderung, »vorsichtiger und weitherziger im Umgang mit den unruhigen Windstößen des Zeitgeistes« umzugehen. Die Bewährung, um die es ihr immer gegangen sei und bis zu ihrem Ende gehe, müsse sich nun »auf einer anderen, sehr viel tiefer gelegenen Ebene erweisen«.

Isa Vermehren weiß, daß sie zumindest in Europa – in Asien und Südamerika sei das anders, und darin sieht sie doch noch einen Schimmer der Hoffnung – zu den letzten traditionstreuen Bannerträgerinnen ihres Ordens gehört. Dieser schmelze – wie andere apostolische Orden – dahin, er sei von der allmählichen Auflösung bedroht. Die Zeiten seiner vitalen Konstanz, die sie nach dem Kriege noch erlebt und voller Elan mitgestaltet habe, seien vorüber. Der Nachwuchs fehle, die Gedankenwelt der Sophie Barat gerate in Vergessenheit. Im Gegensatz zu den kontemplativen Orden, deren Bestand an Ordensschwestern sich einigermaßen hält, muß das Sacré Cœur – vor allem in Deutschland, aber auch im übrigen Europa – um sein Überleben kämpfen. Von den einst siebentausend Sacré-Cœur-Schwestern sind kaum mehr als dreitausend übriggeblieben, davon ist in Europa bereits die Hälfte über siebzig Jahre alt. Nur in Asien, Afrika und Südamerika sind noch Zuwächse zu verzeichnen. Der Orden habe sich, meint Isa Vermehren, nach dem Konzil »zu viele

Ziele gesetzt«, dabei sei der eigentliche Auftrag allmählich an den Rand gedrückt worden. Doch sei die Entwicklung des Sacré Cœur nur ein Abbild der gesamten kirchlichen Entwicklung. Der Fortschritt fordere immer deutlicher seinen Preis: die wachsende Ohnmacht. Auch habe der internationale Kontakt abgenommen. Ist die melancholische Erkenntnis nur ein Tribut an die Zurückgezogenheit? Isa Vermehren verfolgt die Entwicklung ihres Ordens mit unverändertem Interesse, aber auch mit einiger Skepsis. Die »Zeichen stehen auf Schwund«, und ein so geregeltes Gemeinschaftsleben wie das im Bonner »Sophie-Barat-Haus« sei nur noch selten anzutreffen.

Angesichts dieser Entwicklung erscheint die Insel der im Orden alt gewordenen Nonnen wie ein Relikt aus weit zurückliegenden Tagen. Die sieben Bewohnerinnen hängen (ähnlich wie die vier reizenden alten Damen, die unter der Obhut der tatkräftigen Provinzoberin Schwester Ilsemarie Weiffen in München standfest ihr Sacré-Cœur-Leben ausklingen lassen) an ihrem Refugium, auch wenn die Schatten des Abschieds aus einer »Welt von gestern« auch hier ihren Einzug gehalten haben. Isa Vermehren und Pessimismus gehen allerdings nur schlecht zusammen: Die Botschaft Jesu habe schon heftigere Stürme siegreich bestanden, und Orden seien gewachsen, untergegangen und wieder auferstanden. Ihre Kraft habe sich zuletzt als unzerstörbar erwiesen, sie seien noch immer für manche Überraschung gut. Es fällt nicht leicht, diesen Optimismus zu teilen, doch wer ihr zuhört, vermag ihr kaum zu widersprechen. Die Flamme des Glaubens in ihr lodert so hell wie eh und je.

Die Aufhebung der alten Ordensregeln – beispielsweise die strenge Klausur – hat natürlich auch Isa Vermehren Lockerungen gebracht, die sie gerne nutzt und durchaus genießt. Hin und wieder leistet sie sich beispielsweise einen Besuch bei alten Freunden und Freundinnen aus der Berliner Zeit, zu denen der enge Kontakt trotz deren Distanz zur Kirche nie abgerissen ist. Ihr Freundeskreis ist über das ganze Land verteilt. Und wenn sie mit ihren ehemaligen Schülerinnen und deren Angehörigen ihre »Einkehrtage« feiert – mit gemeinsamem Gebet, danach aber mit Rotspon und fröhlichem Buffet –, ist das Haus in Bonn immer übervoll. Jetzt reichen die Kräfte kaum noch für soviel emsige Betriebsamkeit. Das Telefon muß manche Begegnung ersetzen. Die Stimme verrät dann nichts von den Beschränkungen des Alters, erst recht nicht ihr ansteckendes Lachen.

Nach den Jahren in Hamburg hat Isa Vermehren die Kontakte zu ihren Geschwistern wieder auffrischen können. Daß sich ihr Bruder Eric inzwischen in ihrer Nähe einquartiert hat und häufig zum Tee hereinschaut, hat die enge Beziehung der Geschwister neu befruchtet. Eric und Elisabeth de Saventhem hatten die Schweiz 1999 verlassen, weil sie im Alter in der Nähe der Schwester und Schwägerin leben wollten. Für die einstige Wegbereiterin im Glauben, deren Kontakt zu Isa Vermehren immer sehr eng geblieben war, sollte sich dieser Plan jedoch nicht mehr erfüllen. Unmittelbar vor dem Einzug in die Bonner Wohnung starb sie nach langer, schwerer Krankheit am 7. April 2000. Wenn die Geschwister heute zusammensitzen, sprechen sie mit unveränderter Glaubensfestigkeit über kirchliche Fragen, »Gott und die Welt« – und natürlich über Elisabeth Vermehren, die ihnen beiden in einer inzwischen weit zurückliegenden, gefahrvollen Zeit ein zweites, von Erfüllung und Gläubigkeit geprägtes Leben geschenkt hat. Die altvertrauten Gesten liebevoller Zuneigung sind jugendlich-übermütig wie eh und je. Das enge Band zwischen ihnen hat trotz äußerer Trennungen immer gehalten.

Gelegentlich stellt sich auch der Dritte im Bunde ein: Michael Vermehren, der nach seinem Rückzug aus dem journalistischen Berufsleben auf einem malerisch über den Höhen Andalusiens gelegenen Landgut residiert und von seinem Wohnzimmer aus auf den in der Ferne aufragenden Felsen von Gibraltar blickt, auf dem sein Bruder und dessen Frau einst ungeduldig und von tödlicher Krankheit bedroht die glückliche Rettung auf die englische Insel ersehnten. Trotz seines fortgeschrittenen Alters reist er von Zeit zu Zeit zu den Geschwistern nach Bonn. Auch er lebt jetzt alleine, auch ihm vermag man das Alter nicht anzusehen. Seine Frau Elisabeth, die geborene Gräfin de Rességuier de Miremont aus Österreich, starb am 12. April 1997 im Alter von einundachtzig Jahren, nach fünfundfünfzig Jahren liebevoller Gemeinsamkeit. Kommt er nach Bonn, dann ist das Zusammensein der Geschwister von lebhaften Debatten und viel herzhaftem Gelächter bestimmt. Trifft man die drei einmal gemeinsam an, möchte man sich am liebsten aufs bloße Zuhören beschränken: ein fröhlicheres Zusammensein dreier lebens- und glaubenserfahrener alter Menschen läßt sich schwer vorstellen. Die »Bekehrung« der Schwester, ihr Eintritt in den Orden sei, so meint der Bruder Michael, glücklicherweise doch »keine Abkehr von ihrem bisherigen Leben« gewesen. »Mir kommt es vor wie eine seltene menschliche Weite, wie ein bewundernswertes Miteinander von einem weiten Herzen und einem höchst disziplinierten, scharfen Verstand.«

Allen dreien ist das Reisen beschwerlich geworden. Das hinderte die beiden jüngeren noch vor kurzer Zeit nicht daran, dem Bruder einen Besuch in Andalusien abzustatten und dort einige Wochen mit ihm zu verbringen. Es muß eine fröhliche Runde gewesen sein.

Am 21. April 2003 hat Isa Vermehren im Beisein vieler Schülerinnen von einst, vieler Freunde und Bekannter ihren fünfundachtzigsten Geburtstag gefeiert. Es wird der letzte große Geburtstag an dieser schönen Stätte gewesen sein. Eine tiefgreifende Veränderung steht bevor: Die Gemeinschaft der sieben alten Damen in der Bonner Schumannstraße steht vor der Auflösung. Die Fünfundachtzigjährige empfindet das, was nun von ihr erwartet wird, als einen letzten Akt des Gehorsams, wie sie ihn ihrem Orden ein für allemal gelobt hat. Die Selbstversorgung kann nicht mehr länger gewährleistet

Die Geschwister in Bonn, Sommer 2002

werden. Für die Bewohnerinnen wird in Pützchen, wo einst Isa Vermehrens Klosterleben begann, unter der fürsorglichen Aufsicht der Provinzialoberin ein Altenwohnheim für verdiente Sacré-Cœur-Schwestern gebaut. Sie wird darin eines der gleichförmigen, aber nicht unkomfortablen Zimmer beziehen, in dem weder für ihre vielen Bücher noch für den großen Schreibtisch, das Faxgerät und die elektronische

Schreibmaschine, weder für die zahlreichen Ordner, in denen sie ihre Niederschriften über Einzelheiten und Erkenntnisse ihres Lebens aufbewahrt, noch für viele Besucher Platz sein wird. In Bonn wird sie vielen fehlen, die schnell einmal in dem schönen Stadtteil mit seinen stolzen Gründerzeitvillen vorbeischauten, um sich bei ihr und ihren Mitbewohnerinnen Rat, Hilfe und Aufmunterung zu holen. Nicht zuletzt die zu bestimmten Tagesstunden am Hauseingang auf eine kräftige Mahlzeit wartenden Hilfsbedürftigen werden den freundlichen Schwestern nachtrauern, die dem hübschen Haus in der Schumannstraße so viele Jahre lang eine ganz unverwechselbare, »altmodische« Atmosphäre und eine verlockende Geistigkeit verliehen haben. Ein weiteres Stück Sacré Cœur wird verschwinden – klaglos.

Isa Vermehren blickt auf dieses künftige Kapitel ihres langen Lebens ohne Zorn. Sie ist sich und ihrem Orden in ihrer Unbedingtheit treu geblieben. Das Flugzeug ihres Lebens befindet sich im Anflug auf das letzte Ziel. Der Kreis schließt sich. »Meine Schwestern und ich kehren zurück an den Ort, an dem wir unser religiöses Leben einst begonnen haben.« Isa Vermehren spricht darüber nicht ohne Melancholie, aber voller Dankbarkeit und, ja, auch Heiterkeit. Ihr nun schon so lange zurückliegendes erstes Leben, das noch immer viel Stoff für bewundernde Erinnerungen liefert, erscheint nur noch wie eine kurze Vorgeschichte zu ihrem »eigentlichen« Leben – dem Leben als herausragende Dienerin ihres Glaubens und des Ordens vom Sacré Cœur, der seine besten Jahre hinter sich zu haben scheint, dessen Leistungen und Verdienste aber gerade eine Zeit des Niedergangs neu bewerten kann. Man muß nicht gläubig sein, um zu ahnen, welche spirituelle, pädagogische, eben apostolische Kraft da zu versinken droht, wenngleich der Orden zumindest in Korea und auf den Philippinen noch im Wachsen begriffen ist. Unser 21. Jahrhundert, unser »altes Europa« wird um eine beeindruckende Tradition ärmer sein, wenn es bei uns dereinst keine Sacré-Cœur-Schwestern und keine Sacré-Cœur-Schulen mehr geben sollte. Isa Vermehren, das Mädchen mit der Knautschkommode aus jenen Tagen, ist ein lebendiges Beispiel für seine zweihundertjährige segensreiche Geschichte. Sie wird es für immer bleiben.

Nachwort

Den Namen Isa Vermehren hörte ich zum ersten Mal 1946. Unter einigen auf braunem, stark holzartigem Papier gedruckten Freiexemplaren, die meine Mutter ausgepackt hatte, war ein »Bericht« – *In memoriam der umgekommenen und der lebenden Freunde. Für D. T., Schutzhäftling 3640 Ravensbrück, und G. v. P.* – »Reise durch den letzten Akt«. Ich verstand nicht, was sich dahinter verbarg, aber mir ist unvergeßlich, was meine Mutter über den Inhalt dieses Buches erzählte. Sie wußte um seinen Hintergrund und verschlang das Werk, das im Hamburger Verlag meines Vaters soeben erschienen war, förmlich in einem Atemzug. Beiden Elternteilen verdanke ich eine frühe, äußerst sensible und kritische Unterweisung in der Ablehnung alles Nationalsozialistischen. Sobald während des Krieges über das dunkle Thema gesprochen wurde, pflegte meine Mutter unsere Kaffeehaube über den Telefonapparat im Hausflur zu stülpen – man könne ja nie wissen.

Sie wußte hingegen genau, was das »Dritte Reich« bedeutete. Auch in den Nächten im Luftschutzkeller war davon – flüsternd – die Rede gewesen. Als Isa Vermehrens Buch ins Haus kam, las sie meiner Schwester und mir kurze Passagen daraus vor. Die dargestellten Ereignisse erfüllten uns mit tiefem Grauen.

Mit der Zeit drängte die Lektüre anderer Bücher die »Reise durch den letzten Akt« in den Hintergrund, aber die erste Begegnung mit dem Buch, das ein großer Verkaufserfolg wurde, blieb stets lebendig. Als ich später das Programm des Rowohlt-Verlages mit verantwortete, nahm ich mit Isa Vermehren Kontakt auf, um ihr Einverständnis für die

Veröffentlichung einer Taschenbuchausgabe einzuholen. Sie war inzwischen Direktorin der Sophie-Barat-Schule in Hamburg und willigte zögernd ein. Abermals fand das Buch viele Leser(innen) – und seither erfreut es sich beständiger Nachfrage.

In der Reihe der vielen, nach 1945 erschienenen Bücher über Erlebnisse und Erfahrungen der Opfer des »Dritten Reiches« nimmt Isa Vermehrens Niederschrift ihrer ganz persönlichen Erinnerung noch immer einen besonderen Platz ein: Es war das erste Buch dieser Art, und die Autorin – die das Vorwort an »Allerheiligen, Allerseelen 1945« geschrieben hatte – war ganze siebenundzwanzig Jahre alt.

Als ich Isa Vermehren vor einigen Jahren – sie lebte inzwischen in Bonn – anrief, um ihr mitzuteilen, daß ich ein Buch über sie schreiben wolle, sagte sie: »Da gibt es nur ein Problem.« Auf meine Frage, welches das sei, meinte sie nur: »Mein Glaube.« Sie warnte mich, den zweiten, mir nur vom Hörensagen bekannten Teil ihres Lebens zu unterschätzen. Natürlich interessierte mich vor allem ihre Gesangs- und Kabarettkarriere und ihre Haft in den Konzentrationslagern, aber ich wollte ebenso wissen, was ihre Konversion und der Entschluß, in den Orden Sacré Cœur einzutreten, ausgelöst hatte. Und so antwortete ich damals: Gerade der Schritt in die Kirche und in den Glauben sei das, was ich gerne erforschen wolle, weil mir daran vieles unklar sei.

Ich war bis dahin oft Menschen begegnet, die eine genaue Vorstellung von dieser faszinierenden Frau zu haben meinten, aber oft hatte ich festgestellt, daß die einen ausschließlich an der Sängerin und Autorin der »Reise durch den letzten Akt« und die anderen ebenso ausschließlich an der Ordensschwester und Schulleiterin interessiert waren. Der Zusammenhang zwischen diesen beiden Leben blieb rätselhaft.

Nachdem wir mein Vorhaben telefonisch eingekreist hatten, fuhr ich zu Isa Vermehren nach Bonn. Dort führte ich fortan, das Tonband stets eingeschaltet, viele Gespräche in dem schönen Haus in der Schumannstraße, immer auf das liebenswürdigste bewirtet und umsorgt von Isa Vermehren und ihren Hausgenossinnen. Gelegentlich kam Eric de Saventhem, der jüngere Bruder, hinzu, einmal auch Michael Vermehren, der ältere. Ihn kannte ich bereits von einem Besuch auf seinem Landsitz in Spanien, wo er mir am knisternden Kaminfeuer einige Tage lang geduldig Rede und Antwort gestanden hatte. Während all dieser Gespräche gewann das Bild der Schwester langsam schärfere Konturen, und es fügten sich viele Steine in das Mosaik der Familie, deren Geschicke von denen Isa Vermehrens nicht zu trennen sind.

Mein beständig anwachsendes Manuskript schickte ich von Zeit zu Zeit den drei Geschwistern mit der Bitte zu, Irrtümer oder Widersprüche zu korrigieren. Sie taten es mit äußerster Sorgfalt, schlugen Ergänzungen oder Überarbeitungen vor, wo es ihnen notwendig schien. Sie nannten mir viele Gesprächspartner, die ihre eigenen Ansichten und Erinnerungen komplettieren – oder auch korrigieren – könnten. Ich sprach mit Weggefährten, Schülerinnen, Lehrern und Lehrerinnen sowie Angehörigen oder Anhängern des Sacré Cœur. Es ist mir bewußt, daß die Auswahl der Gesprächspartner(innen) subjektiv war. Obwohl ich mich bemüht habe, nicht nur Apologeten Isa Vermehrens ausfindig zu machen, kann mir die eine oder andere Information entgangen sein, die diesem Porträt wichtige Aspekte hinzugefügt hätte. Dennoch soll dieses Buch zumindest ein tragfähiges Fundament legen für individuelle Nachforschungen.

Die Anforderungen an eine umfassende, ausgewogene Biographie erfüllt das vorliegende Werk nicht, und das konnte auch nicht mein Ziel sein. Willi Jasper meinte (anläßlich eines Buches über Katia Mann in der »Zeit« vom 27. Februar 2003), daß Biographien immer »Erfindungen der Wahrheit« seien, »vor allem in Deutschland haben sie traditionsgemäß am wenigsten den kritischen Anspruch, die Geheimnisse auszukundschaften und die Schmerzpunkte zu berühren«. Eine Biographie in diesem klassischen Sinne kann das Porträt Isa Vermehrens schon deswegen nicht sein, weil sie noch unter uns lebt.

»Die herrschende Unsitte, über lebende Zeitgenossen Biographien zu schreiben«, meinte Ulrich Greiner (in der »Zeit« vom 12. September 2002), »verstößt gegen das Prinzip, das die Gattung begründet: daß gelebtes Leben aus der Vergangenheit geholt und für die Gegenwart gedeutet wurde.« Dieser rigorose Richtspruch übersieht eine wesentliche Chance der Biographie zu Lebzeiten: die Möglichkeiten der *oral history*. Auf Isa Vermehren und ihr Leben und Denken bezogen heißt das: Eine Aufarbeitung ohne ihre spontanen, offenherzigen, erfrischend direkten Kommentare und Hinweise müßte auf manchen Farbkontrast und manches wichtige Detail verzichten. Es erscheint sogar fraglich, ob ein einigermaßen stimmiges Bild von ihr überhaupt entworfen werden könnte ohne ihre aktive Mithilfe. Zu ihrem erstaunlich scharfen Erinnerungsvermögen, das ihre Umgebung stets aufs neue fasziniert, kommen noch ihre sprachliche Präzision und Gewandtheit bei der Beantwortung mehr oder weniger kompetenter Fragen.

Wie auch immer man dieses Unternehmen bewerten mag: Mir haben die Gespräche mit ihr viel gegeben und Auskünfte geliefert, an die ich nicht gelangt wäre, wenn ich mich auf das gedruckte Material von ihr und über sie beschränkt hätte. Gewiß sind Spekulationen, die keine ausdrückliche Bestätigung finden, in bezug auf lebende Personen unangemessen, und hierin liegt gewiß ein Argument für Ulrich Greiners strenges Verdikt. Leser und Leserinnen meines Buches mögen selbst entscheiden, ob und wo sie diese Einschränkung als Mangel empfinden. Fragen, die mein Buch offenläßt, sind vielleicht mit Hilfe der Literaturhinweise zu beantworten.

Ein Mangel des Buches dürfte freilich bei dem einen oder anderen Befremden auslösen, nämlich die Tatsache, daß ich nicht der katholischen Kirche angehöre. Isa Vermehren hat das mit einer Mischung aus Nachsicht und Heiterkeit hingenommen. Oftmals wird ihr dieser Mangel als Grund für meine begrenzten Möglichkeiten erschienen sein, ihren inneren Weg ganz zu verstehen. Die Innenwelt eines Ordens ist nun einmal dem Außenstehenden nur schwer erklärlich. Vielleicht entschädigt meine »Außenperspektive« aber auch ein wenig für diese Grenzen der Wahrnehmung.

Viele Gesprächspartner(innen) haben mir meine Arbeit an diesem Buch erst ermöglicht: meine Frau, Christiane Wegner, die als erste kritische Leserin die einzelnen Manuskriptteile überprüfte; die ehemaligen Sacré-Cœur-Schülerinnen Monika Diehl, Annette Kopetzki, Jutta Lieck-Klenke und Helga Weber, außerdem Beate Kreidel und Eva Kausche, Gabriele Gräfin Plettenberg und Dr. Helga Böse. Wichtige Quellen verdanke ich Christiane Boeck und ihrem Buch »Selbstbewußt im Kloster. Nonnen sprechen über ihr Leben«. Sonja Valentin und der Kabaretthistoriker Volker Kühn (der das einstündige Interview mit Isa Vermehren in der ZDF-Sendereihe »Zeugen des Jahrhunderts« geführt hat) haben mich mit wichtigen Hinweisen versorgt. Marion Brodersen half mir bei den Schreib- und Korrekturarbeiten. Meine mir bereits durch die Zusammenarbeit an anderen Büchern vertraute Lektorin Ditta Ahmadi hat auch diesmal wieder das Manuskript verbessert und bei der Auswahl und Zuordnung der Bilder geholfen. Schließlich sei Dr. Doris Janhsen und ihrem damaligen Verlagsteam für das anspornende Vertrauen und die Unterstützung gedankt.

M. W.

Nachtrag

Seit dem Erscheinen des Buches im Jahr 2003 haben sich folgende Veränderungen ergeben:
- Isa Vermehren rscj und ihre Mitschwestern sind im April 2004 in einen großzügigen Neubau des Klosters Pützchen umgezogen.
- Dr. Eric Vermehren de Saventhem starb am 28. April 2005.
- Marie Tietze rscj starb am 4. April 2004.
- Andrea Dormuth rscj starb am 16. April 2005
- Kardinal Joseph Ratzinger wurde im April 2005 in Rom zum Papst Benedikt XVI. gewählt.
- Die »Knautschkommode Agathe« wird seit Mai 2005 – zusammen mit Dokumenten zu Isa Vermehrens Leben und Wirken – in der Dauerausstellung des Hauses der Geschichte in Bonn gezeigt.

Hamburg, im März 2007
M. W.

Anhang

Aus Schriften von Isa Vermehren

Die von Hitlers Propaganda eingehämmerte Wertvorstellung war denkbar primitiv: Gut ist, was dem Volk nützt. Wer nicht zum Volk gehört, ist unser Feind; unser Volk ist die Herrenrasse, die anderen Völker sind Menschen zweiter Klasse oder gar Untermenschen, die wie Ungeziefer vernichtet werden müssen. Die Insassen der Konzentrationslager zählten in den Augen ihrer Bewacher größtenteils in diese dritte Kategorie. Die Behandlung war entsprechend.

Es ist oft gefragt worden, warum es nie zu einer Revolte in den Konzentrationslagern gekommen ist, besonders in den letzten Jahren nicht, als die Häftlinge zahlenmäßig ihren Bewachern um ein vielfaches überlegen waren.

Vier Gründe, meine ich, muß man nennen, um die Frage zu beantworten: Die Häftlinge hatten keine Waffen, sie hatten physisch keine Reserven mehr, sie hatten durchweg moralisch nicht mehr das nötige Selbstbewußtsein und vor allem, sie hatten keinen ausreichenden Rückhalt untereinander.

Jeder Versuch eines organisierten Widerstandes seitens der Häftlinge wäre von eben denselben Häftlingen verraten worden.

Das Leben der Häftlinge untereinander war ein stummes Ringen aller gegen alle, wie beim Untergang eines überfüllten Passagierdampfers, wenn zu viele Menschen auf einmal ins Wasser fallen und jeder sich nun vor dem Ertrinken zu retten versucht, indem er sich erbarmungslos auf die Schultern der neben ihm um ihr Leben Kämpfenden stützt.

Am Tag, an dem der Mensch zum Sklaven wird, verliert er

die Hälfte seiner Seele, lautet eine Erfahrungsweisheit aus dem alten Griechenland. Ein Sklave gehört nicht mehr sich selbst, er ist seines Eigenwertes, seiner Selbstverfügung beraubt, er verfällt der Nichtachtung seiner Mitmenschen. Man kann sich den Schock, der damit für das eigene Lebensgefühl verbunden ist, gar nicht groß genug denken – man verliert ganz einfach den Boden unter den Füßen. Woran findet der Fallende, der Ausgestoßene Halt?

Man könnte eine Art Typenlehre der Häftlinge entwickeln, die in sehr unterschiedlicher Weise auf den Schock reagierten. Ein großer Teil, zumal die sensiblen oder antriebsschwachen, physisch anfälligen Männer und Frauen, verfiel einer Lethargie, die ihn zu einer willenlosen Masse machte, die alles mit sich geschehen und über sich ergehen ließ. Diesen Häftlingen war von vornherein keine lange Lebensdauer beschieden; eine statistische Zahl sagt: im Schnitt neun Monate. Andere fanden neue Lebenskraft in der alten Faustregel: wie du mir, so ich dir! Natürlich gab es Mittel und Wege, sich kleine Vorteile im Lager zu verschaffen: eine zusätzliche Brotration, eine einfachere Arbeit, einen besseren Bettplatz u. dgl. Wer die stärkeren Ellenbogen hatte, den skrupelloseren Egoismus, die größere Unverschämtheit im Lügen und Verleumden, der machte das Rennen. So wogte unter der Decke ein beständiger Kampf zwischen einzelnen Gefangenen, einzelnen Cliquen, politisch oder national gefärbten Gruppen.

Manche Häftlinge, die sich gänzlich in die Hand der Lagerleitung gegeben hatten, waren gefürchteter als die eigentlichen Aufseher selber: ihr falsches Spiel zwischen Kumpel und Spitzel war undurchschaubar und hochgefährlich.

Zwischen diesen diversen Blöcken, Strömungen, Gruppierungen gab es wie Türme, die fest in der Brandung stehen, einzelne, meist alteingesessene Frauen und Männer, die vor allem den Neuankömmlingen in echter Fürsorge zu helfen versuchten, sich in dieser neuen Welt zurechtzufinden.

Wohin gehört die Anpassung und wohin der innere Widerstand, wenn man den äußeren schon nicht leisten kann? Bewahre dir die Achtung vor dir selbst, wenn sonst keiner mehr vor dir Achtung hat. Halte auf dich, laß dich nicht gehen, weder innerlich noch äußerlich! Hilf deinem Nächsten und verrate keinen um deines Vorteils willen, verrate vor allem auch dich selbst und dein Gewissen nicht um irgendeines Privileges willen, du verlierst dabei mehr als du gewinnst!

Halte fest an deiner Hochschätzung des Menschen, indem du nicht aufhörst, den anderen zu achten, auch wenn er dein Peiniger ist – selbst wenn du sein Opfer bist, so bist du dennoch nicht sein Richter!

Wir können diese moralische Botschaft auf die Kurzformel bringen: Handle nach deinem Gewissen! Aber ihr muß vorgeschaltet werden die Forderung: Bilde dein Gewissen! Und dies impliziert die Frage: Woran sollen wir es bilden? Woran wird Gewissen heute gebildet, wurde es damals gebildet? Hat Gewissen überhaupt noch die Kraft, seine eigentliche Funktion auszuüben, uns zum Gutestun zu bestimmen und vor Unrecht zu bewahren? Oder haben unsere komplizierten soziologischen und psychologischen Reflexionen »Feiglinge aus uns allen gemacht«, so daß wir wie fühlerlose Insekten orientierungslos durch unser Leben torkeln – immer im Schlepptau der gerade herrschenden Meinung?

Gewissen bindet uns an moralische Werte. Eine Gesellschaft ohne einen gewissen Wertekonsens hinsichtlich dessen, was sittlich gewollt und vom einzelnen gefordert werden muß, ist dem Untergang geweiht. Der von den Nationalsozialisten aufgestellte Wertekanon war eindeutig zu eng, zu kurzsichtig, war ein verführerischer Unwertekanon, wobei man jeden nur bedauern kann, der darauf reingefallen ist, der dafür sein Leben gegeben hat.

Ob unser heutiger Wertekanon ausreichen würde, dem einzelnen zu helfen, Herausforderungen wie die genannten zu bestehen, bezweifle ich. Die Freiheit, die heute so großgeschrieben wird, ist ja nur Voraussetzung für Wertentscheidung, nicht etwa eine Entbindung davon!

Nach meiner Erfahrung, die gerade einen sehr bewegten Abschnitt unserer eigenen Geschichte umfaßt, in dem die Ideale, denen man dienen wollte, fast alle zehn Jahre ausgewechselt wurden, und auch auf Grund meiner katholischen Glaubensüberzeugung können moralische Qualitäten nur in enger Bindung an den Gott der Offenbarung gewonnen werden.

Hat Ravensbrück noch eine Botschaft für uns?, in: *Katholische Bildung*, 94. Jahrgang, April 1993, S. 205–207

Es gab auch ein kleines Kind im Zellenbau, die kleine Soia, die einzige Spaziergängerin ohne festgelegte Ausgangszeiten. Als ich ins Lager kam, mußte sie die meiste Zeit noch auf den Arm genommen und getragen werden, sie war etwa anderthalb Jahre alt, und als sie fortkam im späten Herbst, mußte man schon achtgeben, daß sie einem nicht davonlief. Sie war die Tochter der Frau eines ukrainischen Ministers von der Nationalpartei, die zusammen mit ihrer Cousine – diese hatte sich bei der Verhaftung zufällig bei ihr im Hause befunden – seit über einem halben Jahr in Ravensbrück war.

An der Gestalt dieses kleinen Kindes offenbarte sich so viel Gutes und Schlechtes, daß es lohnt, einen Augenblick dabei zu verweilen. Immer wieder konnte man beobachten, welch zuverlässig versöhnliche Wirkung ausgeht von einem Kinde. Die rauhesten Männer finden ein freundliches Wort, auf den brutalsten Zügen erscheint ein Lächeln, die finstersten Mienen hellen sich auf, wenn so ein Unschuldsbalg vertrauensvoll angewackelt kommt. Bei einer Fahrt durch das besetzte Frankreich saß ich einmal in einem überfüllten Abteil zusammen mit deutschen Offizieren und französischen Zivilisten. In der Mitte stand ein deutscher Major der Luftwaffe, dessen blitzender Offiziersdegen in verführerischer Nähe vor der Nase eines kleinen französischen Kindes leise hin- und herschaukelte, und natürlich fing es gleich an, damit zu spielen. Die Mutter versuchte vergeblich, es ihm zu verwehren, sie war die einzige, die ihre Reserve nicht verließ. Alle anderen, Deutsche und Franzosen, beteiligten sich in irgendeiner Form an diesem Spiel durch alberne Geräusche, ulkige Grimassen, Fragen und Bemerkungen, sie wurden zu Vätern, Müttern, Brüdern, Schwestern, sie wurden freundlich, sie wurden menschlich, und kaum einer hätte im Augenblick noch den Sinn und die Notwendigkeit des Krieges erkennen und behaupten können. Verleitet von der Arglosigkeit des Kindes, hatten sie für einen kurzen, unbeobachteten Augenblick den sicheren Schutz ihrer vorgefaßten Meinungen verlassen und überließen sich ganz befreit dem natürlichen Zug des Herzens. Damals blieb dieser beglückende Eindruck unzerstört, aber daß er falsch war, zumindest nur teilweise richtig, haben mich die Beobachtungen aller Begegnungen mit der kleinen Soia gelehrt. Welch furchtbares Maß verlogenster Sentimentalität mischt sich in die Haltung der meisten Erwachsenen gegenüber dem Kinde! Die Hilflosigkeit des Kindes rührt sie, die »Schuldlosigkeit« des Kindes stimmt sie wehmütig, die Ahnungslosigkeit des Kindes macht sie leidvoll überlegen – »armes Kind, wie gut, daß du noch nicht weißt, wie böse das Leben ist«, oder so ähnlich. Unsere höheren und niederen Wärter, die Häftlinge, wer immer diesem Kinde begegnete, war nett zu ihm, lächelte es an, sagte etwas Freundliches, jeder, so schien es, war bemüht, ihm seine beste Seite zuzukehren. Vor allem die SS-Wachen schmückten sich geradezu mit dieser weichen Nettigkeit, mit der sie dem Kinde begegneten. Es war keineswegs ein besonders hübsches Kind, kein besonders liebenswürdiges und gescheites Kind, obwohl jeder bereit war, all dieses zu beteuern. Der Untersturmführer ging mit ihm auf und ab, nahm es auf den Arm, sprach freundlich und geduldig mit ihm immer dieselben Dinge, lachte und schien ganz gerührt von der bezwingenden Harmlosigkeit eines so kleinen Wesens. Wie faul und unzuverlässig aber war das alles: Zur gleichen Stunde saßen drinnen junge ukrainische Mädchen und flehten mit weinenden, klagenden Stimmen: »Biete, biete, gnädicke Frau, iech niecht getan, biete, gnädicke Frau ...«, und sie bekamen rechts und links welche hinter die Ohren, wurden angeschrien und ihrem von Angst und Schrecken erfüllten Schicksal überlassen. War ihre Hilflosigkeit wirklich so grundverschieden von der Hilflosigkeit dieses Kindes? Ich glaube, hilfsbedürftig ist jeder Mensch in jedem Alter, und das Maß ändert sich nur in graduellem Sinne. Immer ist er angewiesen auf Glauben und Vertrauen in den anderen, ohne die ist er hilflos. Eine wesentliche Veränderung liegt nur auf dem Gebiete der eigenen Verantwortlichkeit vor, die bei einem Kinde so lange im eigentlichen Sinne nicht vorhanden ist, als es sich selbst als Person noch nicht ins Blickfeld bekommen hat.

...

Stunden und Tage innig bemühten Nachdenkens hat es gekostet, in den widerwärtigen Verzerrungen vor meinem Fenster das Gesicht des Menschen wiederzufinden, das uns die christliche Offenbarung als liebenswert anvertraut hat. Die natürliche Liebe versagt vor dieser scheußlichen Entstellung, und ein ganzes Heer dialektischer Spitzfindigkeiten deckt ihren feigen Rückzug vor dieser Aufgabe, in diesem entsetzlichen anderen noch den gleichen, den Nächsten, den Menschen, wie ich einer bin, anzuerkennen. In der natürlichen Abwehr gegen die furchtbaren, von draußen hereindringenden Eindrücke tauchte immer wieder die Versuchung auf, sich einfach abzuwenden, das Fenster zuzumachen und ein Buch zu lesen. Das wäre der erste Schritt zu jener Stumpfheit gewesen, die gleichzeitig auch zur Dummheit führt: Das, was ich nicht sehen will, werde ich auch nie begreifen können. Was für ein ungefüger Bolzen das Herz doch ist, man muß sich hüten, seine natürliche Liebes- und Leidensbereitschaft zu überschätzen. Nicht nur das, was ich im Lager sah, gibt mir

Veranlassung zu dieser Warnung, sondern was ich im Zusammenhang damit im eigenen Herzen erfuhr, macht mich fast noch besorgter. Wie wohlbegründet ist diese Furcht, so einem schrecklichen Bilde des Menschen zu begegnen, wie es täglich vor meinem Fenster sich mir bot, muß man doch gewärtig sein, in ihm auch das Spiegelbild des eigenen Gesichts zu finden.

Reise durch den letzten Akt. Ravensbrück, Buchenwald, Dachau:
Eine Frau berichtet, Hamburg 1979, S. 45–47, 95

Erziehung bedeutet soviel wie herausziehen. Das eben geborene Kind steckt in dreifacher Dunkelheit, im Dunkel der Vernunftlosigkeit, der Unkenntnis und der Unfreiheit. Dieses Herausziehen geschieht zunächst einmal durch Weckung der Sinne des Kindes. Der erste Sinn, der angesprochen wird, ist das Hören – Kind ansprechen, zum Nachsprechen bringen, Ansprüche an es zu stellen ...

Der zweite Sinn ist das Sehen, das Kind wird angeschaut, soll uns anschauen, erkennend, wiedererkennend anschauen.

Als drittes wird der Tastsinn geweckt über die Hände und den Mund, und durch die zahllosen Erweise kleiner und großer Zärtlichkeiten keimt das erste Selbstgefühl. Sich als geliebt zu erfahren, legt den Grund zur Selbstliebe, die uns als Maß für die Nächstenliebe gegeben ist.

Hören, sehen, fühlen, das sind die ersten Zugänge zur Vernunft, die geöffnet werden müssen durch Zuwendung, Ansprache, durch sehr häufiges und sehr geduldiges Sich-Abgeben mit dem Kind und der Kundgabe der Freude über die Fortschritte, die man in seiner Entwicklung beobachten kann. Der intensive personale Bezug, der hier zustande kommt, bildet gewissermaßen den Grundriß aller weiteren Erziehung. Man könnte ihre Zielsetzung vereinfacht so ausdrücken: immer besser sehen lernen, immer verständiger hören und immer klarer antworten können auf jeden Anspruch, der uns trifft, aus einem immer gefestigteren Selbstbesitz.

Erziehen als Herausziehen geschieht gleichzeitig immer auch als ein In-Beziehung-Setzen zu Menschen und Dingen. Christliche Eltern nehmen vom ersten Tage an ihre Kinder mit hinein in ihre Beziehung zu Gott, nehmen stellvertretend für das Kind dessen Beziehung zu Gott in ihre Verantwortung. In diesem Dreieck von miteinander und zusammen von etwas sprechen, von miteinander und gemeinsam ein Drittes anschauen, von aufeinander und gemeinsam auf einen anderen, auf *Den* anderen hören, entwickeln sich nicht nur alle menschlichen Beziehungen, aus den gleichen Kräften gestaltet sich auch die Beziehung zu Gott. Denn klarer sehen heißt ja auch, nicht nur mit den Augen, sondern auch mit dem Herzen sehen zu lernen; es genügt uns ja nicht, die sichtbare Welt wahrzunehmen, wir haben geistige Sinne auch für die unsichtbare. Besser hören heißt doch auch im Gesagten das Nicht- bzw. Mit-Gesagte herauszuhören. Und über die Erziehung des Fühlens erreichen wir die Dimension des Mitleidens, der Mitfreude, des Taktes, der Freundschaft.

Christliche Erziehung im Gegenwind?, in: *Schriftenreihe der KED Hessen,* Heft 10, S. 9f.

Begegnung mit echter Autorität, mit der Autorität der Erwachsenen (genauer: des Erwachsenseins!) ist für den jungen Menschen unentbehrlich, um selber aus der Vorbehaltlichkeit seines Ich-bin-ja-noch-jung-Seins herauszuwachsen. Diese Autorität mag ihm lästig sein, ärgerlich, u. U. beängstigend, wenn sie ihn nur provoziert! »Ich bin jemand, werde auch jemand! Denn du sollst einer sein, der weiß, was er sagt, wenn er ich sagt!« D. h., die Ichhaftigkeit des Menschen ist im Prinzip nicht eine moralische Qualität, auch keine philosophische Größe, sondern gehört zur Struktur seiner Geistigkeit als Person. Die größte Mühe der Erziehung gilt ja darum eben diesem Prozeß, daß der junge Mensch zu seinem personalen Selbstsein erkennend, bekennend, handelnd hinfindet, daß er lernt, sich selbst vor Gott und den Menschen zu bejahen und schließlich von dieser Mitte aus seinem Leben die ihm zugedachte Weite, Fülle und Qualität erwirbt.

Dieser Weg kann nicht ohne die Erfahrung des Versagens zurückgelegt werden: die Gemeinschaft, in und mit der der junge Mensch seinen Weg sucht, trägt mit sich das Wissen um Gottes Geduld und Barmherzigkeit und dazu das um ihr eigenes Ungenügen, ihre Hinfälligkeit. Mit anderen Worten heißt das: Diese Gemeinschaft weiß, daß und wie man den jungen Menschen, denen heute weder großer moralischer Mut noch eine besondere Widerstandskraft nachgesagt wird, mit jener unverdrossenen Zuversicht begegnen muß, die dankbar macht für den kleinsten Fortschritt und die nicht müde wird, zu neuem Anfang zu ermutigen. D. h. nochmals anders ausgedrückt: die Gemeinschaft einer katholischen Schule hat zwingende Gründe, zu einem tiefreichenden Umdenken im Leistungswillen und -messen zu erziehen.

Katholische Schulen haben, sofern sie an ihrem eigenen Glauben nicht irre geworden sind, alle Voraussetzungen, dem jungen Menschen beide Phänomene, Gemeinschaft und Autorität, so begegnen zu lassen, daß sie sich befreiend und stärkend auswirken können auf alle Anstrengungen, die er macht, sich zu einem selbstverantworteten Standpunkt durchzufinden, der ihn zugleich das ganze Ausmaß der Freiheit erfahren läßt, die Gott seinen Geschöpfen um der Liebe willen gewährt hat.

Schließlich gibt es unter den katholischen Schulen noch eine ganze Reihe, die als reine Jungen- oder Mädchenschulen existieren, auch wenn ihnen dieses bei einer breiten Schicht auch der katholischen Bevölkerung den Ruf großer Rückschrittlichkeit einträgt. Nach ihrer Überzeugung sind die unterschiedlichen Rollen von Mann und Frau nicht rein gesellschafts- oder geschichtsbedingt, sondern zwei bis in die natürliche Beschaffenheit von Mann und Frau sich auswirkende unterschiedliche Weisen des Menschen, im Leben zu stehen, auf das Leben und seine Bewältigung bezogen zu sein. Zwei unterschiedliche Weisen, die um so mehr einander zu ergänzen vermögen, je bewußter und stärker der je eigene Ansatz in seiner komplementären Qualität erkannt und bejaht wird. Die großen menschlichen Vorbilder, die die katholische Erziehung aus der Menge der Heiligen ihren Kindern vorzustellen vermag, vermögen diesen Gedanken in einzigartiger Weise zu bestätigen.

Schulen in freier Trägerschaft. Lebendiges Zeugnis.
Schriftenreihe der Akademischen Bonifatius-Einigung,
36. Jahrgang, Heft 3, Oktober 1981, S. 27f.

In meiner Zeit als Schulleiterin hatte ich einmal eine Schülerin in der fünften Klasse, eines der ganz zarten Gewächse, deren Seelen beim leisesten Windhauch erzittern. Kurz nach ihrer Einschulung kamen Mutter und Tochter zu mir: Das Kind, so erzählte mir die Mutter, würde beim Aufbruch in die Schule von so heftigen Ängsten, von einem bohrenden Heimweh befallen, daß sie nicht das Herz hätte, das schluchzende Wesen wegzuschicken. Aber auch, wenn sie sie selbst zur Schule gebracht habe, sei die Tochter weit vor der Zeit wieder an der Haustür erschienen, weil sie es in der Schule nicht ausgehalten hätte.

Da das Mädchen auf diese Weise schon ziemlich viel Unterricht versäumt hatte, suchten wir gemeinsam nach einer Lösung. Diese bestand schließlich darin, daß ich der Kleinen anbot: Immer dann, wenn der Schmerz zu heftig und die Versuchung, nach Hause zu fahren, zu groß wird, dann kommst du erstmal zu mir und weinst dich bei mir tüchtig aus, und dann sehen wir, ob du nicht doch noch bis zum Ende des Schulvormittags aushalten kannst.

Tatsächlich klopfte es am nächsten Tage zaghaft an meiner Tür, herein kam das ganz verweinte Kind, ließ sich bereitwillig auf den Schoß nehmen, erzählte unter Schluchzen von zu Hause, von seinen Gefühlen, Ängsten, Befürchtungen – einige konnte ich ihr erklären, einige zerstreuen, einige mußte ich ihr lassen. Befragt dann, ob es auch Schönes gäbe, woran sie Freude hätte, verklärte sich das kleine Gesicht, und der Redefluß wurde lebhafter – kurz, nach etwa zehn Minuten verließ sie mich wieder und kehrte tapfer in ihre Klasse zurück. Dieses rührende Spiel wiederholte sich noch ein paarmal, dann war der böse Schulbann gebrochen.

Ich habe diese Begegnung nie vergessen, weil sie mir überdeutlich diese grundsätzliche Trostbedürftigkeit eines Kindes in Erfahrung gebracht hat. Heute frage ich mich: Sind es wirklich nur die Kinder, die gelegentlich getröstet werden müssen? Gibt es nicht auch für uns Erwachsene Momente, in denen uns die Knie weich werden vom Gefühl bodenloser Schwäche? Wer und was kann uns da trösten? Wer befreit uns von der Last der ungeweinten Tränen?

Ich denke, dann hat die große Stunde der Freundschaft geschlagen! Jemanden trösten heißt, ihm zu helfen, die innere Festigkeit wiederzugewinnen, in der einer stehenbleiben und standhalten kann. Wer ist berufener als der Freund, die Freundin, dem trostlosen anderen Anteil zu geben an der eigenen inneren Festigkeit und Zuversicht, mit der wir an seiner Seite bleiben, mit der wir ihn, den Ungeborgenen, hineinnehmen in die Geborgenheit unseres Vertrauens, unserer Freundschaft, ja, soweit wir können, auch unserer Freundschaft mit Gott, wie sie uns in Jesus Christus gewährt worden ist? Sie ist letztlich die Quelle allen Trostes.

Dieses Urvertrauen in Gottes Freundschaft ist heute vielen Anfechtungen ausgesetzt; um so mehr muß man es hüten. Es ist die Glut, aus der die Flamme der Liebe immer neu hoch aufschlagen kann.

Das Wort zum Sonntag, ARD, 23. November 1996

Wie war der Urlaub? Sind Sie ausgekommen – ich meine mit der Zeit? Die meisten Menschen heute haben nämlich Probleme mit der Zeit. Die einen haben immer zuwenig, die anderen immer zuviel. Die mit zu wenig Zeit haben gewöhnlich soviel vor, daß sie – selbst im Urlaub – unter Zeitnot leiden, Zeitmangel, Zeitdruck. Ältere Menschen hingegen leiden oft daran, daß sie nicht wissen, wohin mit ihrer Zeit. Die einen überlegen, wo sie die Zeit stehlen können, um endlich einmal etwas von ihrem Leben zu genießen, die anderen überlegen, wie man die Zeit totschlagen kann, weil sie keinen Sinn mehr in ihr entdecken.

Wissen wir noch, daß die Zeit, die wir haben, wie das Leben selbst ein Geschenk ist, ein uns anvertrautes Kapital, mit dem wir wuchern sollen?

Nun gibt es zwei verschiedene Weisen, mit diesem Pfund zu wuchern: Bei der einen häufen sich eben die Vorhaben und die Beziehungen, füllt sich der Terminkalender, erhöht sich der Zeitdruck, der Blutdruck und möglicherweise auch das Bankkonto; das Leben jedenfalls fühlt sich immer reicher und gewichtiger an. Gleichzeitig wächst aus der zu oft wiederholten Entschuldigung, leider keine Zeit zu haben, langsam eine Mauer empor, hinter der die Bücher versinken, die man unbedingt lesen wollte, hinter der Freundschaften veröden, die man nicht mehr gepflegt hat, darunter auch die zu Gott. Bei manchen wachsen hinter der Mauer sogar die eigenen Kinder heran, sterben die eigenen Eltern, ohne daß man es recht bemerkt hat.

Diese Art zu wuchern macht nicht nur reich, sie macht auch arm.

Die andere Art geht von einer anderen Gleichung aus. Zeit ist nicht das, was im Terminkalender gerade noch übrigbleibt, sondern Zeit stellt sich immer nur da ein, wo Liebe ist; Liebe und Zeit treten geradezu Hand in Hand auf: Wer Liebe hat, der hat auch Zeit!

Am überzeugendsten wird uns das von Verliebten vorgelebt: Sie finden mindestens dreimal am Tag Gelegenheit, sich zu sagen, wie wichtig sie einander sind. Es gehört zu den untrüglichen Merkmalen einer erfüllten menschlichen Freundschaft, immer wieder Zeit füreinander zu haben.

Wieviel mehr gilt auch das für die Liebe und Freundschaft, die Christus uns gebietet – Ratsuchenden helfen, Kranke und Einsame besuchen, Trauernde trösten –, das alles kostet Zeit. Aber diese Zeit ist eine Qualität des Herzens, keine des Uhrzeigers! Eine so verschenkte halbe Stunde ist das Kostbarste, das wir einander geben können. Diese Zeit läßt sich deshalb auch nicht aufhalten von einem überfüllten Terminkalender, sondern treibt ihre Blüten und Früchte zwischen seinen Zeilen.

Wer Liebe hat, der hat auch Zeit. Mir ist dieser Satz zum erstenmal neben der Eingangstür zu einer Kapelle begegnet. Er hat mich seitdem nicht mehr verlassen und wird mich hoffentlich bis an mein Lebensende begleiten. Denn schließlich werden wir eines Tages keinen Terminkalender mehr brauchen, dann sind wir alt und haben keine Kraft mehr, zu einem anderen hinzugehen. Dann haben wir aber immer noch Zeit, die wir verschenken können, indem wir betend, fürbittend für unsere Mitmenschen eintreten und so die Zeit auskaufen für jene, die nicht mehr beten können, für alle, die in Not sind, für alle, die wir liebhaben, und schließlich ein bißchen auch für uns selbst.

Das Wort zum Sonntag, ARD, 24. September 1988

Die Frau ist natürlicherweise reicher ausgestattet als der Mann; eindeutig überlegen ist er ihr nur in der Größe und Kraftleistung seines Bewegungsapparates. Biologisch ist sie die Stärkere: sie hat die größere Vitalität, mehr Widerstandskraft gegen Krankheit, geringere Anfälligkeit gegen Streßsituationen. Sie zeigt weniger Verschleißerscheinungen als der Mann und wird im Schnitt 10 Jahre älter als er. Für das Zustandekommen des Nachwuchses leistet die Frau erheblich viel mehr als der Mann (zur Erhaltung des Menschengeschlechtes genügen wenige Männer ...). Die Frau denkt sozialer als der Mann, ist früher als der Mann die ausgereifte Persönlichkeit, sie ist stärker an Personen als an Sachen orientiert, ist anpassungsfähiger, hat die dünnere Haut, die feineren Nerven, den besseren Geruchssinn und den schärferen Blick für alles Lebendige, zumal für jenes Leben, das sich im Innern abspielt – im Geist, im Herzen, in den Gefühlen, und von daher hat sie auch ein anderes Maß für wichtig und unwichtig.

Als dem Mann im Zusammenhang mit der Vertreibung aus dem Paradies geboten wurde, über die Frau zu herrschen, wurde ihm Unmögliches zugemutet – sie ist nicht zu beherrschen, es sei denn, sie unterwirft sich ihm. Aber gerade dann ist Vorsicht geboten: Vielfach ist das nur der erste Schritt, um ihrer Herrschaft über ihn ein festes Fundament zu geben im Gefühl seiner Überlegenheit – sie ist klüger als Adam.

Ist sie deshalb auch bösartiger als er?

Weibliche Bosheit ist auf jeden Fall sublimer, setzt mit ihrem Hebel intimer an, arbeitet mit Blendwerk lieber als mit Drohung, lieber mit Lüge und Verstellung als mit Grobheit und Gewalt, sie kämpft um Gefühle, kämpft auch mit Gefühlen lieber als mit Argumenten. Instinktsicher findet sie die Stelle, an der ihre Kränkung des Mannes am tiefsten eindringen kann, und kann noch naiv fragen: Habe ich dir weh getan?

Inge Dunkelberg, Isa Vermehren RSCJ, *Die Frau als Eva*, Köln 1990, S. 42f.

Daß ihr Äußeres reizvoll ist, wird ihnen bestätigt dadurch, daß es die Blicke der Männer auf sich zieht. Daß dabei nicht immer scharf zu unterscheiden ist zwischen dem Reizvollen und dem Auffälligen, liegt auf der Hand, und daß beides dadurch noch nicht als schön qualifiziert ist, muß auch zugegeben werden. Über die rechte Abstimmung dieser unterschiedlichen Wirkungsmomente wacht am sorgfältigsten der Blick in den eigenen Spiegel, und es gibt wohl in der Lebensgeschichte jeder Frau die aufregenden Jahre, in denen mit jedem Frisuren- und Kleiderwechsel auch ein Wandel im Identitätsbewußtsein registriert wurde. In Jeans und mit aufgelöster Mähne ist man ein anderes Mädchen, ein anderer Mensch als auf Stöckelschuhen, mit enger Taille und hochgesteckten Haaren! Hinter diesem Maskenwechsel steht nicht nur die eine Frage: In welcher Aufmachung bin ich mir selbst am ähnlichsten, drückt sich mein Wissen um mich am überzeugendsten aus? Sondern diese ist fest verwachsen mit der anderen Frage: Wie möchte ich gesehen werden? Welchen Eindruck will ich machen? Wir erkennen uns nicht nur, wir entwerfen uns auch. In bezug auf den Entwurf sind wir nicht frei, sondern wir werden dabei tief hineingezogen in das bunte Gewirr sich widersprechender Schönheitsmodelle – aus der Kunst, den Medien, der Reklame, den Modesalons ... Wir suchen das Vorbild, weil wir im Tiefsten wissen, daß wir Abbild sind.

Diese Selbstfindung kann, *nur* mit dem Spiegel, der an der Wand hängt, nicht gelingen, auch nicht mit einem neugierigen Gang durch die Kunstgalerie oder der aufmerksamen Lektüre einer Frauenzeitschrift. Es bedarf dazu des Spiegels, den ein wohlwollender, noch besser, ein liebender anderer uns vorhält, dem gegenüber jene Selbsterschließung gelingt, die uns das Bild, das unserer Seele zugrunde liegt, nicht nur erkennen läßt, sondern hilft, uns auch dazu zu bekennen.

Ähnlichkeit oder Unähnlichkeit zwischen dem im Innern verborgenen Antlitz und dem zur Schau getragenen Gesicht entscheiden letztlich über schön oder nicht schön. »Der wahren Schönheit bildende Schöpferin ist allein die Seele«, sagt Goethe.

Inge Dunkelberg, Isa Vermehren RSCJ, *Die Frau als Venus,* Köln 1990, S. 43f.

Die Vokabel Fortschritt ist zwar noch nicht aus unserem Vokabular getilgt, wird aber doch behutsamer und genau begrenzt auf diese technische Entwicklung oder jene wissenschaftliche Entdeckung angewandt. Daß wir uns insgesamt als Menschheit auf dem Weg zu einer höheren Entwicklungsstufe befinden, kann nur noch einer behaupten, dessen Füße fest einzementiert sind in den Boden einer entsprechenden Ideologie. Die Nichtideologen sehen auch Entwicklung, aber eher eine, die erschreckt: nämlich die fortschreitende Verdichtung aller Funktionszusammenhänge, die schon heute unseren Globus wie ein Netz überziehen. Sicher wirken diese Einbeziehungen, weil sie Bindung bedeuten und Bedingungen stellen, auch disziplinierend auf manche Handlungsabläufe. Sie bedeuten aber auch ein ständiges Anwachsen von Sachzwängen und damit verbunden zunehmende Einschränkung persönlicher Freiheit. Gegen Sachzwänge aber begehrt der Mensch eigentlich mit gutem Recht auf, denn im Prinzip ist ihm die gesamte Dingwelt untergeordnet. Nichts, was zu den von ihm selbst gemachten Dingen gehört, muß so sein, wie es ist – er hätte es ja auch anders machen können. Solange es sich dabei um bessere Waschmaschinen oder bleifreies Benzin handelt, wird jedermann zustimmen. Geraten wir aber mit diesem Prinzip in die Laboratorien der Genforscher oder der Embryo-Experimentierer, die uns einen neuen, verbesserten Menschen in Aussicht stellen, dann ist die Scheidung der Geister unvermeidlich!

...

Wir stehen deutlich am Ende der christlichen Ära unseres Kontinents. Religion ist im öffentlichen Bewußtsein zusammengeschrumpft zur reinen Privatangelegenheit, für die man nur im Kreis von Familie und Freunden auf Verständnis rechnen kann. In der Öffentlichkeit ist sie kein ernstgenommener Faktor mehr. Westeuropa, so zitierte es neulich ein Synodenteilnehmer in seiner Predigt, ist zur Zeit der schwächste Punkt in der katholischen Weltkirche.

Denken oder Beten?, in: *Renovatio, Zeitschrift für das interdisziplinäre Gespräch*, 42. Jahrgang, Heft 3, September 1986, S. 164

In unserer an würdiger Repräsentation so arm gewordenen Zeit kommt den liturgischen Feiern in unseren Kirchen besondere Bedeutung zu. Wir nennen einen Gottesdienst dann würdig, wenn seine äußere Gestaltung, wenn die nach außen erkennbare innere Haltung der Gläubigen, wenn Tonfall und Inhalt aller gesprochenen Worte, die Mischung von Orgel oder Gesang und gesammelter Stille, wenn der ruhige Rhythmus im Ablauf der heiligen Handlung den Rang des gefeierten Festes zum Ausdruck gebracht hat: Dann konnte im sichtbaren Vollzug der Liturgie etwas aufleuchten von dem unsichtbaren Geheimnis, dem sie dient. Wir fühlen uns berührt vom Hohen und Heiligen, das sich hinter den sichtbaren Zeichen und Gesten verbirgt, sind dem Numinosen begegnet, und wir alle wissen, daß es nichts gibt, was unsere Seele mehr begehrt – und entbehrt, wenn es ihr vorenthalten wird.

Inge Dunkelberg, Isa Vermehren RSCJ, *Die alte Frau*, Köln, 1990, S. 38

Literaturverzeichnis

Boeck, Christiane: Selbstbewußt im Kloster. Nonnen sprechen über ihr Leben, München 1996.

Brou, Alexander SJ: Gottes Gegenwart. Die Mystik der hl. Magdalena Sophie Barat, hrsg. von Martin Roth, Innsbruck 1929.

Buber-Neumann, Margarete: Als Gefangene bei Hitler und Stalin, München 1962.

Buchmann, Erika: Die Frauen von Ravensbrück, Berlin 1961.

Claudel, Paul: Religion. Mit einem Nachwort von Robert Grosche, Einsiedeln/Zürich/Köln und Heidelberg 1929.

Eschenburg, Theodor: Also hören Sie mal zu. Geschichte und Geschichten 1904 bis 1933, Berlin 1995.

Fest, Joachim: Hitler. Eine Biographie, Berlin 1973.

Fest, Joachim: Staatsstreich. Der lange Weg zum 20. Juli, Berlin 1994.

Finck, Werner: Alter Narr, was nun? Die Geschichte meiner Zeit, München 1972.

Frei, Norbert, und Johannes Schmitz: Journalismus im Dritten Reich, München 1989.

Harrison, V.V.: Changing Habits. A Memoir of the Society of the Sacred Heart, New York 1988.

Heiber, Helmut: Die Katakombe wird geschlossen. Archiv der Zeitgeschichte, München/Bern/Wien 1966.

Herz-Jesu-Kloster, St. Adelheid-Schule: Festschrift 1920–1970, Pützchen bei Bonn 1970.

Herz-Jesu-Kloster, St. Adelheid-Gymnasium: Festschrift 1920 bis 1980, Pützchen bei Bonn 1980.

Höß, Rudolf: Kommandant in Auschwitz. Autobiographische

Aufzeichnungen, hrsg. von Martin Broszat [Quellen und Darstellungen zur Zeitgeschichte Band 5, Veröffentlichungen des Instituts für Zeitgeschichte], München 1958.

Kabel, Heidi: Manchmal war es nicht zum Lachen, Hamburg 1979.

Käutner, Helmut, und Ernst Schnabel: In jenen Tagen. Geschichten eines Autos (Drehbuch), Flensburg/Hamburg 1947.

Kogon, Eugen: Der SS-Staat. Das System der deutschen Konzentrationslager. 40. Aufl. München 1947.

Konstitutionen. Gesellschaft vom Heiligen Herzen Jesu. Apostolisches Institut päpstlichen Rechts, Rom 1987.

Kühn, Volker (Hrsg.): Deutschlands Erwachen. Kabarett unterm Hakenkreuz 1933–1945 [Kleinkunststücke, Bd. 3], Weinheim/Berlin 1989.

Küng, Hans: Erkämpfte Freiheit. Erinnerungen, München 2002.

Lübeckische Geschichte. Hrsg. von Antjekathrin Graßmann, Lübeck 1988.

Meyer, Wilfried: Verschwörer im KZ. Hans von Dohnanyi und die Häftlinge des 20. Juli 1944 im KZ Sachsenhausen [Schriftenreihe der Stiftung Brandenburgische Gedenkstätten, Bd. 5], Oranienburg 1998.

Morrison, Jack G.: Ravensbrück. Das Leben in einem Konzentrationslager für Frauen 1939–1945, Zürich 2000.

Nowak, Kurt: Das Christentum. Geschichte – Glaube – Ethik, München 1997.

Papen, Franz von: Der Wahrheit eine Gasse, München 1952.

Rahner, Karl, und Helmut Vorgrimmler: Kleines Konzilskompendium. Alle Konstitutionen, Dekrete und Erklärungen des Zweiten Vatikanums in der bischöflich genehmigten Übersetzung, 4. Aufl. Freiburg 1968.

Ratzinger, Joseph Kardinal: Salz der Erde. Christentum und Katholische Kirche an der Jahrtausendwende, Stuttgart 1996.

Roß, Jan: Der Papst. Johannes Paul II. Drama und Geheimnis, Berlin 2000.

Sophie-Barat-Schule 1952–1982, Festschrift, Hamburg 1982.

Sophie-Barat-Schule 1952–2002, Festschrift, Hamburg 2002.

Schmid, Johanna: Die übersehenen Treuen. Studien über katholische und protestantische Frauen im Frauenkonzentrationslager Ravensbrück, Augsburg 1999.

Schreiber, Albrecht: Zwischen Hakenkreuz und Holstentor. Lübeck 1925–1939. Von der Krise bis zum Krieg, in: Lübecker Nachrichten, April 1983.

Tillion, Germaine: Frauenkonzentrationslager Ravensbrück, aus dem Französischen von Barbara Glassmann mit einem Anhang »Die Massentötungen durch Gas in Ravensbrück« von Anise Postel-Vinay, Frankfurt am Main 2001.

Vermehren, Isa: Reise durch den letzten Akt. Ravensbrück, Buchenwald, Dachau: Eine Frau berichtet, Hamburg 1979.

Vermehren, Isa: Windstärke 12, Seemannslieder und Balladen. CD Edition Berliner Musenkinder. Mit einem Begleitheft von Volker Kühn.

Vermehren, Isa RSCJ, und E. Smith RSCJ: Mutter Barat. Gestalt und Sendung der Stifterin des Sacré Cœur, Berlin 1966.

Wesel, Uwe: Die verspielte Revolution. 1968 und die Folgen, München 2002.

Zahn, Peter von: Stimme der ersten Stunde. Erinnerungen 1913–1951, Stuttgart 1991.

Bildnachweis

Günter Adolphs, Bonn: 223; Die Gesellschaft vom Heiligen Herzen Jesu, Rom: 102; Interfoto, München: 197; Sammlungen der Mahn- und Gedenkstätte Ravensbrück/Stiftung Brandenburgische Gedenkstätten, Fürstenberg: 162; Stadtarchiv und Stadthistorische Bibliothek Bonn: 321; Stiftung Deutsches Kabarettarchiv e.V., Mainz: 53, 57. Die übrigen Abbildungen stammen aus Privatbesitz.